东 南 法 学

[1]

主　编　刘艳红
副主编　汪进元　熊樟林

东南大学出版社
·南京·

图书在版编目(CIP)数据

东南法学.1／刘艳红主编.—南京：东南大学出版社，2020.9

ISBN 978-7-5641-9096-5

Ⅰ.①东… Ⅱ.①刘… Ⅲ.①法学－文集 Ⅳ.① D90-53

中国版本图书馆 CIP 数据核字（2020）第 161967 号

东南法学［1］
Dongnan Faxue ［1］

主　　编：	刘艳红
出版发行：	东南大学出版社
地　　址：	南京市四牌楼 2 号　邮编：210096
出 版 人：	江建中
网　　址：	http：//www.seupress.com
经　　销：	全国各地新华书店
印　　刷：	兴化印刷有限责任公司
开　　本：	700 mm×1000 mm　1/16
印　　张：	12.5
字　　数：	240 千字
版　　次：	2020 年 9 月第 1 版
印　　次：	2020 年 9 月第 1 次印刷
书　　号：	ISBN 978-7-5641-9096-5
定　　价：	48.00 元

本社图书若有印装质量问题，请直接与营销部联系。电话：025-83791830

目 录

疫情治理

1 论"风险国家"及其行政应急治理
　　　　……………………………………／倪洪涛

20 疫情治理背景下中医医疗主体法律制度问题研究
　　　　……………………………………／赵西巨

46 试论疫情防治公权力与私权利的法律边界
　　　　……………………………………／刘明全

理论前沿

61 行政裁决制度的重构及其嵌入
　　　　………………………／刘小冰　宋萌萌

75 论知识产权许可费损失的计算
　　　　……………………………………／蒋　舸

98 新时代司法机关配合与制约关系的调整
　　　　………………………／高一飞　蒋　稳

东南法学 [1]

东南大学法学院 编辑
2020.春

122 论教师惩戒权及其行使限度
..../ 王薇薇

青年法苑

137 日本网络平台服务提供者的法律责任与义务
..../ 郭娜娜

148 民事赔偿情节在死刑裁量中的适用
..../ 刘亚男

域外法制

161 日本民法修改中的债权让与和债务承担
..................................../ 中田裕康文 高 翔译

182 刑法中规范解释的界限
....................../ [德]弗兰克·萨利格文 申屠晓莉译

·疫情治理·

论"风险国家"及其行政应急治理

倪洪涛[*]

摘要：后福利时代出现了一个典型的"风险国家"形态。在此背景下，全球化的风险化解和危机应对，必须在法治的框架内运行，完全脱离法治管控的行政应急权力行使，势必引发超越危机本身的、更大的"次生灾害"。为此，我国亟待确立并完善正常状态和非常状态并举的二元法治国家治理模式，让法治把控未来方向，使行政应急权处置公共危机，避免紧急状态下逃离法治的危机应对和严格规范主义法治对风险蔓延的非理性放任。除此，在公共危机应急治理中，我国还要进一步处理好央地之间、公益和私益之间，以及专家意见和行政决策之间的法律关系。

关键词：风险国家　行政应急　现代性

引言

伊甸园是一个天启式的隐喻，其意味着人类从狩猎采集时代（"园子中各样树

---

[*] 作者简介：倪洪涛，男，汉族，河南禹州人，湖南师范大学法学院教授，博士生导师，法学博士，主要从事宪法学与行政法学的教学与研究工作。本文系国家社科基金重大专项"社会主义核心价值观与完善重点领域行业基本法"研究（17VHJ003）的阶段性成果。

上的果子,你可以随意吃")迈入了农业社会——"你必终身劳苦才能从地里得吃的","地必给你长出荆棘和蒺藜来;你也要吃田间的菜蔬"。尔后从农业社会到工业社会的历史转型过程中,人类整体开始被欧洲人带入并被深深镶嵌于"现代性"的"想象的现实"①之中。而"现代性"也是"风险"(risk)的别称,现代社会就是一"风险社会"。

从行政法的角度而言,现代民族国家先后经历了"警察国"、(自由)法治国和社会(福利)法治国三种历史形态。当下的世界正处于后福利时代的艰难转型激荡期。其中,西方民族国家塑造时期即从中世纪到现代的过渡期的国家形态被称为"警察国家"②,"自由资本主义"则是法治国家建制化的黄金时期;而为打破垄断资本、实现社会公平,福利国家即社会国家应运而生③;当福利危机一次次触发西方国家的宪政危机时,人类又不得不思考"后现代"的相关问题。

洛克说:"人们受理性支配而生活在一起,不存在拥有对他们进行裁判的权力的人世间的共同尊长,他们正是处在自然状态中。但是,对另一个人的人身用强力或表示企图使用强力,而又不存在人世间可以向其诉请求助的共同尊长,这是战争状态。"④在此,洛克所谓的"共同尊长"(Common Superior),是指"一个有能力裁判纠纷并且提供救济的公共权力,一个可以垄断暴力并且分配正义的政治机构"⑤。换言之,"共同尊长"就是被法律驯化和建制化了的"法治国"。可见,法治国是警察国的升华,也是尔后产生的福利国的基础。没有法治规训的警察国和福利国,要么重回自然状态,要么遁入战争状态。

哈贝马斯说:"关于政府任务之复杂性增长的主要线索,有这样一种大致的分期,根据这种分期,政府必须相继地专门完成这样一些任务:起初是古典的维护秩序任务,然后是对社会补偿的公正分配,最后是应付集体性的危险情况。制约绝对主义的国家权力,克服资本主义产生的贫困,预防由科学技术引起的风险,这些任务提出了各个时代的议题和目标:法律确定性、社会福利和风险预防。适合于这

---

① [以色列]尤瓦尔·赫拉利:《人类简史:从动物到上帝》,林俊宏译,中信出版社2017年版,第30页。
② [德]奥托·迈耶:《德国行政法》,刘飞译,商务印书馆2013年版,第41页。
③ "(自由)法治国"和"社会(福利)法治国"两个用语借鉴了葛克昌教授的说法。葛克昌:《国家学与国家法:社会国、租税国与法治国理念》,月旦出版社1996年版。
④ [英]洛克:《政府论(下篇)》,叶启芳、瞿菊农译,商务印书馆1982年版,第13页。
⑤ 吴昱江:《紧急状态下的法治与行政特权——康德、施米特与洛克的理论局限》,载《政法论坛(中国政法大学学报)》2017年第3期。

些目标的,被认为是一些理想类型的国家形式——法治国(Rechtsstaat)、福利国(Sozialstaat)和安全保障国(Sicherheitsstaat)。"①在此类型哈贝马斯所谓的"安全保障国",就是"风险社会"(Risk Society)即"风险国家"(Risk State)。

其实,行政法治的各种形态都不同程度地存在着叠加现象。除了警察国不是完全意义上的"行政法治"形态,至多是一种特殊的"行政法制形态"外,福利国中必然包含着法治国,法治国和福利国时代又同时隐藏着巨大社会风险,尽管风险的复杂性和破坏性没有后福利时代突出。故此,笔者认为,既然"风险"是伴随"现代"始终的,所谓的"风险社会"既可以被视为独立的行政法治形态即"风险国家",也可以被看作是福利国以及后福利时代行政法治的一个显著特征或者说是一个应急性的治理侧面。本文采用前一种观点。

在中国,自改革开放以来,我国迅速形成了法治国、福利国和风险国的三重叠加的时代效应,从而使得我国当下社会主义建设处于一种史无前例的复杂和胶着的状态,既有法治建设的重任,又有社会保障去特权化即普惠化的棘手问题——当下精准扶贫工程就是明证,更有高发性的社会风险的法治管控问题。可见中华民族的伟大复兴,使命光荣,任重而道远!

一、"风险国家"的形成

(一)从"风险社会"到"风险国家"

除了哈贝马斯以"安全保障国"描述现代社会的高风险外,"风险国家"的概念尚未被普遍应用,而学界使用更多的是"风险社会"这一概念及其理论范畴。"风险社会"理论发端于1950年代,但作为一个公众议题被关注,则是1980年代末的学术现象了。特别是进入1990年代,风险社会首先成为社会学的核心概念,同"现代性"一起,被用来解释后工业时期的诸多时代特征。当下"风险社会"业已成为社会科学探讨人类未来走向的核心议题:全球化与社会风险。②

最早提出"风险社会"概念及其理论范畴的是德国著名社会学家乌尔里希·贝克(Ulrich Beck)。1986年贝克在其出版的德文版著作《风险社会》一书中,首次提出并系统阐释了"风险社会"理论,遗憾的是,碍于语言上的障碍,当时该理论并未

---

① [德]哈贝马斯:《在事实与规范之间:关于法律和民主法治国的商谈理论》,童世骏译,生活·读书·新知三联书店2003年版,第537页。

② 翟学伟:《信任与风险社会——西方理论与中国问题》,载《社会科学研究》2008年第4期。

引起社会的广泛关注。1992年英文版的《风险社会》出版;1999年贝克又出版了另一本英文版论著《世界风险社会》①。至此,"风险社会"理论在西方学界引起了巨大反响和热烈讨论,其作为理论分析工具的学术价值被越来越多的学人所推崇。②贝克之后,英国社会学家安东尼·吉登斯(Anthony Giddens)③和德国社会学家尼克拉斯·卢曼(Niklas Luhmann)④等也投身于"风险社会"理论的讨论之中。吉登斯特别强调社会风险的结构性特征,而卢曼则从技术层面提出了风险社会复杂的社会系统理论。

在贝克的论域里,"现代性"几乎不可控制地使社会自身的复杂性与不确定性不断增加,现代性始终与市场化、工业化、科技化、全球化紧密关联,以全球化和科技化为主要标志的社会变迁引发了人们的日常性的"焦虑"与"不安",而所谓现代性就是"寻求一种对不安的答案"⑤。"不安"意味着"风险"的常在性,当代的社会风险实质上是一种"文明的风险",人类"生活在文明的火山上"(Living on the Volcano of Civilization)⑥。而"现代性"表现出的这种人类的普遍不安状态被称为"风险社会","不明的和无法预料的后果成为历史和社会主宰力量"的社会形态。

如果说阶级社会的驱动力是"我饿",那么风险社会的驱动力则可表达为"我怕","焦虑"的共同性代替了"需求"的共同性,最终致使工业社会的逻辑基础发生实质性变迁,从"财富分配逻辑"转型为"风险分配逻辑",社会结构的变异出现了。⑦换言之,风险昭示了自然和传统的终结,在自然和传统失去其效力,转而依赖

---

① Ulrich Beck. Risk Society: Toward a New Modernity. London: Sage Publications, 1992; Ulrich Beck. World Risk Society. Cambridge: Polity Press, 1999.

② 周战超:《当代西方风险社会理论研究引论》,载薛晓源,周战超:《全球化与风险社会》,社会科学文献出版社2005年版,第1-2页。

③ [英]安东尼·吉登斯:《现代性的后果》,田禾译,译林出版社2000年版;[英]安东尼·吉登斯:《现代性与自我认同:晚期现代中的自我与社会》,夏璐译,中国人民大学出版社2016年版;[英]安东尼·吉登斯:《失控的世界:全球化如何重塑我们的生活》,周红云译,江西人民出版社2001年版。

④ [德]尼克拉斯·卢曼:《信任:一个社会复杂性的简化机制》,瞿铁鹏,李强译,上海人民出版社2005年版; Niklas Luhmann. A Sociological Theory of Law. London: Routledge & Kegan Paul, 1985; Niklas Luhmann. Essays on Self-Reference. New York: Columbia University Press, 1990.

⑤ [法]达尼洛·马尔图切利:《现代性社会学——二十世纪的历程》,姜志辉译,译林出版社2007年版,第1页。

⑥ Ulrich Beck. Risk Society: Toward a New Modernity. London: Sage Publications, 1992: 17.

⑦ 薛晓源,刘国良:《全球风险社会:现在与未来——德国著名社会学家、风险社会理论创始人乌尔里希·贝克教授访谈录》,载《马克思主义与现实》2005年第1期。

于人的决定的地方，才谈得上风险。①可见，"风险社会不是一种可以选择或拒绝的选择，它产生于不考虑其后果的自发性现代化的势不可挡的运动之中"②。

贝克将现代社会的技术风险分为：其一，17世纪到20世纪早期的"第一次现代化风险"；其二，20世纪中后期以来的"第二次现代化风险"。在贝克看来，"第二次现代化风险"是"文明风险的全球化"，世界上所有国家和地区已经结成一个"非自愿的风险共同体"。并且，全球风险是"有组织的不负责任"的一种表现形式，因为它是一个极端非个人化的制度形式，以至于即便是对自己也无须为此承担任何责任。"西方的现代化用市场的疯狂代替了人类需要有节制的满足。现代工业文明无节制增长的模式，与地球资源的有限性从根本上是不相容的，它的生产力的扩张具有如此大的毁灭人的生存环境的潜力，最终必将导致这种文明体系的全面崩溃。"③正是在这个意义上，吉登斯认为，整个世界已演变成一个"失控的世界"④，新的诸多风险如同悬于人类头上的达摩克利斯之剑，现代性本身仿佛成为一个巨大的自杀机器。

可见，贝克和吉登斯不约而同地认为，风险社会的出现是现代性的悖反。为了化解全球风险的"有组织的不负责任"问题，贝克建议开展风险意识的现代启蒙运动，并提出了"生态民主政治"的方案。⑤而卢曼和吉登斯则将问题的纾解诉诸系统性社会信任体系的建构，让信任成为一种风险投资，即在风险"脱域"（disembeding）的背景下建立起全球化的社会信任。"脱域"的信任包含两种类型：一是象征标志（symbolic tokens），二是专家系统（expert system）。前者如人们对"货币"这一通货的信任，后者是建立在对专家及其知识体系的制度化信任之上的，而非对某一具体专家的属人性信任。⑥

---

① [德]乌尔里希·贝克，[德]威廉姆斯：《关于风险社会的对话》，载薛晓源、周战超：《全球化与风险社会》，社会科学文献出版社2005年版，第3-4页。
② [荷]沃特·阿赫特贝格：《民主、正义与风险社会：生态民主政治的形态与意义》，周战超译，载《马克思主义与现实》2003年第3期。
③ 章国锋：《反思的现代化与风险社会——乌尔里希·贝克对西方现代化理论的研究》，载《马克思主义与现实》2006年第1期。
④ Anthony Giddens. Runaway World: How Globalization is Reshaping Our Lives. London: Profile Books, 1999.
⑤ [德]乌尔里希·贝克，[德]约翰内斯·威尔姆斯：《自由与资本主义：与著名社会学家乌尔里希·贝克对话》，路国林译，浙江人民出版社2001年版，第161-165页。
⑥ [英]安东尼·吉登斯：《现代性的后果》，田禾译，译林出版社2007年版，第6-8页；[德]尼克拉斯·卢曼：《信任：一个社会复杂性的简化机制》，翟铁鹏、李强译，上海人民出版社2005年版，第24-27页。

（二）"风险国家"的风险性特征

科学技术是把双刃剑。"科学技术的发展本应给人类社会带来幸福和便利，但反过来也造成了新的危险、不安和威胁，这就是一个悖论。"① 如上所述，随着科技的全球化飞速发展，人类紧随福利国家，又步入专业性和技术性异常显著的"风险国家"。

在科技和信息时代，因资源、人口、环境、安全等引发的各类社会冲突和矛盾开始集中爆发，社会生活的高风险性，解构着法的安定性与法秩序的确定性。② 换言之，风险社会的不期而至，意味着人类社会发生了整体性的结构变迁，从有常到无常，从不安到恐惧，社会风险及其加剧变化对现代国家的治理体系和治理能力提出了更高要求。比如2003年非典（SARS）疫情的突如其来和2020年新冠肺炎（COVID-19）的重大公共卫生危机的突发性全球爆发，以及2011年日本的核泄漏危机，甚至2008年我国的汶川地震和2001年美国的"9·11"恐怖袭击事件等，后者还昭示了除自然因素外，源于人类自身非理性行为如"武装冲突""恐怖活动"等引发社会风险的惨烈性。当然，更加日常和局部的风险还隐藏于垃圾焚烧、化工工业、食品安全、生物科技（转基因）、人工智能等诸多领域。

"公共风险"甚至"公共危机"的潜在性和高发性，意味着国家紧急性和应急性高权介入危机处理的不可避免，也前所未有地激发了行政作用的"活泼"和"破坏"基因，因为风险防范、应对和化解的复杂性、技术性特别是紧迫性特征，对行政的应急力、执行力、统筹力和整合力，均提出了相当高的即时性命题。故此，就行政法的角度而言，现代民族国家同时也是一"风险国家"，现代行政法治必然伴随着一套随时都有可能被风险激活的行政应急法律制度体系，以便补救常态行政法治的不足。

特别是人类步入后福利时代以来，全球化和智能化史无前例的双重深化，迫使我们生活在一个卢曼所谓的"除了冒险别无选择的社会"③ 之中，可以说社会风险无处不在、无时不在，业已成为我们生活的伴生物，风险不仅来自自然性和制度性的环境，也来自集体或个人做出的决定、选择和行动当中。我们被社会风险包围的

---

① ［日］森英树：《宪法学上的"安全"与"安心"》，王贵松译，载王贵松：《宪政与行政法治评论（第五卷）》，中国人民大学出版社2011年版，第68-69页。
② 戚建刚：《风险规制的兴起与行政法的新发展》，载《当代法学》2014年第6期。
③ Niklas Luhmann. Risk: A Sociological Theory. Berlin: A. de Gruyter, 1993: 218.

同时,也制造着新的风险。①基于此,吉登斯将风险分为"外部风险"(external risk)和"人造风险"(manufactured risk)两大类。

可见,"风险国家"的特征日趋显著。如果说传统法治国家行政关注的是公民消极自由的保障,而福利国家对行政的生存关照和积极给付义务提出了法律要求,那么进入风险国家之后,当公民个体无法应对现代社会巨大的、无法预料的整体风险时,国家作为一般意义上的秩序维护者、资源掌控者自然须要高效地强力介入,以便化解危机、消除恐慌,满足民众的安全预期。当然,在一定意义上,这也可视为福利社会的特殊生存照顾。具体而言,"风险国家"具有以下风险性特征:

首先,风险的潜在性。在"风险国家"里,随着人们风险意识的普遍提升,风险几乎成了新的主导性"意识形态"。在贝克看来,"与以前的危险不同的是,风险是具有威胁性的现代化力量以及现代化造成的怀疑全球化所引发的结果。它们在政治上具有反思性"②。作为"预测和控制人类行为未来后果的现代方式",风险"成了政治动员的主要力量",这种力量导致传统法治话语体系的无力甚至不合时宜。可见,风险既是反思机制,更是建构机制。其反思和警惕着现代性自身无法克服的短板,同时也在建构着人类的智识结构和国家的治理结构。值得强调的是,在反思现代性的语境里,风险可以是"虚拟的现实",也可视为"现实的虚拟"。③

其次,风险的脱域性。现代社会风险的破坏力极强,其具有跨界脱域的显著特征,动辄引发全国甚至全球范围内的公共危机。此时,也许"民族国家在世界社会的格局中再也不能提供保障了"④。比如2008年的美国次贷危机(subprime crisis)和2020年突发的新冠肺炎(COVID-19)公共卫生危机就是有力佐证。特别是1990年代末开始涌现出的纳米、人工智能、生物医学、转基因等新兴技术,更是带来了全社会的极大恐慌。⑤新兴技术在可能引发的科技伦理后果上的高度不确定性,成为新的不可预测和难以管控的风险源。南方科技大学贺建奎等人的"基因编辑婴儿

---

① 杨雪冬:《全球化、风险社会与复合治理》,载《马克思主义与现实》2004年第4期。
② Ulrich Beck. Risk Society: Towards a New Modernity. London: Sage Publications, 1992: 21.
③ Ulrich Beck. World Risk, Society. Cambridge: Polity Press, 1999: 3-4, 136.
④ [德]乌尔里希·贝克,[德]约翰内斯·威尔姆斯:《自由与资本主义:与著名社会学家乌尔里希·贝克对话》,路国林译,浙江人民出版社2001年版,第159页。
⑤ George S. Day, Paul J. H. Schoemaker. Wharton on Managing Emerging Technologies. New Jersey: John Wiley&Sons Canade, 2000.

案"①,尽管以追究其非法行医罪而告终,但却在国内外造成了极其恶劣的影响;而晚近飞速发展的人工智能技术如若不被高度重视和有效规制,其对人类未来的深远影响则更加难以预料。

最后,风险的平等性。与财富分配不平等导致的相对贫困和绝对贫困相比,风险的分配却更多地呈现出天然的平等性特征,可以说在风险面前基本上是人人平等的——以新冠病毒为例,一旦突发公共卫生疫情,任何人都无法使自己不受影响,个体即便在物质意义上如何富足,也无法避免医疗资源短缺特别是医疗技术短板而导致的治疗困境。风险的平等性主要表现在:(1)风险的突发性、快速传导性,使得任何人都有可能立刻陷入无法抗拒的公共危机之中;(2)风险的无差别对待则意味着,无论什么职业、什么领域都无法幸免。上述特征说明,现代风险与传统危险比较,一般情况下,是非个体性、非集团性、非(区)地域性的,表现出了强烈的公共性和跨界性,特别是在当今深刻的全球化背景下更是如此。

综上,"风险国家"时代的到来,在国际层面引发了人们对现代性和全球化的全方位反思,也必将深刻地改变着全球化的运行模式和人类发展的未来方向。而在国家层面,突发性和紧急性的重大公共危机,严重影响着哈贝马斯论域里建制化了的法治国形态,对典型的宪法分权模式构成了强烈的冲击,甚至在一定范围和层面导致宪法危机的频发。故此,超越"依法律行政"的控权结构,跳出立法中心主义或司法中心主义的治理范式,在特定情形下转而求助于积极行政,成为"风险"应对的必然趋势,因为行政的主动性、执行性和灵活性,展现出了其风险预防和危机处置的比较优势。如是,当人类遭遇未知世界的高度不确定性和前所未有的风险时,行政权的急剧膨胀与行政机构的迅速自我复制和编程就在所难免了,这构成了"风险国家"的基本特征。换言之,"风险国家"同时就是"行政国家"。

二、"风险国家"的二元法治结构

(一)"风险国家"法治难题的化解路径

"风险国家"面对的首要难题,就是如何对待风险发生时的宪法和法律问题。换言之,紧急状态下逃离法治的危机应对和严格规范主义法治观之间有无第三条

---

① 《"基因编辑婴儿案"贺建奎因非法行医罪被判三年》,https://www.chinacourt.org/article/detail/2019/12/id/4750322.shtml,最后访问日期:2020年3月28日。

道路可供选择。对此,至少出现了绝对主义、相对主义和自由主义三种路径。①

有人以康德哲学为基础,坚持法治的规范主义路径选择,固守法的"一般性"原理,无论风险如何发生,仍然将法规范视为绝对的、无例外的和至高无上的。康德的"普遍法则公式"强调,"要只按照你同时能够愿意它成为一个普遍法则的那个准则去行动"②。不过,这种僵化和机械的法治进路无疑是对"风险国家"的全盘否定,其对紧急状态下风险的化解缺乏建设性。

也有人基于"刀剑之下,法律沉默"的诫命,推崇施米特的理论。在施米特看来,"如果人们想正确地研究一般,就只好先找到真正的特殊。特殊比一般更清楚地揭示一切"。"非常状态比规范更令人感兴趣。规范证明不了什么,而非常状态却能证明一切:它不仅确认规范,而且确认规范的存在,因为,规范只能来自非常状态。"可见,对施米特来说,"一切法律均是'具体处境中的法'"③。然而,施米特这种带有强烈绝对主义倾向的理论,却最终让现实遁入了极权主义的泥潭。因此,该种理论已被人类惨痛的历史经历所否定,尽管其在风险的暂时性化解方面可能功效显著,但是从长远上是不可取的。

还有很多学者采"中庸之道",当面对"非常状态"时,在洛克"特权理论"的论说中找到了国家机动性和灵活性的理据,并坚持法治在平常状态下的优先性。④在他们看来,洛克的特权理论似乎在法治规范主义和行政应急权的极度扩张之间寻找到了适度的平衡。洛克认为:"因为世间常能发生许多偶然的事情,遇到这些场合,严格和呆板地执行法律反而有害(例如,邻居失火,不把一家无辜的人的房屋拆掉来阻止火势蔓延)"。此时,就必须采取非常措施应对非常之情势,而"这种并无法律规定、有时甚至违反法律而依照自由裁处来为公众谋福利的行动的权力,就被称为特权"⑤。由于是为了维护人民更大的福祉,人民也会允许这种维护公共利益的特权的存在。

哈贝马斯恪守洛克的古典自由主义立场,以一种审慎而又乐观的态度看待

---

① 戚建刚:《绝对主义、相对主义和自由主义——行政紧急权力与宪政的关系》,载《法商研究》2004年第1期。
② [德]康德:《道德形而上学的奠基(注释本)》,李秋零译注,中国人民大学出版社2013年版,第40页。
③ [德]卡尔·施米特:《政治的神学》,刘宗坤、吴增定等译,上海人民出版社2015年版,第30-32页。
④ 吴昱江:《紧急状态下的法治与行政特权——康德、施米特与洛克的理论局限》,载《政法论坛》2017年第3期。
⑤ [英]洛克:《政府论(下篇)》,叶启芳、瞿菊农译,商务印书馆1982年版,第102-105页。

"风险国家",并试图在交往理性和商谈程序中化解法的一般性和具体性之间的高度紧张。一方面,他认识到了社会风险对法治国基本构造的强烈冲击,"政府越来越卷入一些新的、受科学技术影响的风险的产生,不管是因为其行动,还是因为其不作为。随着这种风险——比方说产生于核能或基因技术的风险——的出现,提出了为未来世代而采取预防措施的问题,这种问题要求人们(当然也是要求立法者)具有更广的视域来代表他人进行利益感受"。不过,"如此高程度的复杂性、情景依赖性和不确定性,以至于它无法事先在想象中被充分认识,也无法事后在规范上加以确定"。于是,行政便被赋予了与日俱增的"政治导控任务",这样,"考虑到忙于预防的政府行政必须根据有争议技术考虑来填满的自由裁量空间,即使把基本权利的保护作能动的理解,也无法确保提供充足的法律保护"。另一方面,在哈贝马斯看来,这种风险应对中行政权膨胀及其引发的危机倾向,"与其说是法治国原则对越来越复杂的政府活动提出了无法解决的过分要求,不如说是法治国原则的建制化程度还不够充分"①。经由人类对风险社会的理性建构,一定有方法将行政应急权纳入法治轨道。换言之,风险管控下的行政应急权是可以被建制化的,尽管现代性会以一种别样的方式存在和发展。

(二)宪法框架下的二元法治结构

基于"风险国家"公共危机的潜在性,笔者以为,我国应该进一步完善二元宪法结构,形成正常状态和非常状态两类法律体系及其法治模式。其中,常态法治模式也就是通常意义上的法治国模式,其原理包括依法(律)行政、依法(律)审判和正当法律程序等;而非常法治模式又被称为"风险法治模式",即在风险发生的紧急状态下启动的特殊法治模式,其重要的法治原则是行政应急性原则。常态法治模式是风险法治模式的基础,而风险法治是常态法治在风险发生时的必然延伸和有效补救,二者共同组成现代宪法的二元法治结构。

在此二元宪法结构里,除了常态法治模式下国家权力体系外,风险法治模式下的紧急权力——主要表现为行政应急权——及其行使程序的宪法条款得以同时创制,并且根据该宪法紧急权力条款建构起从战争到特别紧急状态再到一般紧急状态的完备的法律体系。当然,基于公共危机应对的高度裁量属性,这里所谓的有

---

① [德]哈贝马斯:《在事实与规范之间:关于法律和民主法治国的商谈理论》,童世骏译,生活·读书·新知三联书店2003年版,第535、533、535、539、540页。

关紧急权力的法律体系,主要也是框架性和授权性的规范体系,因为风险的多元性、易变性和不确定性决定了法律无法做到高密度地规范行政应急行为。二元宪法结构确立的目的,在于保证包括行政应急权在内的任何权力行使的合宪性。这样,在公共危机应对过程中,即便为了公共利益而突破常态法治的法规范,行政应急权也无法逃离宪法和风险法治法规范的约束。否则,突发性公共危机一旦引发宪法危机,非常状态也就很难实现对正常状态的法治回归,专权也就会成为社会常态了。

基于此,尽管在洛克看来,"以公共利益为目的的自由裁量的特权,该权力并不需要法律的规定,而且在某些场合下甚至可以违反法律的规定"①,而美国的国父们却坚持认为,法律由政府制定,政府可以修改法律,而宪法由人民创制,政府无权置喙。②"在一个秩序良好的共和国中,没有必要诉诸超宪法的措施,因为这种措施尽管在短期内有好处,但是这种先例是有害的,为了美好的目的而不顾法律的行为一经确立,以后就有可能为了邪恶的目的而不顾法律。"③

当然,一般法治即常态法治和应急法治或曰风险法治并行于同一宪法,势必会导致宪法内在结构、文本逻辑等方面的冲突与紧张。申言之,紧急状态的宣布、应急措施的采取,必然会克减和限缩公民的基本权利,如行为自由、言论自由、隐私权等等,而"宪法的功能是通过在宪法中规定的基本人权来实现的"④。如是,不同的控权逻辑在同一宪法结构里似乎难以融洽。

笔者以为,宪法紧急权力条款的启动,当然意味着宪法一般法治条款在适用上的暂时性中断,但这绝不导致一般法治条款,特别是基本权利条款的"休眠",在公共危机的处置过程中,它们如同夜晚起飞的猫头鹰,始终保持着应有的警觉,以免紧急权力的行使因走得太远,而背离制度设计的初衷。正如有学者所言,宪法不可能把"宪法权力"授出去,而自己却消失了。因此,宪法只有在形式上存在才能够对此"自圆其说"。⑤也正是在这个意义上,联合国《公民权利及政治权利国际公

---

① [英]洛克:《政府论(下篇)》,叶启芳、瞿菊农译,商务印书馆1996年版,第99页。
② [英]亚历山大·汉密尔顿、约翰·杰伊、詹姆斯·麦迪逊:《联邦党人文集》,程逢如、在汉、舒逊译,商务印书馆1989年版,第273页。
③ Machiavelli. The Discourse. ed. by Bernard Crick. Harmondsworth, Middley Sex: Penguin Books, 1970: ch.34.
④ [瑞士]莉蒂亚·R.芭斯塔:《宪政民主的反思:后现代和全球化的挑战》,载刘海年、李林:《人权与宪政:中国—瑞士宪法国际研讨会文集》,中国法制出版社1999年版,第8-9页。
⑤ 莫纪宏:《现代宪法的逻辑基础》,法律出版社2001年版,第284-285页。

约》第4条明确规定,在紧急状态威胁到国家并经正式宣布时,缔约国得采取措施克减公民在本公约下所承担的义务,但克减的程度以紧急情势所严格需要者为限。此等措施不得克减公民的生命权、人格权等基本权利,并确保人道待遇,即"任何人均不得加以酷刑或施以残忍的、不人道的或侮辱性的待遇或刑罚。特别是对任何人均不得未经其自由同意而施以医药或科学试验"。任何人不得使为奴隶、不应被强迫役使、不应被要求从事强迫或强制劳动。①

其实,很多国家的宪法中均有紧急权力体系的制度设置。如《菲律宾宪法》第7章第18条规定,戒严期间不得中止实施宪法;《马尔代夫共和国宪法》第37条规定,在国家面临紧急情况时,共和国总统有发布命令临机应变之权,但这种临变命令不得违反宪法;《丹麦王国宪法》第23条规定,在紧急情况下当议会不能举行会议时,国王可以发布临时性法律,但这些临时性法律不得与宪法法令相抵触;《阿尔及利亚民主人民共和国宪法》第123条规定,在战争状态期间宪法暂停实施,国家元首行使一切权力。

而《南非共和国宪法》规定,由于紧急状态宣布而制定的任何法律,在符合条件时可与权利法案相背离,该背离是紧急状态的严格需要或该法律与适用于紧急状态的共和国的国际义务相一致等;《新加坡共和国宪法》规定,在紧急状态下立法机关和行政机关均有权制定违反宪法的法律。②这里所谓的"背离"和"违反",在二元宪法理论语境里,只能是对常态法治模式下相关法律的背离或违反,而不是说紧急状态完全脱离法治的看护。对紧急权力规定最为详尽的要数法国宪法,根据法国现行宪法第16条之规定③,总统享有紧急情况条例制定权,而所谓"紧急情况条例"系指总统根据宪法第16条规定的特别权力为应对危机而制定的条例。④

在我国,《中华人民共和国宪法修正案(2004)》第二十六条规定:"宪法第六十七条全国人民代表大会常务委员会职权第二十项'(二十)决定全国或者个

---

① 刘海年:《〈经济、社会和文化权力国际公约〉研究》,中国法制出版社2000年版,第313页。
② 郭春明:《论紧急状态下的宪法效力》,载《法学》2003年第8期。
③ 法国1985年宪法第16条规定:"当共和国体制、国家独立、领土完整或国际义务的履行受到严重和直接的威胁时,以及依据宪法产生的公共权力机构正常行使职权被中断时,共和国总统在同总理、议会两院议长和宪法委员会主席正式磋商后,根据形势采取必要的措施。总统用咨文把情况通告全国。这些措施应该是为了保证依据宪法产生的公共权力机构在最短期间拥有完成其任务的手段,对于这些措施的主要内容,应同宪法委员会磋商。议会自行举行会议。在行使特别权力期间,国民议会不得被解散。"肖蔚云等:《宪法学参考资料(下册)》,北京大学出版社2003年版,第989-992页。
④ 王名扬:《法国行政法》,中国政法大学出版社1997年版,第142-145页。

别省、自治区、直辖市的戒严'修改为'（二十）决定全国或者个别省、自治区、直辖市进入紧急状态。'"至此，我国现行宪法完成了完整意义上紧急权力条款的创制。不过，2007年全国人大常委会依据2004年宪法修正案颁行的《中华人民共和国突发事件应对法》（以下简称《突发事件应对法》），却将紧急权力限缩为应对一般公共危机的行政应急权。将控制突发公共事件的社会危害纳入法治轨道，已成为我国应急立法面临的主要问题。因此，为了有效利用立法资源，优先制定一部行政法意义上的《突发事件应对法》，比制定紧急状态法更为迫切。可见，我国《突发事件应对法》是一部统一的行政应急管理法。① 对此，2006年6月24日，时任国务院法制办主任的曹康泰，在向全国人大常委会做立法草案说明时亦阐述了类似观点：宪法规定的紧急状态和戒严，实践中很少用到，而各种突发事件又经常出现，建议把紧急状态法更名为突发事件应对法。②

三、我国行政应急治理亟待调处的几个关系

我国是一个灾难频发的国家。在传统农业社会，风险的区域性特征比较明显；改革开放之前，"单位"体制在公共危机处理方面，也起到了很好的制度缓冲作用。然而，随着市场化、工业化和全球化的整体推进和飞速发展，中国社会迅速步入风险时代，公共危机应对的紧迫性和繁重性不言自明。在此历史背景下，笔者以为，"风险国家"及其行政应急治理理念的确立，应该被视为新时代的一场特殊启蒙运动，其包括但不限于理性行为方式和生活方式的倡导、危机应对科学知识的普及、危险社会信任机制的建构等等。在此过程中，我国的行政法治亟待确立行政应急性原则，并处理好以下几个方面的关系。

（一）处理好依法（律）行政和应急行政之间的关系

在公共危机来临之际，"用于经典性预防目的，也就是更适合于应付物质性风险而不是潜在的对于大规模人群的危险的那些强制性导控手段，已经失效"。"一个社会产生了那么多的安全风险，以至于它只能通过大大扩展监视机构才能保护受到威胁的基本权利价值。"③可见，重大突发事件引发的公共危机，激活了行政应

---

① 于安：《制定〈突发事件应对法〉的理论框架》，载《法学杂志》2006年第4期。
② 《立法应对"天灾人祸"突发事件应对法草案提请审议》，http://www.npc.gov.cn/npc/c199/200606/e036921ca4b84434838259da1e5621f6.shtml，最后访问日期：2020年3月29日。
③ ［德］哈贝马斯：《在事实与规范之间：关于法律和民主法治国的商谈理论》，童世骏译，生活·读书·新知三联书店2003年版，第536页。

急性原则并拓展了其适用空间,行政应急性原则赋予了行政机关在"正常"状态下禁止采取的诸多"非常"处置权力,甚至对公民基本权利也可进行适当的限缩与克减,比如采取居留管制、关闭集会场所、禁止通行、日夜巡查等措施。正如孟德斯鸠所言:"有些场合需要给自由蒙上轻纱,犹如人们遮护众神的雕像。"

不过,紧接着的问题必然是,如何保证"特殊时期的合法性"或"危机合法性",以便最大限度地减小对个体权益的影响甚至损害。值得强调的是,应急性原则的启用并不意味着对依法(律)行政原则及其建制化的完全解构。应急性原则以法治原则为基础和前提,是依法(律)行政原则在紧急情况下的必要延伸与适度修正;应急性原则弥补着依法(律)行政原则的僵化与不足,提升了危机应对的效率和能力,优化了风险化解的资源整合。而依法(律)行政原则规制着应急性原则的价值取向和公益方向,以避免紧急状态完全遁入半战争或战争状态;依法(律)行政原则对人权的坚守,制约着行政应急性原则对效率的单一追求。可见,完全脱离法治的行政应急无异于对战争状态的宣布——"法律止于战争"。现代社会即便是战时状态也有战争法和人道底线的约束,而不可能毫无规则可循。

正如有学者所言:"应急行政与常态行政占据两种交替性的、互不隶属的时间结构,即短暂的时间结构和连续的时间结构。常态行政先于应急行政,当突发事件发生时应急行政取代常态行政,突发事件结束时常态行政重新恢复,应急行政退居幕后。应急行政是对常态行政的打断,是一种短暂的和临时的时间结构。"①

(二)处理好专家意见与行政决策之间的关系

"一般来说,风险社会的种种危险向专家的分析能力和预测能力,也向承担预防风险职责的行政权力的处理问题能力、采取行动准备和应急措施的速度,提出了如此高的要求,以至于福利国家中存在的法规约束问题和法律确定性问题一下子激化起来。"②可见,在突发公共事件应对过程中,科学判断和专家意见是行政决策正当化的学术前提,尊重专家意见、敬畏科学理性,实现专家学术权力和国家行政权力的适当分离与有效配合,就显得极其重要。尽管从广义上,行政官僚也是科层化了的"行政专家",但危机应对意义上的专家却必须来自学术界,以便为行政专家提供智力支持。而专家的直接官僚化和专家被行政"俘获"语境下的标签化,都

---

① 戚建刚:《应急行政的兴起与行政应急法之建构》,载《法学研究》2012年第4期。
② [德]哈贝马斯:《在事实与规范之间:关于法律和民主法治国的商谈理论》,童世骏译,生活·读书·新知三联书店2003年版,第535页。

是非常危险的权力配置格局。这种多元权力的混同和不适当集中,通过对不同法律属性权力行使逻辑和运行规律的伤害,必将最终危害整个社会,从而加剧危机损害的惨烈程度。正如贝克所忧虑的那样,"风险社会的教训是:政治和道德正在获得——必须获得!——替换科学论证的优先权"①。此次新冠疫情防控的前期,湖北武汉暴露出的一线医生、疾控中心和行政机关之间的关系错乱、权力错置,以及最终导致的防疫关键期和窗口期的贻误就是明证。

新兴技术发展过程中涌现出的事实难辨、价值冲突、风险巨大、决策紧迫的重大争端,致使"没有任何一个机构能够提供支撑决策的全部知识"②,而"开放的共同体能够更好地缓解新兴技术领域中公民社会、科技与产业间的复杂与紧张关系"③。于是,一种融合了伦理、法律、社会和科技等多元理论进路的"技术治理"悄然兴起。在"技术治理"的语境里,政府不再独享技术决策的绝对权威,"行动者网络代替等级关系主导着决策过程"④。同时,学者的专业判断应该是决策的基础性前提,因为"科学生活中不言自明却最重要的一条规定是,在事关科学的问题上不得数人头和诉诸大众"⑤。

为此,其一,必须保障学术自主,让学者在相对宽松的学术氛围里进行高深知识的探究,以促进智识增长、生产专业知识、回应公共关切,因为"好的公共政策必须借助专业知识,而没有系统、彻底和合格的研究与记录就不会产生这种知识"⑥。其二,如果说公民的言说自由是"民主正当"(democratic legitimation)基础的话,那么,学术自由的价值则在于"民主胜任"(democratic competence)⑦,从而借由专业判断以及专业知识的公众普及,保障风险应对中应急行政决策的科学性和可行性。

---

① [德]乌尔里希·贝克:《风险社会政治学》,刘宁宁、沈天霄编译,载《马克思主义与现实》2005年第3期。
② Janet E. Newman. Modernizing Governance: New Labour, Policy and Society. London: Sage Publications, 2001.
③ Brian Salter, Mavis Jones. Changing in the Policy Community of Human Genetics: A Pragmatic Approach to Open Governance. Policy and Politics, 2006, 34(2): 347-366.
④ Ian Bache. Governing Through Governance: Education Policy Control Under New Labour. Political Studies, 2003, 52(2): 300-314.
⑤ Thomas S. Kuhn. The Structure of Scientific Revolutions. Chicago: University of Chicago Press, 1996: 168.
⑥ John Dewey. The Public and Its Problems. Chicago: Swallow Press, 1927: 177-179.
⑦ [美]罗伯特·波斯特:《民主、专业知识与学术自由:现代国家的第一修正案理论》,左亦鲁译,中国政法大学出版社2014年版,第30页以下。

其三，学术自主本身也是一种升华了的个人责任①。"某种机构保护处于某种特定地位的人们，包括学生们以及学者们，以免使他们因特殊责任上的挫败而受到道德上的伤害。"②并且学者们"所承担的道德责任的大小部分地依赖于他们的自主程度。自主程度越大，应承担的道德责任就越大；自主程度越小，应承担的道德责任就越小"③。可见，专家学者必须恪守职业道德和科技伦理，否则，他们一旦被"俘获"——无论是被权力还是被市场，必然导致用来控制风险的知识与技术，反而成为造成更多不确定性风险的源泉。故此，学者应该像珍视生命一样，维系自己的专业信誉，学者的社会信用流失以后就会覆水难收，道德和信用重建的社会成本和时间成本极其高昂。

总之，由于未来依赖于当下政府的理性决策与审慎选择，为了走出科技悖论，必须建立学者独立判断的制度体系，实现权力的多中心配置。唯有如此，公众、政府和专家之间的价值冲突和理念差异，才会在程序性的商谈中消释，并透过对话、论辩达成应急治理的社会共识。当然，公众和政府对专家的信赖，导源于这个群体拥有的技术成就、专业知识以及保障这种知识体系生成的制度，而不应是专家个体。因为专家是流变的，具有高度的属人性，而制度则是持久的和客观的。

（三）处理好公共利益和个人私益的关系

在宪法原理上，有学者将作为人的具体权利的"安全"称为"safety"，是指排除具体危险而获得的客观安全；而把作为政府制度化任务的"安全"称为"security"，是指整体上的不担心、没有不安，也就是主观上的"安心"。④在突发公共事件预防、处置和善后的整个程序当中，抽象的、主权意义上的整体"国家安全"，不能遮蔽甚至完全湮没"人的安全"。我国应尽快实现从"国家安全"到"人的安全"的范式转型，确立包括国家安全的概括性的"人的安全"的观念，进而完成公益和私益之间关系的升华。在康德看来，"人以及一般而言每一个理性存在者，都作为目的自身而实存，不仅仅作为这个或者那个意志随意使用的手段而实存，而是在他的一切无

---

① 倪洪涛：《大学生学习权及其救济研究——以大学和学生的关系为中心》，法律出版社2010年版，第41-43页。
② [美]罗纳德·德沃金：《自由的法——对美国宪法的道德解读》，刘丽君译，上海人民出版社2003年版，第360页。
③ [美]约翰·凯克斯：《反对自由主义》，应奇译，江苏人民出版社2003年版，第88页。
④ [日]森英树：《宪法学上的"安全"与"安心"》，王贵松译，载王贵松：《宪政与行政法治评论（第五卷）》，中国人民大学出版社2011年版，第68-69页。

论是针对自己还是针对别人的行为中,必须始终同时被视为目的"①。可见,以公益目的而完全牺牲私益,或打着公益的旗帜否定私益,以及以目的的正当性证明手段的合法性,甚至用目的正当为手段的违法辩护,都违背了"人永远是目的而不是手段"这一第一道德律令。

"公共紧急状态"(Public Emergency)是一种特别的、迫在眉睫的公共危机,影响全体公民并对整个社会的正常生活构成威胁。②故此,在危机应急治理中,往往以公益牺牲甚至打压私益。在这次新冠病毒疫情防控过程中,部分地方政府以"危机"和"公益"之名,仓促采取的"断路""封门"等措施,就完全忽视了"人的安全",是对公共利益的误读。如果每一个体的基本权利都被非法剥夺,公共利益也就没有存在的必要了。

从深层次上讲,公共危机爆发期间公益私益关系调处,也就是公众和政府之间的关系处理问题。就危机应对的角度而言,理应实现公共行政决策和个体决策的有效兼顾与良性互动。公共决策的科学性是个体理性决策的前提,前者是为后者服务的,而一个个的个体决策又往往影响着政府决策的可行性与执行力。故此,一方面,在公共危机应对期间,政府决策必须及时、透明,并保证公共信息的适时更新,否则,一旦信息阻隔,势必谣言四起,引发更大的社会恐慌;另一方面,每一个个体都是一信息源,政府及其工作人员对公众意见的捕捉、整理与提炼,对于公共决策的优化和调整大有裨益。任何意义上公共信息的封锁与不当管控,都会在政府和公民个体之间形成闭环,从而造成行政应急权和公民知情权之间的关系紧张。

(四)处理好中央和地方之间的关系

公共危机的行政应急应该形成上下互动、左右融通、各就其位、各司其职的网状治理结构。在此治理范式下,政府更多意义上是风险应对的斡旋者,透过多元行动者的参与,公共政策目标也由单一的国家利益转变为统筹协调多方利益并在它们之间达至平衡。③就我国重大突发公共危机应对现状而言,横向的省级驰援机制已比较成熟,发挥的社会功效也比较显著。不过,在此基础上,尚须进一步优化和处理纵向的央地(中央与地方)关系及其涉及的相关问题,比如宏观上紧急状态发

---

① [德]康德:《道德形而上学的奠基(注释本)》,李秋零译注,中国人民大学出版社2013年版,第48页。
② 周佑勇:《紧急状态下的人权限制与保障》,载《法学杂志》2004年第4期。
③ 高璐、李正风:《从"统治"到"治理"——疯牛病危机与英国生物技术政策范式的演变》,载《科学学研究》2010年第5期。

布权的归属,微观上国家权力与社区基层自治的关系调处,甚至基础性的事权与财权在疫情防控时的应急性统一配置等等。

在宏观层面,按照现行《突发事件应对法》第四十三条①等法律条款的规定,我国业已搭建起了比较完善的突发公共事件预警机制,在预警方面的央地职权配置也比较合理,新冠病毒疫情中暴露出来的主要是法律的严格执行问题而非立法本身的问题。不过,在突发事件应急处置上,现行法律存在体系性优化的空间和余地。根据《中华人民共和国传染病防治法》第三十八条之规定②,作为应急处置措施的"疫情发布"是对已经明确的疫情进行公开。但是,疫情发布权在央地之间的法律配置,却与不同的传染病类型发生了程序性和技术性的牴牾。笔者以为,在放管服改革的历史背景下,大国治理应当适当提升地方政府的行政应急处置权,特别是省级政府和国务院批准的较大的市的人民政府,更应该具有较为完整的行政应急权力配置,并辅之以事后报备和错误矫正制度。因为风险应对中,行政层级间的报批机制非常容易导致最佳防控和处置时机的贻误。

在微观层面,我国行政应急的末端治理模式亟待优化,其主要表现在:(1)国家权力如何与城市居委会(社区)的自治权力相衔接,两种不同法律属性权力之间的有效配合,对于风险防控至关重要。常态法治模式下国家权力对城市居委会的行政指导,如何及时地转换为应急治理中的行政强制,并实现城市基层政权和居委会之间委托关系框架下行政强制权行使的合法性,无不考验着我们提升法治技术化和细节化的能力。其二,国家权力、居委会(社区)自治权与小区业主自治权之间的关系调处问题。对于我国物权化了的业主自治权而言,前两种权力可以视为异质性的公共行政权。长期以来,我国城市居民小区实施着法律意义上的业主自治,而国家权力从业主自治中"抽身隐退",从而导致居民小区治理上的国家权力空白。于是,在突发公共危机时,日常性应急治理的重担也就自然而然地落在了物业公司肩上。然而,平素只进行简单的垃圾处理和安全保卫工作的物业公司工作

---

① 《中华人民共和国突发事件应对法》第四十三条规定:"可以预警的自然灾害、事故灾难或者公共卫生事件即将发生或者发生的可能性增大时,县级以上地方各级人民政府应当根据有关法律、行政法规和国务院规定的权限和程序,发布相应级别的警报,决定并宣布有关地区进入预警期,同时向上一级人民政府报告,必要时可以越级上报,并向当地驻军和可能受到危害的毗邻或者相关地区的人民政府通报。"

② 《中华人民共和国传染病防治法》第三十八条第二、三款规定:"国务院卫生行政部门定期公布全国传染病疫情信息。省、自治区、直辖市人民政府卫生行政部门定期公布本行政区域的传染病疫情信息。传染病暴发、流行时,国务院卫生行政部门负责向社会公布传染病疫情信息,并可以授权省、自治区、直辖市人民政府卫生行政部门向社会公布本行政区域的传染病疫情信息。"

人员,其科学、理性应急治理能力上的短板立刻暴露无遗。因此,笔者以为,提升我国城市社区应急治理能力显得非常迫切和必要。当然,只有将问题放在权力纵向配置的框架内进行整体性思考,厘清城市末端复杂治理主体之间的法律关系,才是问题得以解决的关键切入点。

另外,在"风险国"时代,风险的跨域性、灾难性和全球性,要求人类在重大公共危机应急治理过程当中,应确立超越民族国家的风险意识和合作机制,并仰赖民间的"亚政治"力量,实现对国家层面上应急治理方案偏离者的权力约束。

(责任编辑:熊樟林)

疫情治理背景下中医医疗主体法律制度问题研究

赵西巨 *

摘 要: 在一片争议声中,我国《中医药法》在医疗机构管理和医师资格取得两个方面分别推出了中医诊所备案管理制度和确有专长人员中医医师资格考核制度,从而拉开了与通常医疗主体法律制度的距离,并形成了我国中医医疗主体分立且多元化的格局。中医医疗主体的多元化加剧了诊疗服务的分立与割据局面,并给同行业规则的适用提供了温床;但是,条块状的诊疗服务需要平衡信息的润泽。法律宜对服务提供的两大领域——诊疗和信息告知——进行区别化对待,在尊重从业者专业判断和同行意见的同时,应照顾到患者的信息需求,促进从业者在专注一隅的同时向患者提供超越专业领域的信息。

关键词: 中医 医疗主体 准入 诊疗 信息告知

我国的中医药立法运作历时30余年。2017年7月1日起施行的《中华人民共和国中医药法》(以下简称《中医药法》)是我国中医药领域的第一部法律,也是我

---

* 作者简介:赵西巨,山东中医药大学法学教授。

国中医药领域的综合性、基础性重要法律。《中医药法》施行后,一些与《中医药法》相配套的法律制度已经跟进,其中包括:(1)《中医诊所备案管理暂行办法》①(基于《中医药法》第十四条);(2)《中医医术确有专长人员医师资格考核注册管理暂行办法》②(基于《中医药法》第十五条);(3)《中药经典名方复方制剂简化注册审批管理规定》③(基于《中医药法》第三十条)。后续也将会有一些与《中医药法》相配套的法规跟进,包括:"中药材种子种苗管理办法""中药审评审批管理规定""中医师承教育管理办法""中医药传统知识保护条例"。④

我国医药法律制度一度存在着中西医不加区分的现象。中医药法律制度,除了星星点点式"除外"方式的存在,大多淹没在通常的医药法律制度当中。这掩盖了中医药在法律体系中的个性存在。在《中医药法》起草过程中,主张《中医药法》与《中华人民共和国执业医师法》(以下简称《执业医师法》)和《中华人民共和国药品管理法》(以下简称《药品管理法》)隔离的声音此起彼伏,反对通常的医疗主体和药品管理制度对中医药的管束。⑤《中医药法》的出台强化了中医与西医在医药法律规则构建上的区别对待。但是,与《执业医师法》《药品管理法》处于同一位阶的《中医药法》与它们是何种关系仍是一个存有争议、值得探究的问题。

本文择取了《中医药法》下的医疗主体法律制度,并延伸至中医医疗主体的医疗行为和医疗侵权法律制度。在梳理立法缘由、演变轨迹和争议焦点的基础上,本文试图描绘出中医医疗主体的多样面孔,并勾勒其在诊疗和信息告知两大服务提供中的行为轨迹。本文试图展现的是中医药法律制度与通常的医疗法律制度之间

---

① 国家卫生计生委令第14号,2017年7月31日经国家卫生计生委主任会议讨论通过,自2017年12月1日起施行。

② 国家卫生计生委令第15号,2017年7月31日经国家卫生计生委主任会议讨论通过,自2017年12月20日起施行。

③ 参见《国家药品监督管理局关于发布古代经典名方中药复方制剂简化注册审批管理规定的公告》(2018年第27号),国家药品监督管理局,2018年5月29日。

④ 参见《中共中央 国务院关于促进中医药传承创新发展的意见》(2019年11月23日)第七、九、十二、十四项。

⑤ 就一审稿,就有立法委员提出,不能用管理西医的办法来管理中医,不能简单适用《执业医师法》《药品管理法》。有公众意见提出,《执业医师法》《药品管理法》的一些规定从实践看制约了中医药的继承和发展,如果本法还继续适用两法的规定,将无法解决中医药发展过程中的实际问题。就二次审议稿,有公众意见提出,中医有自己的特点,不应一律适用《执业医师法》的有关规定,可以考虑另行制定中医医师执业法。有意见提出,以管西医的方法管中医,只能使中医的路越走越窄,建议改变以管理西医的思路来管理中医的做法,建立适应中医发展需求的制度。黄薇:《中华人民共和国中医药法解读》,中国法制出版社2017年版,第235、265、266页。

既浑然一体又保持距离的品性,试图探寻中医药法进一步向纵深和精细处发展的可能。有必要循着《中医药法》的步履,为中医医疗主体准入之门的开开合合"把脉",并为中西医并存分治状态下医疗主体的医疗行为开列"处方"。

一、中医医疗主体:固守与偏离

在医疗主体(医疗机构和从业人员)的规制方面,《中医药法》在固守惯常规制模式的同时做出了两项偏离。一是,在医疗机构方面,以例外的形式,设置了中医诊所的备案管理制度[①],偏离了通常的医疗机构审批管理制度;二是,在医疗从业人员方面,在既往的中医医师资格考试制度之外,确立了师承或确有专长人员中医医师资格考核制度[②],从而建立了中医医师资格管理的双轨制。中医诊所和中医从业人员的准入门槛的降低,被认为是迎合中医药特点、保护与发展中医药之举。

(一)中医医疗机构之管理:中医诊所备案管理制度

我国医疗机构管理之规定可见于《医疗机构管理条例》及其实施细则。它们建立的是医疗机构的审批或许可制。这体现在:(1)设置医疗机构应当符合医疗机构设置规划和医疗机构基本标准。[③](2)单位或者个人设置医疗机构,必须经县级以上地方人民政府卫生行政部门审查批准,并取得设置医疗机构批准书。[④](3)医疗机构执业,必须进行登记,领取《医疗机构执业许可证》。[⑤]

《中医药法》第十四条第一款重申了中医医疗机构管理上的审批制,但是在这一原则之外,《中医药法》第十四条第二款推出了中医诊所管理的备案制。根据这一例外规定,举办中医诊所[⑥]的,将诊所的名称、地址、诊疗范围、人员配备情况等报所在地县级人民政府中医药主管部门备案后即可开展执业活动。同时,出于加强监管和保证医疗安全的考虑,该款同时规定,中医诊所应当将本诊所的诊疗范围、中医医师的姓名及其执业范围在诊所的明显位置公示,不得超出备案范围开展医疗活动。但是,除《中医药法》第十四条第二款所作的特别规定外,举办中医诊所仍然需要遵守《医疗机构管理条例》及其实施细则的其他有关命名、校验、执业

---

① 《中医药法》第十四条。
② 《中医药法》第十五条第二款。
③ 《医疗机构管理条例》第八条第一款。
④ 《医疗机构管理条例》第九条。
⑤ 《医疗机构管理条例》第十五条。
⑥ 本款所指的中医诊所包括了民族医诊所,即对中医诊所和民族医诊所均由审批管理改为备案管理。

等规定。① 也就是说,中医诊所的特殊性主要体现在准入和执业范围上。

中医诊所管理备案制的推出,一方面被认为是法律对现实的让步,是考虑到一些希望个人开业的、执业经验丰富的、专业水平高超的中医执业医师因"难以达到取得医疗机构执业许可证所要求的设施设备等条件"而无法举办中医诊所这一现实;另一方面也被视为是法律对中医药特点的尊重,考虑到了中医主要是医师坐堂望闻问切,服务简便的中医诊所"不像西医医疗机构需要配备相应的仪器设备"这一特点。②

关于中医诊所管理制度,一方面存在着审批制与备案制之争,另一方面存在着诊疗范围宽窄的争议。这其中涉及的是对公众利益和患者生命健康利益的考虑。在《中医药法》起草过程中,有委员和代表对中医诊所的备案管理表示担忧,建议维持审批制,或增加规定其他设立条件,并建立定期评价机制。③ 也有意见认为,从事诊疗活动,涉及患者的生命与健康,不赞成将中医诊所改为备案制。④ 还有委员建议明确中医诊所的"处方权仅限于中草药方剂"。⑤ 但是,另一方意见认为,中医诊所管理备案制系符合中医药特点的中医医疗机构管理制度,按照西医医疗机构管理模式而构建的中医医疗机构管理模式阻碍了中医的发展;国家应鼓励支持个人开办中医诊所、药房,降低开办门槛,简化审批程序。⑥ 该方意见还认为,对中医诊所不应限制诊疗范围和执业范围。⑦

在中医诊所备案制随《中医药法》颁布而尘埃落定之后,依据《中医药法》第十四条之授意而由国务院中医药主管部门负责拟订的《中医诊所备案管理暂行办法》对实行备案制的中医诊所的诊疗范围采取了一种限定的办法。适用于该办法的中医诊所仅限于"在中医药理论指导下,运用中药和针灸、拔罐、推拿等非药物疗法开展诊疗服务,以及中药调剂、汤剂煎煮等中药药事服务的诊所"⑧。在其适用范围上,它排除了提供以下服务的中医诊所:(1)西医西药服务、中西两法服务;

---

① 黄薇:《中华人民共和国中医药法解读》,中国法制出版社2017年版,第46页。
② 黄薇:《中华人民共和国中医药法解读》,中国法制出版社2017年版,第44页。
③ 黄薇:《中华人民共和国中医药法解读》,中国法制出版社2017年版,第239-240、251页。
④ 黄薇:《中华人民共和国中医药法解读》,中国法制出版社2017年版,第262页。
⑤ 黄薇:《中华人民共和国中医药法解读》,中国法制出版社2017年版,第227页。
⑥ 黄薇:《中华人民共和国中医药法解读》,中国法制出版社2017年版,第262页。
⑦ 黄薇:《中华人民共和国中医药法解读》,中国法制出版社2017年版,第239、262、267页。
⑧ 《中医诊所备案管理暂行办法》第二条。

（2）"存在不可控的医疗安全隐患和风险"的中医药服务，如中医微创类技术、中药注射剂、穴位注射等。① 即它将西医服务和一部分中医药服务排除在外。

《中医诊所备案管理暂行办法》不仅规定了举办中医诊所应具备的积极条件（其中包括人员资质、诊所标准、命名、环保和消防要求、责任主体等方面），而且规定了举办中医诊所的禁止条件或消极条件。② 就积极条件中的人员资质来说，举办中医诊所的医师为两类人：（1）具有中医类别《医师资格证书》并经注册后在医疗、预防、保健机构中执业满三年；（2）具有《中医（专长）医师资格证书》。即通常的中医医师开办中医诊所有执业年限的限制，但是中医（专长）医师并没有从业年限的限制。

《中医诊所备案管理暂行办法》不仅规定了中医诊所备案应当提交的材料③，而且规定了中医诊所备案程序④，并强调备案机构对备案材料只进行形式审查，而非实质审查⑤。其中，中医诊所的备案层级是"县级中医药主管部门"，备案事项包括中医诊所的名称、人员、诊疗科目、技术等。⑥ 公示内容包括《中医诊所备案证》和卫生技术人员信息。⑦ 没有了事前的审批许可，该办法将对中医诊所的监管移步到事中和事后。事中事后监管包括现场核查、知识培训/继续教育、不良执业行为记录制度。⑧

为实施中医诊所备案制度，国家卫生计生委和国家中医药管理局还同步印发了《中医诊所基本标准》和《中医（综合）诊所基本标准》两个标准。⑨ 两个标准的适用范围有异，前者适用于实施备案管理的中医诊所，后者适用于审批管理的、提

---

① 《中医诊所备案管理暂行办法》第二条。
② 《中医诊所备案管理暂行办法》第五条。其中，消极条件是"《医疗机构管理条例实施细则》规定不得申请设置医疗机构的单位和个人，不得举办中医诊所"，其指向的是《医疗机构管理条例实施细则》第十二条所规定的不得申请设置医疗机构的情形。
③ 《中医诊所备案管理暂行办法》第六条。
④ 《中医诊所备案管理暂行办法》第八条。
⑤ 《中医诊所备案管理暂行办法》第七条（"备案人应当如实提供有关材料和反映真实情况，并对其备案材料实质内容的真实性负责。"）。
⑥ 《中医诊所备案管理暂行办法》第十条。
⑦ 《中医诊所备案管理暂行办法》第九条。
⑧ 《中医诊所备案管理暂行办法》第十五、十七、十八条。其中，第十七条规定："县级中医药主管部门应当定期组织中医诊所负责人学习卫生法律法规和医疗机构感染防控、传染病防治等知识，促进中医诊所依法执业；定期组织执业人员参加继续教育，提高其专业技术水平。"
⑨ 《国家卫生计生委　国家中医药管理局关于印发中医诊所基本标准和中医（综合）诊所基本标准的通知》（国卫医发〔2017〕55号）。

供中西两法服务和不符合《中医诊所备案管理暂行办法》规定的服务范围或者存在不可控的医疗安全风险的中医（综合）诊所，由此形成了备案制的中医诊所与审批制的中医（综合）诊所的并立局面。两类诊所在诊疗范围、所适用的标准、开办条件和管理模式上皆有区别（见表1）。

表1 备案制的中医诊所与审批制的中医（综合）诊所之比较

设立条件	中医诊所	中医（综合）诊所
诊疗范围	在中医药理论指导下，运用中药和针灸、拔罐、推拿等非药物疗法开展诊疗服务，以及中药调剂、汤剂煎煮等中药药事服务；中医药治疗率100%	以提供中医药门诊诊断和治疗为主；中医药治疗率不低于85%
诊所标准	《中医诊所基本标准》	《中医（综合）诊所基本标准》
开办条件（人员资质方面）	（1）具有中医类别《医师资格证书》并经注册后在医疗、预防、保健机构中执业满3年；（2）具有《中医（专长）医师资格证书》，经注册依法执业	（1）具有中医类别《医师资格证书》并经注册后在医疗、预防、保健机构中执业满5年；（2）具有《中医（专长）医师资格证书》，经注册依法执业
管理模式	备案制	审批制

（二）中医医师资格之取得：确有专长人员中医医师资格考核制度

《中医药法》第十五条在再次确认中医医师资格考试制度的同时推出了确有专长人员中医医师资格考核制度。其实，如果将视野放宽、将时间挪前，中医医师资格的获得现有以下三种并行不悖的管道：

1. 中医医师资格考试制度

我国《执业医师法》规定了"考试—注册—执业"这样一条执业医师产生路径，并确定了具有普适性的执业医师资格考试制度。《中医药法》第十五条第一款在强调"中医医师资格考试的内容应当体现中医药特点"的同时再次确认了《执业医师法》及其执业医师资格考试制度、医师执业注册制度对"从事中医医疗活动的人员"的适用性，维持了"通过中医医师资格考试取得中医医师资格"这一既有渠道。

根据《执业医师法》，可以参加执业医师资格考试和执业助理医师资格考试的人员都有医学"学历"要求,且需要在执业医师指导下,在医疗、预防、保健机构中试用期满一定年限。[①]考试成绩合格,取得相应医师资格。取得医师资格的,可以向卫生行政部门申请注册。医师经注册后可以按照注册的执业地点、执业类别、执业范围执业。

2. 传统医学师承和确有专长人员医师资格考核考试制度

师承方式学习中医被认为是中医药人才的传统培养方式。另外,在民间还存在着虽未接受正规的中医教育,但经多年实践在中医药方面确有专长者。这两类人员由于都未接受系统的医学院校教育,没有取得国家承认的学历证书,无法参加一般的医师资格考试。为此,当年(1998年)的《执业医师法》为这两类人员留出了一些缝隙。该法第十一条规定,"以师承方式学习传统医学满三年或者经多年实践医术确有专长的,经县级以上人民政府卫生行政部门确定的传统医学专业组织或者医疗、预防、保健机构考核合格并推荐,可以参加执业医师资格或者执业助理医师资格考试"[②]。这便是当年的传统医学师承和确有专长人员"考核+考试"模式。该模式保留了执业医师资格考试制度,但是以"考核"替代或豁免了参加考试所需的"学历"要求。

该条促成了《传统医学师承和确有专长人员医师资格考核考试办法》(2006年制定,卫生部令第52号,简称"第52号令")的出台。该办法的适用对象是以师承方式学习传统医学或者经多年传统医学临床实践医术确有专长、"不具备医学专业学历的人员"[③]。其中"考核"指的是对传统医学师承和确有专长人员申请参加医师资格考试的资格评价和认定,分为传统医学师承出师考核和传统医学医术确有专长考核。师承和确有专长人员取得《传统医学师承出师证书》或《传统医学医术确有专长证书》后,在执业医师指导下,在授予《传统医学师承出师证书》或《传统医学医术确有专长证书》的省(自治区、直辖市)内的医疗机构中试用期满1年并考核合格,可以申请参加执业助理医师资格考试。[④]师承和确有专长人员取得执业助理医师执业证书后,在医疗机构中从事传统医学医疗工作满5年,可以申请

---

① 《执业医师法》第九、十条。
② 《执业医师法》第十一条。
③ 《传统医学师承和确有专长人员医师资格考核考试办法》第二条。
④ 《传统医学师承和确有专长人员医师资格考核考试办法》第二十七条。

参加执业医师资格考试。①

3. 确有专长人员中医医师资格考核制度

尽管存在传统医学师承和确有专长人员医师资格考核考试制度这一绿色通道,但是,在实践中,仍有不少以师承方式学习中医或者经多年实践的人员,虽然实践经验丰富、医术确有专长,但因为无法通过以基础理论为主要内容的医师资格考试,仍无法取得医师资格。②这促使了法律对现实的再一次让步。

《中医药法》第十五条第二款,通过将"考试"制度替换为"考核"制度,进一步降低了师承或确有专长人员的准入门槛,从而建立了确有专长人员中医医师资格考核制度。根据该款规定,"以师承方式学习中医或者经多年实践,医术确有专长的人员,由至少两名中医医师推荐,经省、自治区、直辖市人民政府中医药主管部门组织实践技能和效果考核合格后,即可取得中医医师资格"。在此规定中,只有实践技能和效果"考核",执业医师资格"考试"制度没有了踪影。也就是说,此类人员只需通过考核的方式,而无须通过国家统一考试"即可"取得中医医师资格。执业医师资格考试制度彻底被打破。此外,根据该款,此类人员取得中医医师资格并按照考核内容进行执业注册后,"即可"在注册的执业范围内,以个人开业的方式或者在医疗机构内从事中医医疗活动。这与《执业医师法》中的个体行医规定形成了对比。根据《执业医师法》,申请个体行医的执业医师,须经注册后在医疗、预防、保健机构中执业满5年,并按照国家有关规定办理审批手续。③而根据《中医药法》第十五条第二款,确有专长人员按照考核内容进行执业注册后,即可以个人开业的方式从事中医医疗活动,无须在医疗、预防、保健机构中执业满5年。从两个"即可"(中医医师资格取得上的"即可"和执业上的"即可")的使用看,法律对该类人员的准入大开绿灯。

《中医药法》第十五条第二款也是在一片争议声中产生。从大的方面看,仍然存在着考试制还是考核制的取舍争议。有一种意见认为,中医的根基在民间,应当进一步降低门槛,扩大中医医师入门途径。④而《中医药法》第十五条第二款被认为是降低了中医从业人员的准入门槛;如同中医诊所的门槛降低一样,这体现了对

---

① 《传统医学师承和确有专长人员医师资格考核考试办法》第二十八条。
② 黄薇:《中华人民共和国中医药法解读》,中国法制出版社2017年版,第47页。
③ 《执业医师法》第十九条。
④ 黄薇:《中华人民共和国中医药法解读》,中国法制出版社2017年版,第268页。

中医的保护,对于发展中医事业有着积极意义。①但是,另一种意见则认为,医术确有专长人士也要通过医师考试的方式取得中医医师资格,不能搞两个标准。②即使在考核制下,细节上的争议也不断。一是,有委员提出"经多年实践"不好界定,建议规定最低期限。③二是,有意见认为,"由至少两名中医医师推荐"参加考核的规定意义不大,实践中容易滋生腐败,也不易操作,可以删除以进一步体现对中医药一技之长、一药之长的保护④,或者应明确该类医师的推荐资格⑤。三是,关于考核内容,有意见提出,"实践技能和效果考核"主观性太强,中医千人千方,缺乏统一标准,存在人为操作空间,容易被滥用。⑥有委员建议在"实践技能及效果考核"之外还应组织"基础医疗知识考核"。⑦有委员建议在考核内容中增加中医药基础理论知识的考核。⑧四是,关于组织考核者,有委员建议将组织考核的层级降为"设区的市级"。⑨五是,关于称谓,有意见提出,凡有志于中医药事业者,均可通过考核成为"岐黄学医师",以区别于其他中医医师。⑩六是,关于通过考核制取得中医医师资格人员的执业限定(地域和执业范围限定),有委员强调应在其考核注册的执业范围内执业。⑪

《中医医术确有专长人员医师资格考核注册管理暂行办法》(国家卫生计生委令第15号,简称"第15号令")的随后推出部分回应了以上关注。此办法中的"确有专长人员"较前囊括力更强,它意在包含之前的"传统医学师承和确有专长人员"两类人,但强调"确有专长"。该办法规定了"以师承方式学习中医的"和"经多年中医医术实践的"两类人申请参加医师资格考核应当同时具备的条件。除"由至少两名中医类别执业医师推荐"这一共有条件之外,前者的申请条件还包括"连续跟师学习中医满五年,对某些病证的诊疗,方法独特、技术安全、疗效明显,经指

---

① 黄薇:《中华人民共和国中医药法解读》,中国法制出版社2017年版,第259页。
② 黄薇:《中华人民共和国中医药法解读》,中国法制出版社2017年版,第240页。
③ 黄薇:《中华人民共和国中医药法解读》,中国法制出版社2017年版,第240页。
④ 黄薇:《中华人民共和国中医药法解读》,中国法制出版社2017年版,第251页。
⑤ 黄薇:《中华人民共和国中医药法解读》,中国法制出版社2017年版,第240、268页。
⑥ 黄薇:《中华人民共和国中医药法解读》,中国法制出版社2017年版,第261、268页。
⑦ 黄薇:《中华人民共和国中医药法解读》,中国法制出版社2017年版,第226页。
⑧ 黄薇:《中华人民共和国中医药法解读》,中国法制出版社2017年版,第251页。
⑨ 黄薇:《中华人民共和国中医药法解读》,中国法制出版社2017年版,第251页。
⑩ 黄薇:《中华人民共和国中医药法解读》,中国法制出版社2017年版,第268页。
⑪ 黄薇:《中华人民共和国中医药法解读》,中国法制出版社2017年版,第226页。

导老师评议合格"①;后者的申请条件还包括:(1)具有医术渊源,在中医医师指导下从事中医医术实践活动满五年或者《中华人民共和国中医药法》施行前已经从事中医医术实践活动满五年的;(2)对某些病证的诊疗,方法独特、技术安全、疗效明显,并得到患者的认可。② 对于这两类人员的诊疗,都强调其"方法独特、技术安全、疗效明显"。该办法还规定了推荐医师、师承人员指导老师和考核专家三类相关人员的资格条件。③ 组织考核者为县级、设区的市级和省级中医药主管部门,分别负责申请的初审、复审和审核确认。中医医术确有专长人员医师资格考核的考核方式以专家现场集体评议方式为主,以实地调查核验等方式为辅。注重风险评估与防范,对具有一定风险的中医医疗技术,由考核专家综合评议其安全性和有效性。实行分类考核,针对参加考核者使用的技术方法,分内服方药和外治技术两类设计考核内容、考核程序、安全风险评估及防范要点。注重效果评价,由考核专家根据参加考核者的现场陈述和回顾性中医医术实践资料(包括病案记录、录像资料、图片资料等),综合评议其医术是否确有疗效。考核合格后,颁发《中医(专长)医师资格证书》。中医(专长)医师在其考核所在省级行政区域内执业;中医(专长)医师按照考核内容进行执业注册,执业范围包括其能够使用的中医药技术方法和具体治疗病证的范围。④

面向民间中医所开辟的中医(专长)医师资格获取方式与适用于院校教育的中医医师资格取得方式二者之间到底属于什么关系,目前尚不清楚。中医(专长)医师资格是中医医师资格的子项目,还是二者为并列关系,尚不明朗。应该讲,如表2所示,两种资格获取管道所适用的法律法规、适用人群、医师资格获得方式、医师称谓、执业范围皆有所不同,中医(专长)医师资格获取方式显示出了较强的独立性。与此同时,从《中医医术确有专长人员医师资格考核注册管理暂行办法》所规定的推荐医师、师承人员指导老师和考核专家的资格条件看,这三类人员均须为"中医类别执业医师"。也就是说,考核制中医(专长)医师的产生一直受到考试制或"学院派"中医医师的把关和审视。"专长"制这种异样的医师资格获取"口子"能开到多大,能走多远,尚需时间去观察。

---

① 《中医医术确有专长人员医师资格考核注册管理暂行办法》第五条。
② 《中医医术确有专长人员医师资格考核注册管理暂行办法》第六条。
③ 《中医医术确有专长人员医师资格考核注册管理暂行办法》第七、八、二十三条。
④ 《中医医术确有专长人员医师资格考核注册管理暂行办法》第二十六、二十七条。

表2 中医医师资格之取得管道

管道	中医医师资格考试制度	传统医学师承和确有专长人员医师资格考核考试制度	确有专长人员中医医师资格考核制度
适用法律法规	《执业医师法》	《执业医师法》第十一条；《传统医学师承和确有专长人员医师资格考核考试办法》（第52号令）	《中医药法》；《中医医术确有专长人员医师资格考核注册管理暂行办法》（第15号令）
适用人群	具有相应学历人员	不具有相应学历人员；传统医学师承和确有专长人员	不具有相应学历人员；中医医术确有专长人员（"以师承方式学习中医的"和"经多年中医医术实践的"）
医师资格获得方式	学历教育+中医医师资格考试	传统医学师承和确有专长人员医师资格考核+中医医师资格考试	中医医术确有专长人员医师资格考核
医师资格名称	中医医师资格	中医医师资格	中医（专长）医师资格
执业地点限制	按照注册的执业地点执业	按照注册的执业地点执业	在其考核所在省级行政区域内执业
执业范围	按照注册的执业类别、执业范围执业	按照注册的执业类别、执业范围执业	按照考核内容进行执业注册，执业范围包括其能够使用的中医药技术方法和具体治疗病证的范围

需要注意的是，第15号令出台之后，与其适用于相似人群的第52号令并没有失效，二者形成了并行不悖的局面。不仅如此，考试制医师资格与考核制医师资格还可以相互切换。一方面是考核制向考试制的转向。中医（专长）医师通过学历教育取得省级以上教育行政部门认可的中医专业学历的，或者执业时间满5年、其间无不良执业记录的，可以申请参加中医类别执业医师资格考试。[①] 另一方面是考试制向考核制的转变。《中医医术确有专长人员医师资格考核注册管理暂行办法》实施前已经按照《传统医学师承和确有专长人员医师资格考核考试办法》规定取得《传统医学师承出师证》的，可以按照考核制办法之规定，在继续跟师学习满2年后申请参加中医医术确有专长人员医师资格考核；同样，《中医医术确有专长人员医师资格考核注册管理暂行办法》实施前已经按照《传统医学师承和确有专长人员医师资格考核考试办法》规定取得《传统医学医术确有专长证书》的，可以按

---

① 《中医医术确有专长人员医师资格考核注册管理暂行办法》第三十二条。

照考核制办法之规定申请参加中医医术确有专长人员医师资格考核。①

(三) 我国中医医疗主体:类型化与规制模式

在中医药领域,就目前我国的法律规定来看,医疗主体复杂多元。在我国法律上,中医医疗主体的类型至少包括:(1)实行审批制的中医医疗机构,包括中医(综合)诊所;(2)实行备案制的中医诊所;(3)经考试取得医师资格的中医医师(又可分为中医医师和中西医结合医师);(4)经"考核+考试"取得医师资格的中医医师;(5)经考核取得医师资格的中医(专长)医师。

上述中医医疗主体(医疗机构和从业人员)都有其对应的医疗活动范围和执业范围。在此方面,《中医药法》已经勾画了一个基本的轮廓:(1)实行审批制的中医医疗机构医疗活动范围是"主要提供中医药服务",可以采用"现代科学技术方法"。②(2)实行备案制管理的中医诊所的医疗活动"不能超出备案范围"③,仅限于《中医诊所备案管理暂行办法》所规定的中医药服务。④(3)经考试取得医师资格的中医医师[包括经考试取得医师资格的中医医师(又可分为中医医师和中西医结合医师)和经"考核+考试"取得医师资格的中医医师]的执业范围是:一方面,该类医师可以根据《执业医师法》之规定按照注册的执业地点、执业类别、执业范围执业;另一方面,该类医师经培训、考核合格后可在执业活动中采用与其专业相关的、"有利于保持和发挥中医药特色和优势"的现代科学技术方法。⑤(4)实行考核制的中医(专长)医师应在"在注册的执业范围内"执业⑥,其执业范围有地域和技术/病证范围的限制,即地域执业范围限于在其考核所在省级行政区域内执业,其技术/病证执业范围仅限于其考核内容(其能够使用的中医药技术方法和具体治疗病证)。⑦其整体规律是,中医医疗主体准入门槛的高低基本上决定了其执业范围的宽窄。实行宽松的备案制的医疗主体,其执业范围相对比较狭窄。不同中医药服务提供主体的医疗活动范围或执业范围的界定牵扯到执业自由与社会公众利益的协调。法律在提供相对自由的执业环境的同时,还需考虑到公众安全利益。

---

① 《中医医术确有专长人员医师资格考核注册管理暂行办法》第三十八条第二款和第三款。
② 《中医药法》第十六条。
③ 《中医药法》第十四条。
④ 《中医诊所备案管理暂行办法》第二条。
⑤ 《中医药法》第十六条。
⑥ 《中医药法》第十五条第二款。
⑦ 《中医医术确有专长人员医师资格考核注册管理暂行办法》第二十六、二十七条。

与一些西方国家因循西医医师规制模式而对中医进行职业化、规范化的中医立法相比,我国新近的与医学院校教育脱钩、摒弃医学考试制度的中医(专长)资格取得方式确实形成了一道别样的风景。比如,在英美法系国家,不管是中医立法仍是未竟事业的英国、新西兰,还是已经完成全国性中医立法的澳大利亚,其意欲完成或已经实施的中医立法规制(statutory regulation)路径均是将中医从业者纳入国家的一种健康职业(health profession)来对待,因此适用的是与其他健康职业从业者一样的教育培训—认证—注册这样一种管理体制。[①] 这些国家的中医立法更多的是出于维护公众安全和健康的需要,而对从业者的良好培训和教育被认为是确保公众免受不称职的从业人员之侵害的一种保障措施。随之而来的中医职业化在给从业者称谓垄断和国家认可的同时,也提高了从业者的准入门槛,增强了合格从业者的可识别性。

在西方,大多数的补充与替代疗法(CAM)[②](包括中医)目前仍处于"自愿自我规制"(voluntary self-regulation)状态,缺乏国家立法介入的"立法规制"(statutory regulation)。有些学者甚至认为,"自愿自我规制"是规制补充与替代疗法的最佳模式。[③] 对于补充与替代疗法的立法规制以及职业化,政府和从业者都是心存芥蒂的。政府之所以踌躇是否采用立法规制,是因为其担心立法介入所产生的职业合法化会给消费者一个误导性印象,即会让人误认为尚缺乏强大科学证据基础的补充与替代疗法与传统医学(西医)一样有效和安全。[④] 与此同时,有些

[①] 比如,根据英国1999年健康法案,一个医疗行业管理机构——委员会(council)——主要有四项基本职能:(1)成员注册并维持此种注册;(2)确定入门所需的教育和培训标准;(3)就从业者的行为标准提出意见;(4)实施与从业者的不良行为和不适行为有关的程序。在澳大利亚,中国医学(Chinese Medicine)于2012年成为澳大利亚全国性《健康从业者规制法案》(Health Practitioner Regulation National Law Act 2009)下的一个健康职业(health profession)。随之成立的澳大利亚中医委员会(The Chinese Medicine Board of Australia)的主要职责是保护公众安全并设定注册必需的标准,包括经认证的教育学习项目(accredited programs of study)。

[②] 在西方世界,"补充和替代医学"(Complementary and Alternative Medicine, CAM)是一个统称,它不仅包括中国医学,也包括印度医学和阿拉伯医学,而且还囊括了"自然疗法""整骨疗法""顺势疗法"等疗法。它主要是针对"西方医学"而言的。在西方语境中,"西方医学"又往往被称为"对抗医学"(allopathic medicine)、"主流医学"(mainstream medicine)、"正统医学"(orthodox medicine)、"生物医学"(biomedicine)。

[③] John Lunstroth. Voluntary Self-Regulation of Complementary and Alternative Medicine Practitioners. Albany Law Review, 2006, 70(1): 209.

[④] Anne Tran. The Regulation of Traditional Chinese Medicine Practitioners in Australia. Journal of Law and Medicine, 2006, 13(3): 365-367.

补充与替代疗法从业者也不待见对其进行"立法规制",这是因为他们认为因循西医规制模式而构建的立法规制模式,比如考试制度和执业的标准化、规范化,会破损其个性化特性和主观直觉色彩,从而减损其存在价值。① 要在保护公众健康与尊重补充与替代疗法本性之间取得平衡的话,探讨真正替代性的(alternative)法律规制模式也许是有必要的。在这方面,我国《中医药法》中的中医(专长)资格取得制度算是迈出了尝试性的一步。

对一个行业的规制不仅包括准入制度设置,还包括从业者行为规范的设定和对其不当行为的惩戒机制。医疗行业主管部门的职责不仅体现在对从业者的注册和教育培训,还体现在为从业者提供行为准则和行医指南。我国的中医(专长)资格取得制度建立的只是从业者准入上的"替代",是否应建立行为规范和惩戒上的"替代"机制,是法律需要进一步回答的问题。对于中医(专长)医师,目前法律遵循事后监管方式,其中监管内容之一是对其进行法律法规培训教育②。人们不仅会畅想,这种法律法规培训的内容是什么。一些饱含医师行为规范和执业规则的法律法规和规章,如《执业医师法》《中华人民共和国侵权责任法》(以下简称《侵权责任法》)《医疗事故处理条例》《医疗机构从业人员行为规范》,是否会同样适用于中医(专长)医师?如果不加区别地一体化适用的话,特质性强的中医(专长)类医师是不是会难以承受其重?如果区分的话,患者的权益又如何充分保障? 法律不应停留在不同医疗主体的准入这一层面,而应进一步探究准入后的医疗主体的服务提供(包括诊疗和信息告知)应如何展开。

二、诊疗服务提供:分立与割据

(一)行为指向:回归传统还是拥抱现代?

在中医药教育方面,《中医药法》具有强烈的回归中医药教育本位、剔除中医教育西医化倾向的立法意志。这表现在:(1)中医药人才培养原则的设定:"以中医药内容为主,体现中医药文化特色",注重中医药经典理论和中医药临床实践、现代教育方式(院校规模教育)和传统教育方式(师承教育)相结合。③(2)对体现

---

① Anne Tran. The Regulation of Traditional Chinese Medicine Practitioners in Australia. Journal of Law and Medicine, 2006, 13(3): 352-369.
② 《中医医术确有专长人员医师资格考核注册管理暂行办法》第二十条。
③ 《中医药法》第三十三条。

中医药学科特色、符合中医药学科发展规律的"专门实施中医药教育"机构的支持。① 国家发展中医药院校教育,支持专门实施中医药教育的高等学校、中等职业学校和其他教育机构(而不是西医学校以及其他非医药学校)的发展;中医药学校教育应当体现中医药学科特色,符合中医药学科发展规律,不能简单套用西医教育模式。(3)对中医药传统教育方式(师承教育)的进一步肯定。师承教育的地位得以进一步凸显。② 这体现在:①通过师承教育,受教育人员可以参加执业医师资格考试,取得医师资格③;②师承受教育人员可以经考核取得中医医师资格④;③师承教育与院校教育、毕业后教育(中医住院医师规范化培训、中医专科医师规范化培训)、继续教育相结合⑤。此外,在服务提供方面,《中医药法》还规定应开展以中医药理论为指导、运用中医药技术方法、符合中医药服务基本要求的中医药服务。⑥

但是,《中医药法》似乎又是一个矛盾体。与"去西医化"的立法志趣有点格格不入的是,《中医药法》还规定了"促进中西医结合"⑦和"发展中西医结合教育"⑧的内容。关于"中西医结合"这一说法,存在着持续的反对声音。在《中医药法》起草过程中,有委员和公众意见认为,"中西医结合"的概念不清楚,容易引起歧义,认为是将中医西化,容易导致忽略中医,而中西医理念不同、方法不同,各有所长,很难融合,中医药发展不能一味强调中西医结合和中医药现代化,应当强调中医自身的传承、创新和发展,强化中医药自身的作用和优势。⑨

另一个与西医志趣相投的立法动作是中医药标准体系建设。⑩ 中医药标准体系建设着眼于技术操作规范标准、临床指南、疗效评价标准的制定或修订;重点开展对中医临床诊疗指南、技术操作规范和疗效评价标准的制定、推广与应用;系统开展对中医治未病标准、药膳制作标准和中医药保健品标准等的研究制定;重

---

① 《中医药法》第三十四条。
② 《中医药法》第三十三条、第三十五条。
③ 《执业医师法》第十一条。
④ 《中医药法》第十五条。
⑤ 《中医药法》第三十五条。
⑥ 《中医药法》第十七条。
⑦ 《中医药法》第三条第三款。
⑧ 《中医药法》第三十六条第二款。
⑨ 黄薇:《中华人民共和国中医药法解读》,中国法制出版社2017年版,第225、238、250、260页。
⑩ 《中医药法》第五十条。

点强化中药炮制、中药鉴定、中药制剂、中药配方颗粒以及道地药材的标准制定与质量管理。不过，中医药标准体系建设被认为与中医的个性化诊疗特性相悖。在《中医药法》起草过程中，有意见提出，中医不同于西医之处就在于有不同的传承和流派，讲求因人因地治疗，如果完全标准化，就限制了中医的思维，不利于中医药发展，会抹杀中医自身的特色。① 有委员提出，中医标准化很困难。② 有公众意见认为：现代药典规定的标准，束缚了中医用药手脚，不符合中医用药的习惯，让中医完全按药典规定的用量开具处方是不科学的；即使需要标准化，也应该以中医药理论和中医原创思维为指导，避免用西药标准评价和管理中药。③

尽管如此，中医临床诊疗指南、技术操作规范和疗效评价标准的制定、推广与应用在界定中医从业者的注意标准和认定医疗过失上存在着法律价值。我国《侵权责任法》第五十八条将"诊疗规范"推到了至尊位置。根据该条，"诊疗规范"之违反将导致医疗机构过错之"推定"。这种推定是否可推翻，学界也有争议。这也牵扯到中医药标准到底是强制性标准还是推荐性标准这一争议问题。④

（二）同行业规则：坚定贯彻还是有所保留？

《中医药法》第五十一条规定了"开展法律、行政法规规定的与中医药有关的评审、评估、鉴定活动"时的同行评议原则，以遏制"以西评中"现象。现有的来自全国人大法工委的立法解读将这种享有同行评议保障（即"成立中医药评审、评估、鉴定的专门组织或者有中医药专家参加"）的评审、评估、鉴定活动的范围限定在了《中医药法》《药品管理法》《执业医师法》《医疗机构管理条例》《中药品种保护条例》等"法律、行政法规规定的""中医药专业技术职务任职资格的评审，中医医疗、教育、科研机构的评审、评估，中医药科研课题的立项和成果鉴定等评审、评估、鉴定活动等"。⑤ 它是否适用于中医医疗事故鉴定和中医医疗损害鉴定，有待于进一步厘清。可喜的是，有些省份的中医药条例已明确将"中医医疗事故鉴定和中医医疗损害鉴定"纳入同行评议保障范围。⑥ 在对中医医疗主体的医疗损害

---

① 黄薇：《中华人民共和国中医药法解读》，中国法制出版社2017年版，第264-265页。
② 黄薇：《中华人民共和国中医药法解读》，中国法制出版社2017年版，第246页。
③ 黄薇：《中华人民共和国中医药法解读》，中国法制出版社2017年版，第264-265页。
④ 在《中医药法》起草过程中，有委员提出，中医是个性化诊疗，中医药国家标准和行业标准不具有强制性，应当作为推荐性标准起示范作用。黄薇：《中华人民共和国中医药法解读》，中国法制出版社2017年版，第234页。
⑤ 黄薇：《中华人民共和国中医药法解读》，中国法制出版社2017年版，第158页。
⑥ 如《湖北省中医药条例》第五十一条。

鉴定中,有些法院的判决并没有讳言《中医药法》第五十一条的适用。①

即使明确了"中医医疗事故鉴定和中医医疗损害鉴定"可适用同行评议,这种同行评议的实现程度也令人思量。《中医药法》中的同行评议保障实际上体现为两个可选项:一是"成立中医药评审、评估、鉴定的专门组织",二是"有中医药专家参加"。后者(参与型)的同行评议保障程度和实现程度肯定不如前者(专门型)。何种情形下适用专门型同行评议、何时适用参与型同行评议、如何确保同行评议不被稀释,是需要考究的问题。在实践中,还存在着同行评议遭到进一步弱化和稀释的现象,如中医专家仅作为"咨询专家"而不是鉴定人参与评审、鉴定等活动。这种情形是不是属于"有中医药专家参加",引发了争议。②

真正的同行评议应是纯同行评议,不应有其他非同行人员的掺杂。"同行业"规则(the same school rule)是指,医疗服务从业人员有权要求根据与其训练和最接近的职业同行所设定的标准一致的原则和规则而不是其他行业的标准去对其医疗行为进行测试评估。③根据该规则,法院将不会依据与案中所涉人员之教育、培训和同行期望不相称的标准来判断该从业人员行为得当与否。当然,这一原则存在一些例外,比如:(1)行医者超出许可范围行医;(2)不同行业行为标准间存在重叠;(3)尚未形成一种职业,或无统一的行为规则。④人们有理由相信,对一种做法的法律或行业规制程度越高,其越容易受到"行业"(school)的庇护。一种做法要获得法律的尊重,它在行业内应有一定的认可度和受尊重程度。不过,也存在挑战"同行业"规则之正当性的声音,认为同行评议规则属于一种"人的规则"(rule of men),应该被"(医学)证据的规则"(rule of evidence)所替代。⑤对一些证据基础较弱的行业来说,适用"证据的规则"会面临不利。

按照"同行业"规则逻辑,对于使用中医的西医医师[在西方语境中属于处于

---

① 参见江苏省徐州市泉山区人民法院(2018)苏0311民初7623号民事判决书;江苏省徐州市中级人民法院(2019)苏03民终4554号民事判决书。

② 参见江苏省徐州市泉山区人民法院(2018)苏0311民初7623号民事判决书;江苏省徐州市中级人民法院(2019)苏03民终4554号民事判决书。案中,被告为一民营中医院,医学会在开展医疗损害鉴定时,根据原告脑梗死的情况,确定以神经内科专家及法医作为鉴定专家,并聘请中医专家作为咨询专家。

③ David M. Studdert. Legal Issues in the Delivery of Alternative Medicine. Journal of the American Medical Women's Association,1999,54(4):174.

④ 赵西巨:《医事法研究》,法律出版社2008年版,第286-289页。

⑤ Malcolm H. Parker. Two into One Won't Go: Conceptual, Clinical, Ethical and Legal Impedimenta to the Convergence of CAM and Orthodox Medicine. Journal Bioethical Inquiry,2007,4(1):13.

混合形态的"双重医师"(dual practitioner)]来说,有三种注意标准可供选择:(1)中医医师标准;(2)混合标准;(3)西医医师标准。[①]在对其评估时,还存在着一个是看从业者所使用的诊疗项目的归属(是西医项目还是中医项目)还是看从业者身份(是中医医师还是西医医师)来选择"同行业"的问题。这些对使用西医的中医医师的行为判定也有很强的适用性。

需要注意的是,在我国中医医疗主体已趋向多元化的今天,在诊疗服务领域,坚守同行评议规则显得更加重要。在诊疗领域,法律需要尊重医疗主体的专业领域或专长领域,不能期望医疗主体提供超越其专业领域或专长领域的医疗服务。对其医疗服务之提供和实施,也宜以同行的眼光去审视。比如,在《中医药法》下,实行备案制管理的中医诊所只能提供《中医诊所备案管理暂行办法》所规定的中医药服务,人们不能期望他们提供西医西药服务和中西两法服务;同样,实行考核制的中医(专长)医师也有其能够使用的中医药技术方法和具体治疗病证范围的限制,不能期望其超范围执业。与此同时,在诸如中医(专长)医师这样的医疗从业者的注意标准设定和医疗过错认定上,也只能看一个相同情形下的中医(专长)医师应如何作为,而不能以一个西医医师或经考试取得医师资格的中医医师的注意标准来评判一位中医(专长)医师。此时,规制医师的法律法规应定位在促进不同种类医师间的可识别性上,患者也应承担在不同种类医师间选择上的风险和后果。正如英国法官在Shakoor v. Situ案[②]中所说的:"(案中)这位中国草药医生并没有对外声称他是一位西方医学执业人员。……患者通常可以选择去见西医从业人员,但是,他却拒绝了西医选择了替代医学从业人员……不管决定的基础是什么,在我看来,患者自己选择了拒绝西医而倾向于替代医学从业者这一事实应是属于需要考虑的因素。既然他已经拒绝了西医执业者,为什么后来他还抱怨替代医

---

① 赵西巨:《医事法研究》,法律出版社2008年版,第289-292页。
② Shakoor(Deceased)v. Situ, 4 All ER 181(2000). 该案被告为一位中医医师,原告为一位患有良性脂肪瘤的32岁患者,他拒绝西医疗法(手术切除),选择了中医疗法。被告根据传统经典药方为患者开具了一个包含有12种不同草药的处方。但是,在服完第九副药之后,患者出现了致命性的特异体质反应——急性的肝功能衰竭。在进行了肝移植手术之后,患者死亡。原告方从西医方面(包括西医专家证言和西医出版物文献,比如《柳叶刀》(The Lancet))提供了一些证据。这些证据表明:服用与被告所开处药类似的药物,存在一些确定的、已知的肝损害风险。但是,被告却辩称,他并不知晓西医刊物所发表的文章,相反他所熟悉的中医教科书和刊物告诉他此种中药处方是历经几个世纪延续下来的,并没有不良反应。关于此案之介绍,请参见赵西巨:《中医师的医疗过失认定:英国的Shakoor案》,载《南京中医药大学学报(社会科学版)》2010年第1期,第28-33页。

学从业者没有按照西医从业者的标准提供技能和照护?"[1] 法律应根据一位从业者所声称能做的去选择所适用的注意标准。在决定从业者的注意标准时,在医学和医疗服务多元化的时代,患者拒绝了一种医学和医疗服务而选择了另一种医学和医疗服务这一事实也是一考量因素。这不仅适用于中医与西医之间的选择,也适用于不同中医服务之间的选择。

关于法律可否将这种选择上的风险纳入"甘冒风险"(voluntary assumption of risk)规则的适用之中,是有探讨空间的。作为一种抗辩事由,该规则主要是为偏离传统疗法或常规疗法的医疗从业者规避责任风险而设计的。它比较适用于新疗法、试验性疗法或者风险与疗效不确切的疗法。法律不禁止患者自愿地、充分知情地将自己置于此种非传统的医疗所隐含的不确定风险当中。不过,从业者要想启用患者"甘冒风险"这一抗辩事由,必须保证患者的选择是一种"知情的"的决定,即他应将所涉疗法的风险和益处以及拒绝其他疗法的风险和益处明确地告知患者,不能隐瞒所涉疗法的负面信息,也不能离间患者与其他疗法(如常规疗法)的关系。这种善待不同疗法的价值观才是法律需要去促就的。

另外,在不同医学体系和不同医学流派并立并存的情况下,要建立不同医学体系或医学流派之间的连接,从业者的转诊义务就显得尤为重要。如果存在超出其执业范围的医疗情形,从业者应尽到转诊(referrals)义务。如果从业者没有尽到相应的注意义务,没有转诊或转诊迟延,贻误病情,从业者应承担相应责任。

三、信息告知:超越与整合

(一)证据基础:趋向多元化?

关于医师的信息告知义务与责任,《中医药法》并没有直接的规定,但是这并不妨碍《中医药法》通过与其他医药法律法规(如《执业医师法》《侵权责任法》)的链接而将中医药从业人员置于知情同意法则之下。

在圈定告知义务的范围和内容上,《中医药法》的许多规定存在着价值。这主要体现在中医药科学研究章节中的规定上。一方面,《中医药法》比较注重中医药传承/继承[即注重对中医药古籍文献、著名中医药专家(名老中医)的学术

---

[1] Shakoor(Deceased) v. Situ, 4 All ER 181, 188(2000).

思想和诊疗经验以及民间中医药技术方法（民间医药）的整理、研究和利用]①和传统中医药研究方法（起源于古朴的直观思辨方法）的运用②，坚持中医药原创思维和理论自信，突出中医药的优势和特色；另一方面，《中医药法》也不排斥中西医结合研究和现代科学技术的运用③，促进中医药理论和技术方法的继承和创新。"中医药循证医学"和药物的"循证医学"研究赫然出现在促进中医药传承创新发展的政策文件中。④这表明，中医药服务的证据基础和相应的信息提供将呈现多样化，其中不仅包括基于传承目的的古老文献证据和信息，而且包括由现代科学研究而衍生的循证医学信息。这决定了中医医师信息告知的基本范围。

可以肯定的是，在西方医学情境中产生并发展的知情同意原则不会对中医医师网开一面，但是，在信息（包括医疗风险和可替代疗法）的告知上，中医文献信息和中医临床循证医学信息均可落入告知义务的范围。在信息告知标准的选择上，目前我国法律尚不明朗。与同行评议一脉相承的"医生标准"在我国具有较强的定力和惯性。即使采用对患者更加有利的患者标准（信息实质性标准）[信息是否对患者医疗决定具有实质性影响这一事项可归入一般人（患者）判断]，医师应了解和知晓何种信息或者说何种信息应落入告知义务的范围还是个专家判断（同行判断）问题，比如中医医师的判断问题。

（二）信息告知：跨越中西医壁垒？

中西医的并存以及中医医疗主体样态的多元化同样决定了在信息告知问题上的复杂性。有许多问题期待着回答，比如：（1）在多种医学体系并存的情况下，西方医学的发展是否影响到（比如扩展了）中医医师的信息告知义务范围？（2）中医医师和西医医师是否需要履行跨医学类别风险信息和医疗方案的告知义务？比如，西医医师在告知可选治疗措施时，该义务是否扩展至中医的疗法，中医医师的告知义务范围是否扩展至西医的疗法？

相较于西方国家中医、西医在教育和执业上的严格分立，我国医学教育中的中西合璧程度还是比较高的。中医院校中的中医专业和中西医结合专业中大比例的西医课程设置便是明证。中医课程还有望列入临床医学类专业必修课，以提高临

---

① 《中医药法》第三十九条。
② 《中医药法》第三十八条。
③ 《中医药法》第三十八条。
④ 《中共中央 国务院关于促进中医药传承创新发展的意见》（2019年10月20日）。

床类别医师中医药知识和技能水平；国家鼓励西医学习中医，允许临床类别医师通过考核后提供中医服务，参加中西医结合职称评聘；改革完善中西医结合教育，允许中西医结合专业人才参加临床类别全科医生规范化培训。① 这些都会影响到我国知情同意法则的运行。尽管如此，我国的医学教育仍然存在着西医较为强势、向西医倾斜的态势，在跨医学类别风险信息和可替代疗法的告知上，法律可以期望中医医师去告知西医信息，但是还不太能奢望西医医师知晓和拥抱很多的中医信息，特别是与西医理论和西医思维相抵触的中医信息。

需要注意的是，在我国中医医疗主体多样化的今天，中医医师本身的医学教育和知识背景存在很大差别。以对西医的知晓度来排序，"双重医师"（"西学中"医师）、中西医结合医师、中医医师和中医（专长）医师基本上形成了一个颜色渐弱的色带。对于备案制中医诊所和中医（专长）医师，我国目前采取的是事后监管的方式，对执业人员专业技能的提高发生在备案或注册后。事后的监管和培训教育大多仅限于法律法规、急救、感染防控、传染病防治、临床转诊能力、病历书写等方面的内容②，并不涉及很多通常的中西医教育内容。那么，一个棘手的问题是：患者是否有权期望中医（专长）医师知晓和披露与所涉疾病和治疗有关的西医信息？

没有西医教育背景和西医执业可能的中医（专长）医师非常类似于西方语境中纯正的补充与替代医学从业者。关于补充与替代医学从业者是否有义务披露西医疗法这一问题，实际上是存在分歧的。考虑到其狭窄的执业范围和薄弱的西医知识基础，有学者认为期望补充与替代医学从业者告知西医疗法信息是不现实的、有潜在危险的和负担过重的。③ 但是，出于对患者境地的考虑，也有学者认为补充医学要真正体现出其对西方医学的"补充"，即从业者需要向患者告知传统医学（西医）的存在，需要向患者提供充分的、可靠的、不偏不倚的关于不同疗法的信息以便患者做出知情的决定。④ 很显然，这有赖于补充与替代医学从业者西医教育背景的强化，也取决于对该行业的立法规制程度。即使法律不能建立补充医学从

---

① 《中共中央 国务院关于促进中医药传承创新发展的意见》（2019年10月20日）第十一项。
② 《中医诊所备案管理暂行办法》第十七条；《中医医术确有专长人员医师资格考核注册管理暂行办法》第二十条。
③ Michael Weir. Obligation to Advise of Options for Treatment – Medical Doctors and Complementary and Alternative Medicine Practitioners. Journal of Law and Medicine, 2003, 10(3): 307.
④ Richard A. Haigh. Alternative Medicine and the Doctrine of Patient Disclosure. Journal of Law and Medicine, 2000(8): 205.

业者对西医疗法的一般性告知义务,正如前文所言,让从业者认识到各自疗法的局限、不唆使患者远离或放弃其他疗法以及在需要时及时转诊,都是法律可以添加的、有益于患者权益保护的义务。

(三)诊疗与告知:条块分割与信息整合

一个理想的状态是,如果说在诊疗领域法律会容忍或尊重不同医学、不同医师、不同流派间的割据和分立的话,在信息告知领域,法律应促进和鼓励不同医学流派间跨越专业领域的信息整合。从业者孤芳自赏式的专注一隅与海纳百川般的宽广胸襟要相得益彰。在信息告知上,法律不应期望患者自己搜寻并整合不同信息。患者有权期望不同流派医师提供超越其专长领域的全面信息,而不是不同信息源发出的偏颇信息。比如,在英国的 Shakoor v. Situ 案中,尽管在诊疗领域法官启用了同行业标准(中医医师标准),但是,在信息告知领域,法官还是期望一位中医医师去了解一些西医方面的信息。正如案中法官所言,"他需认识到这样一种可能性:遭受该疗法不良反应的任何一人很有可能被送进一个西医医院,并且这一事件会在西医杂志上'记载'。他应采取措施使自己相信在任何这样的杂志上尚没有任何应影响疗法使用的不良报告"①。

在疗法的选择使用与告知上,法律应贯彻"诊断治疗"与"信息告知"有别的观念。前者需要医生专业判断的介入,但是后者则以患者信息需求为依归。尽管医生的义务(诊疗义务和信息告知义务)具有一体性,但中心有所不同。在疗法的选择使用上,法律可以给予医生的专业判断较大的尊重和空间。只要医生在做专业判断时行使了合理的注意,法律应给予其较大的生存空间。法律应认可医疗界在疗法选择上的多样性。但是,在疗法的告知上,法律应更多尊重患者的信息需求,法律应鼓励医生超越自己的偏好,给患者提供全面的疗法"菜单",包括自己不会举荐但已获同行认可的疗法,从而真正给患者提供一个根据自己的生活方式、价值观和风险容忍程度做出选择的机会。这种思路在其他法域还是可以找到不少支持者的。比如,加拿大司法认为:"一位医生倾向于某一疗法而非其他疗法这一事实本身不能豁免他去告知其他可接受的和已知的疗法的义务。"② 不管医生对疗法的偏好如何,患者有权知道其他可得的疗法③。美国司法也认为,医生不仅有义务去

---

① Shakoor (Deceased) v. Situ, 4 All ER 181, 189 (2000).
② Seney v. Crooks, 166 D.L.R. (4th) 337, 354 (1998).
③ Nattrass v. Weber, 53 C.C.L.T. 105, 118 (2007).

告知他所推荐的疗法,而且有义务去告知"他不推荐的[其他]医学上合理的替代疗法",否则的话,医生通过不告知他不喜欢的疗法,实际上以自己的选择替代了患者个人的选择。① 新西兰的卫生专员在处理一起医患纠纷中同样言道:"[医生]个人认为[某一疗法]对[患者]并不可行并不能免除他向患者提供全面信息以使患者做出知情决定的义务……外科医生有义务将其个人的观点置于全面的行业观点之中,为其个人观点提供背景观点(contextualize their views),而不是仅仅局限于其个人观点,因为后者实际上剥夺了患者作出知情决定的权利。"② 在另一份就医患纠纷所出具的意见中,该卫生专员还认为,就治疗方法,医疗服务提供者有义务向患者提供全方位的(平衡的)、公平的信息(balanced and fair information),要将个人的私人利益置于患者作出知情决定这一利益之下。③

不过,在替代疗法告知问题上,真正引起争议的可能不是"替代疗法"本身是否需要告知④,而是"何种"替代疗法应当落入告知义务的范围,即替代疗法告知的范围到底有多宽,替代疗法的边界在何处。比如,在加拿大 Dickson v. Pinder 一案⑤中,一位补充与替代医学从业者(脊椎指压治疗师)没有向患者告知其所实施的疗法(脊柱手法治疗)以外的替代疗法。在应告知何种替代疗法上,特别是西医疗法是否需要告知上,两位专家证人存在分歧。其中一位具有西医教育背景的脊椎指压治疗师(专家证人)作证说,除了物理疗法和不予治疗等替代疗法之外,西医的药物治疗也是一种替代疗法。但是,法院只是判定被告违反了对保守疗法(不予治疗)的告知义务,回避了西医疗法的告知问题。与此同时,在该案中,法院认为,西医医师的替代疗法告知不包括对非西医的"边缘替代疗法"(fringe alternative)的告知。⑥ 即使在对替代疗法告知持非常开放态度的新西兰,法律要求的也只是补充与替代疗法从业者和双重医师向患者披露传统或常规医学(西医)的疗法信

---

① Matthies v. Mastromonaco,733 A. 2d 456,462(1999).
② Opinion 04HDC00031(Health and Disability Commissioner,24/2/2005).
③ Opinion 03HDC19128(Health and Disability Commissioner,14/9/04).
④ 根据我国《侵权责任法》第五十五条,"需要实施手术、特殊检查、特殊治疗的,医务人员应当及时向患者说明医疗风险、替代医疗方案等情况,并取得其书面同意"。"替代医疗方案"是医生在实施"手术、特殊检查、特殊治疗"时需要告知的信息项目之一。
⑤ Dickson v. Pinder,2010 ABQB 269(Court of Queen's Bench of Alberta).该案涉及一位已执业27年的脊椎指压治疗师(chiropractor)。患者因颈部疼痛和头痛而寻求他的治疗,但是在接受了脊柱手法治疗后出现了中风。患者声称脊柱手法治疗导致了中风,并声称,如果该治疗师向其告知了脊柱手法治疗的风险和其他替代疗法,她就不会接受该脊柱手法治疗。
⑥ Dickson v. Pinder,2010 ABQB 269,at[79].

息,而没有要求西医医师告知补充与替代医学的信息。厚此薄彼现象依然存在。①在西医占绝对主导、其他医学处于边缘地位、不同医学体系严格分立的西方社会和医学文化当中,要建立跨越不同医学体系的告知义务是困难的,尽管患者对覆盖不同医学体系和不同医学流派的实质性信息具有需求且这些信息会影响其医疗选择和决定。在我国中医地位凸显、中西医日趋整合的情形下,告知义务的射程范围能否超越不同医疗体系的阻隔从而实现突破,有待观察。不过,也应注意到,在我国,在中西医是否需要融合以及如何融合这一问题上,现有法律和政策传递的信息仍是模糊的,甚至有时是矛盾的。主张中医远离西医、回归传统和呼吁中医拥抱西医、走向世界的声音并存,这会妨碍清晰思路的形成。不同医疗体系之间的尊重和接纳应建立在对彼此基础理论与语言体系的认同上。在此方面,中医与西医似乎都需要跨出一步。

四、疫情背景下的思考：代结语

本文的形成正值2020年初的新型冠状病毒肺炎疫情发生期间。该疫情不仅催发了中西医支持者在新型冠状病毒肺炎治疗上的再次口水战,而且将"民间中医"和一些非常规疗法的运用带到了舆论的前台。疫情的紧急状态并没有消除门户之争和学术偏见,各方基本上仍是"各说各家话"。对循证医学和临床试验的坚守受到了疫情紧急情势的冲击。在"特效药"缺失的情况下,人们呼唤并寄希望于中医药的威力。"民间中医"的"乘虚而入"和舆论对其的检视和容忍再次将"民间中医"的合法行医这一棘手问题推到了行业监管者的面前。中医从业者的准入、非常规疗法的使用、中西医的关系问题仍然困扰着社会。

首先,我国的《中医药法》和随后跟进的《中医诊所备案管理暂行办法》和《中医医术确有专长人员医师资格考核注册管理暂行办法》已经为"民间中医"的合法行医开启了一扇门,尽管这道门的开口到底有多大尚有待于观察。备案制中医诊所和中医(专长)医师资格的创设向增强从业者及其服务的易获得性和可及性这一方向做了倾斜,但仍需与服务的安全性和有效性之关注取得平衡。一方面,国家需要体察不同医学体系的本性和差异,充分考虑不同医学体系特质的区别立法和

---

① Xiju Zhao. The Duty of Medical Practitioners and CAM/TCM Practitioners to Inform Competent Adult Patients about Alternatives. Heidelberg: Springer, 2013: 269-276.

"精准"立法;另一方面,行医自由也需要与国家对公众安全和公众健康的关切以及公众对执业者的信赖和易识别相协调。作为一种具有高度专业性的职业,"医师"这一含金量颇高的独家称谓的获得以及立法上的确认背后应有从业者系统的专业教育、规范的行业管控、有效的行业净化机制和良好的职业精神为其背书。疫情的紧急状态可能会呼唤更多的适格人士加入抗疫的队伍当中,但不会也不应颠覆惯常的医师资格取得制度和法律设定的执业门槛。

其次,植根于中国传统文化土壤和民间具有历史厚度和深厚哲学底蕴的中医与以科学自居、钟情于循证医学方法的西医之间,注定会在两条并行的、较少交叉的轨道上运行。《中医药法》试图扭转以往的因被西医捆绑和裹胁从而丧失自我的中医运行模式。强化师承教育,注重文献挖掘和经验整理,不再唯循证医学是瞻,主张证据多元化的中医,将展现更强的个性存在和独立空间。疫情期间,中西医并用这一"中国处方"也基本上是在互不排斥、各自发挥自身优势的开放心态下运行的。在诊疗领域,谙熟法律的法官通常并不具备作出再次医学判断的能力。只要其能自圆其说,法律会在很大程度上接受不同医学体系的语言逻辑差异,并默认其各自为政。法律还要为尚属医学少数派的新生力量的生长留出生存空间。因此,法律会尊重疗法和流派的多元化,在制度设计中会保护医学中的少数派免受多数派的挤压。但是,面对纷繁复杂的诊疗领域,法律也有底线思维。没有任何证据基础的、稀奇古怪的、荒谬的疗法不能奢望能获得法律的宽容。博得法律尊重的一种医学"流派"(one school of thought),尽管不见得属于主流派或多数派,但应在同行业界拥有一定的认可度、支持度和一定数量的追随者,是质和量的化身。

再次,在医学体系并立、疗法多元、流派林立的环境当中,患者有可能被置于一种非主流或非常规疗法之中。患者急寻"救命稻草"的绝望和弱势境地可能会遭到不当盘剥。疫情下的应急状态和疫情所引发的恐惧心理会诱发不理智的选择。相对于主流或常规疗法,非主流或非常规疗法大多证据基础不强、风险益处不确定。它们或者处于生长期,或者属于先天不足。法律做出让患者优先考虑证据基础良好、风险益处清晰的成熟或常规疗法的倾向性制度安排有其合理性。与此同时,法律也不能禁止患者尝试新疗法和非常规疗法,特别是在主流或常规疗法不存在或已经穷尽的情形之下。患者的同意会给新疗法和非常规疗法的启用披上一层正当的外衣。但是,重要的是,法律应确保此时患者的同意是真正知情下的同意。患者对信息的追求应具有冲破派别壁垒的威力。诊疗领域的群雄分据所产生的独尊、隔阂和分裂需要信息告知领域尊重患者信息需求和价值取向所展现的温度、大度和宽度去弥补。不隐瞒其他疗法的存在和自身疗法的负面信息,不离间患者与其他疗法的关系,在坚守自我的同时善待异己,在袒露医生个人倾向的同时向患者提供全方位的信息,既是具有普适性的知情同意法则的逻辑延伸,也是从业者良好职业精神和伦理道德观的有力体现。

最后需要说明的是,冲破不同医学体系和医学流派之壁垒的信息告知义务的添加并不意味着落入该义务范围的疗法将会不切实际地和漫无边际地膨胀。第一,替代疗法的告知要受限于医师对疗法的知晓范围和知识水平。医师对疗法的知晓程度,不管是实然状态还是应然状态,应属于行业判断和医学专家判断的范畴,而患者的信息需求鞭长莫及,很难侵入和撼动该领域。第二,替代疗法的告知关涉不同疗法之间安全有效性之证据基础和风险益处面貌的比对和揣摩。只有能够对患者的医疗决定产生实质性影响的信息才落入信息告知义务的范围这一定律同样适用。它形成了一道过滤和筛选机制,只有具有相对竞争力和优势的疗法才会实质性地影响患者的选择从而落入告知义务的范围。第三,在侵权法语境下,患者的诉求是否成功还会受到"因果关系"的牵制。为了跨越"因果关系"这一关卡,患者需证明"疗法"上因果关系和"损害"上因果关系的双重存在,即如果从业者向其告知了替代疗法,患者会选择该替代疗法,并且损害可以因此而得以避免或减少。不过,尽管存在上述重重限制,在替代疗法告知问题上,法律仍然需要向从业者传达的信号是,医疗从业者的告知义务不应局限于从业者所专注、擅长、推荐的疗法,信息告知的范围会宽于诊疗范围,从业者的个人偏好应让位于患者的信息需求。只不过,在中西医并存并立的情势下,跨越中西医壁垒的信息告知更能考验从业者跳出自我、直面大千世界的勇气,更能折射出从业者以满足患者需求为己任、以患者最佳利益为依归的良好品质。

(责任编辑:杨志琼)

试论疫情防治公权力与私权利的法律边界

刘明全[*]

摘　要：疫情防治需要最大限度发挥公权力的主导作用，然而由于疫情防治、管制隔离、舆论规制、征用等公权力行使与人身自由、隐私权益、言论自由、财产权益等私权利保护会出现不可避免的交集部分，区分二者的法律边界愈加显得重要。疫情防控已不是政府的单方防治，而是需要通过完善的公共卫生法律体系来实现综合治理。因此，在疫情防治过程中，应当倡导理念多元化，坚持政府主导、社会参与的多元共治体系，建立完善的风险沟通与预防体系，实现科学防治。

关键词：疫情防治　公权力　私权利　风险预防　多元共治

一、问题的提出

从2019年12月发生源自武汉市华南海鲜市场的新型冠状病毒感染的肺炎疫

---

[*] 作者简介：刘明全，法学博士，东南大学法学院副教授。研究方向：环境法、医事法。

情①,到国家卫健委于2020年1月20日发布公告把新型冠状病毒感染的肺炎纳入《中华人民共和国传染病防治法》(以下简称《传染病防治法》)规定的乙类传染病,按甲类管理,并采取病人隔离治疗、密切接触者隔离医学观察等甲类传染病预防控制措施,再到1月23日武汉开始封城、国务院1月27日发布决定延长春节假期的通知,并推迟各类学校开学。与此同时,世界卫生组织于1月30日将此次疫情定为"国际关注的突发公共卫生事件"(Public Health Emergency of International Concern)②,3月11日宣布为全球疫情(Pandemic)。截至2020年3月,其对包含湖北在内的全国范围造成了极为重大的影响(全国确诊病例8万余人)。这次疫情给人们带来严重打击的同时,也反映出完善我国公共卫生应急管理体系的迫切要求。在此期间,也出现了哄抬物价、造谣传谣、私闯民宅、过度执法、执法不严等围绕公权力与私权利的社会问题。可以说,公权力在行使过程中存在目的合法性、权限合法性、内容合法性、手段合法性和程序合法性等需要改进的部分。③那么,疫情防治公权力如何在限制人身自由、征用个人财产、限制言论自由等民事权利中不突破法律边界?或者说,应当在何种条件下才能限制私权利,应当遵循什么准则或者程序?基于此,本文以公权力与私权利为视角来尝试对我国卫生法治体系的完善提出有益建议。④

二、公权力与私权利的交集

在疫情防治过程中,公民更加应当注重保护自己生命身体健康免遭疫情侵害的私权利,行政承担保障公民生命身体健康免遭疫情侵害之虞的义务。不过,人身权利保护不能离开公权力防控。只有对疫情进行有效防控,才能保障公民的生命,身体健康等人身权利免遭侵害。不能对疫情进行有效防控而造成人身权利受损的,

---

① 根据通报,2020年1月9日出现首例死亡病例,但是金银潭医院在1月7日已经出现这次疫情中的死亡病例。杨楠:《重组"金银潭":疫情暴风眼的秘密》,载《南方周末》2020年3月5日抗击新冠肺炎疫情特刊。
② Statement on the Second Meeting of the International Health Regulations (2005): Emergency Committee Regarding the Outbreak of Novel Coronavirus (2019-nCoV), 30 January 2020.
③ 王晨光:《运用法治思维推进疫情防控》,载《法律适用》2020年第5期。
④ 在疫情发生时,已经有不少关于依法防治的观点。参见张文显:《依法治疫,应当做到八个坚持》,载《法治吉林建设研究》2020年第1期;周佑勇:《坚持在法治轨道上推进疫情防控治理》,载《学习时报》2020年2月17日第1版;沈岿:《大疫之下善待每一个人的基本权利》,载"博雅公法"公众号2020年2月17日;陈云良:《公开是最好的防疫》,载《潇湘晨报》2020年1月23日A4版;等等。

则构成行政不作为。①具体而言,疫情防治中涉及医务人员自身权益的保障、交通管制等措施对个人自由或者财产的限制、疫情防控信息公开对个人隐私的限制、社会舆论管制对言论自由的限制以及生态环境保护等方面。

第一,疫情防治与医务人员权益保障。控制疫情的必要条件是拥有高素质的医务人员队伍,配备充足的医疗资源。如果没有充足的医务人员与医疗资源,防控疫情将是"无米之炊"。不过,医务人员首先是公民,其享有生命身体健康权。医务人员承担治病救人义务不等于放弃其自身的生命身体健康权。在疫情防治过程中,更应当充分保护医务人员的生命身体健康,包括:1.休息权利。医务人员应当享有休息的权利,应当为其提供合理的休息时间与休息地点,不能强制医务人员在没有合理休息环境的情况下持续高强度工作。医务人员享有人身自由,任何个人不能非法限制医务人员回家休息的权利。2.安全环境。(1)确保医务人员进行诊疗时不受到患者等群体的任何侵犯。鉴于客观医疗水平,医务人员未必能救治所有患者。在患者或者其家属等因治疗效果不能达到其预期而存在侵害医务人员合法权益之虞时,医疗机构需要保障医务人员的人身安全。例如,限制直接接触医务人员的患者家属人数,提供安全的诊疗空间等。(2)保障医务人员进行诊疗时不因医疗器具不安全而"被感染"。在医疗机构无法提供安全措施以前,不得要求医务人员进入疫区进行诊治。在医务人员进入疫区后发现医疗措施存在危及医务人员的生命身体健康之虞的,应当改善医疗环境;无法改善的,应当将医务人员撤回到安全区域。同时,医务人员的后勤设施保障需要充足、安全。3.劳动报酬。获得劳动报酬是医务人员的一项基本权利,可以放弃但不应被忽视。突发事件中,提倡救治与奉献并不妨碍发放劳动报酬。随着医疗工作量增加,应当保障疫区工作的医务人员的劳动报酬,例如,可以参照节假日工作报酬的3~5倍进行调整。4.医疗保险。在医疗机构对医务人员提供相应报酬的同时,为分散医务人员因诊治过程而自身生命身体健康受侵害的风险及经济压力,应当为其提供特殊医疗保险。即一旦出现因诊疗产生的相应感染等问题,医疗保险承担所有相关合理治疗费用。

---

① 从事传染病防治的政府卫生行政部门工作人员,如果有未按要求预防、控制或者预防、控制措施不当,隐报瞒报,不执行应急处理指挥机构的决定、命令等行为,造成"新型冠状病毒"传染范围扩大或者疫情、灾情加重的,根据我国刑法第四百零九条的规定,应当以传染病防治失职罪定罪处罚,处3年以下有期徒刑或拘役。若情节特别严重,致使公共财产、国家和人民利益遭受重大损失的,可依据刑法第三百九十七条的规定,以玩忽职守罪追究其刑事责任,最高可处7年以下有期徒刑。

5.对参加疫情防治过程中致病、致残、死亡的人员,按照规定给予工伤或者抚恤、烈士褒扬等相关待遇(《中华人民共和国基本医疗卫生与健康促进法》(以下简称《基本医疗卫生与健康促进法》)第五十条)。

第二,管制隔离措施与人身自由。隔断"病毒传染源"是防治传染病疫情的重要措施,这就需要交通管制与人身隔离。采取交通管制措施,可以防止公共场所大规模传染;采取人身隔离措施,可以有效阻断病毒传染源流出。配合医疗机构的隔离治疗、医学观察等措施也是疫情防治中公民个人应当履行的义务(《基本医疗卫生与健康促进法》第二十条第二款)。《中华人民共和国宪法》(以下简称《宪法》)第三十七条规定,"中华人民共和国公民的人身自由不受侵犯。任何公民,非经人民检察院批准或者决定或者人民法院决定,并由公安机关执行,不受逮捕。禁止非法拘禁和以其他方法非法剥夺或者限制公民的人身自由,禁止非法搜查公民的身体。"正是由于强制隔离是一种限制人身自由的法定措施,只有全国人大及其常委会通过的"法律"规定才能作为限制人身自由的隔离措施的依据(《中华人民共和国立法法》第八、九条)。目前,依据《传染病防治法》第三十九条、第四十一至四十三条,《突发公共卫生事件应急条例》第三十三条、第四十一条、第四十二条、第四十四条以及国家卫健委《新型冠状病毒感染的肺炎疫情社区防控工作方案(试行)》①等规定,可以采取"隔离""管制"措施。那么,谁来决定是否隔离?根据上述规定,决策主体包括:县级以上政府、突发事件应急处理指挥部以及医疗机构。除此之外,任何社团或者个人都不享有限制公民人身自由的权利。谁来决定是否为疫区?根据上述规定,国务院宣布四类疫区(大中型城市、跨省级行政区域、中断干线交通、封锁过境),其他疫区由县级以上政府经上一级政府批准才可将其宣布为疫区。也就是说,经过市级政府同意的,县级政府就可以宣布其管辖区域为疫区。同时,隔离后需要有良好的保障措施,包括及时的诊疗、良好的环境等。当然,如果患者拒绝接受检疫、隔离等相应措施,过失造成传染病传播,情节严重,危害公共安全的,则按照过失以危险方法危害公共安全罪定罪处罚;如果是故意

---

① 《新型冠状病毒感染的肺炎疫情社区防控工作方案(试行)》(2020年)对社区防控策略及措施作出规定:"4.疫区返回人员管理:社区要发布告示,要求从疫区返回人员应立即到所在村支部或社区进行登记,并到本地卫生院或村医或社区卫生服务中心进行体检,每天两次体检,同时主动自行隔离14天。所有疫区返乡的出现发热呼吸道症状者,及时就近就医排查,根据要求居家隔离或到政府指定地点或医院隔离;其密切接触者应立即居家自我隔离或到当地指定地点隔离。隔离期间请与本地医务人员或疾控中心保持联系,以便跟踪观察。"

造成疫情传播并造成严重后果的,最高刑罚可至死刑(《中华人民共和国刑法》第一百一十五条、第三百三十条)。

第三,信息公开与隐私权益。公众在行使生存权、健康权等权利时需要了解疫情信息。公众应当享有信息知情权利,即能够及时、准确地获取疫情信息的权利。公开疫情信息是保障公众知情权的条件,也是保障突发公共卫生事件应急处理的条件(《传染病防治法》第三十八条)。如果不能从正规渠道了解到这些信息,公众就难以真正实现自身的生存权、健康权等权利。值得注意的是,隐私是尊重保护个人尊严的民事权利途径,既包括空间等物质上的隐私,也包括信息等精神上的隐私(《宪法》第三十九条)。在公开疫情信息时,不能向社会公开患者或者潜在患者的个人信息;对违反疫情防治规定的个人,不能通过广播、电视等媒介将其信息公开;在对社会公开疫情确诊患者信息时,应当对其姓名、肖像、声音等进行模糊处理;除法律规定情形以外,不能进入私人住宅。如果未经许可而擅自进入私人住宅的,应当承担相应法律责任。同时,根据《宪法》第三十八条规定,人格尊严不受侵犯,不能将违规者进行"游街示众""绑在树上"等类似的不合规罚则,要采取适当的、合理的规制措施。

第四,舆论规制与言论自由。对真实言论的限制容易造成更严重的负面效应,这就需要区分言论自由与不实言论,需要行政部门充分尊重和保障(特别是突发公共事件中的)言论自由,慎重界定"不实言论"。最高人民法院官方微博于2020年1月28日发表评论认为"只要信息基本属实,发布者、传播者主观上并无恶意,行为客观上并未造成严重的危害,我们对这样的'虚假信息'理应保持宽容态度";"试图对一切不完全符合事实的信息都进行法律打击,既无法律上的必要,更无制度上的可能",也就是说,只有当有证据证明发布言论者特定故意的情形下,才能认定发布者承担言论责任(《宪法》第三十五条)。需要指出的是,对于言论自由的有效保障恰恰要做到疫情信息的及时准确公开。信息公开迟延本身也为"不实言论"提供了生存空间。对危害社会公共利益的不实言论进行行政规制具有法律边界,需要符合比例原则等规定与具体程序,不能忽视言论之自由,不能忽视实质与程序的正义。对公众言论,应"疏"大于"堵",也就是说,需要对其法律边界进行明确规制,不能"因噎废食"而将其进行无区别封锁。社会应当保障公众的言论自由,特别是尊重专家的分析评论。例如,从"扁鹊见蔡桓公"事例可以看出,言论自由为问题解决提供了重要机会。失去言论自由的环境,可能会出现"皇帝新装"现象,反而不利于社会的健康发展。也就是说,依法行使言论自由不但不会破坏社会稳定,反而是通过解决问题来真正促进社会长期稳定。当然,鉴于公民自身证实言论内容本身的能力有限,其法律责任应当限定在特定故意情况下,而不是过失。即公民只有在明知言论信息虚假却希望传播该信息来危害社会公共利益的情况下,才承担相应法律责任。另外,医务人员是疫情救治的直接一线群体,承担着对疫情真实情况的说明义务,对社会及时准确介绍疫情是其履行注意义务的表现。换言之,如果医务人员及其医疗机构没有及时准确向社会公开疫情信息,则违反其注意义务,构成侵权责任。同时,相比个人,社团(特别是媒体)具有更大社会影响力,也应当承担更大的社会责任。即社团应当对各种言论进行调查、分析以及评论,而不能宣传未经证实的虚假信息。值得注意的是,言论亦有边界,需要采用故意责任原则对言论边界进行划分。公众享有知情权的同时,承担着不能故意侵犯任何患者合法权益的义务。公众既不能故意对疫情患者进行身体攻击,也不能故意通过语言、网络等各种途径对其进行侮辱。同样,言论违规亦担责。根据《中华人民共和国治安管理处罚法》第二十五条、《中华人民共和国突发事件应对法》(以下简称《突发事件应对法》)第五十四条、《刑法》第二百九十一条、2003年中华人民共和国《最高人民法院、最高人民检察院关于办理妨害预防、控制突发传染病疫情等灾害的刑事案件具体应用法律若干问题的解释》第十条、《最高人民法院关于审理编造、故意传播虚假恐怖信息刑事案件适用法律若干问题的解释》第六条、《最高人民法院、最高人民检察院关于办理利用信息网络实施诽谤等刑事案件适用法律若干问题的解释》第五条、《最高人民法院、最高人民检察院、公安部、司法部关于依法惩治妨害新型冠状病毒感染肺炎疫情防控违法犯罪的意见》等规定,对于疫情防治中的谣言等危害社会的行为,规定了编造、故意传播虚假信息罪,寻衅滋事罪,煽动分裂国家罪,煽动颠覆国家政权罪,拒不履行信息网络安全管理义务罪等诸多刑事措施,轻者处以拘留或者罚款,重者最高可被判处七年有期徒刑。

第五,征用措施与财产保护。为了有效防治疫情,公权力可以在疫情期间临时征用私人财产(《传染病防治法》第四十五条,《突发事件应对法》第十一条、第十二条)。[①]那么,谁能决定征用私人财产?根据上述规定,县级以上地方政府可以进

---

① 尽管《突发事件应对法》规定"有关人民政府及其部门"为征用的决策主体,《传染病防治法》规定"县级以上地方人民政府"为征用的决策主体,但是,根据新法优于旧法原则,征用决策主体应该为"县级以上地方人民政府"。

行征用。那么,征用是否意味着可以随意处分被征用财产及其附着财产等私人财产?笔者认为,应当在依据法定程序且符合比例原则的前提下进行征用,在征用过程中发生侵害财产等私权利的,轻则承担损害赔偿等侵权责任,重则承担行政责任或者刑事责任。例如,疫情期间曾出现征用学校宿舍过程中将学生物品随意丢弃在没有任何安全措施的空地,就违背了比例原则,侵害了学生财产权等合法权利。值得注意的是,私人财产权利也不能被过度放大。从事市场经营而获取合法利润也是一项财产权益,但如果在疫情防控期间从事哄抬物价等严重扰乱市场秩序的不当行为,则会受到相应制裁。例如,《最高人民法院、最高人民检察院关于办理妨害预防、控制突发传染病疫情等灾害的刑事案件具体应用法律若干问题的解释》第六条规定,违反国家在防疫期间有关市场经营、价格管理规定,哄抬物价、囤货居奇、牟取暴利,严重扰乱市场秩序的,违法所得数额较大或有其他严重情节的,以非法经营罪定罪,从重处罚。

第六,疫情防治与环境保护。安全的生态环境是人们生活的必需条件,也是疫情防治的重要目标之一。由于疫情防治过程中会产生废弃医疗产品等各种医疗垃圾,而这些医疗垃圾如果直接被排放到大气、水、土壤等环境中,则存在侵害人身或者生态环境之虞,有可能产生大规模的环境污染与生态破坏。值得注意的是,野生动物是生态环境的一部分,而对其进行非法交易或者滥食的行为存在发生疫情风险之虞,需要对其进行规制(全国人大常委会于2020年2月24日通过了《全国人民代表大会常务委员会关于全面禁止非法野生动物交易、革除滥食野生动物陋习、切实保障人民群众生命健康安全的决定》)。可以说,疫情防治与环境保护相互影响,为了有效实施疫情防治,亦需要采取防止破坏环境的相应措施。

三、课题检讨与完善

疫情等突发公共事件需要应急防控,既需要社会各界共同防控,也需要形成完备的应急法律体系。归根到底,疫情防治需要依法进行。从公权力的"法不授权不可为"来看,需要对疫情防治权限进行明确界定;从私权利的"法不禁止即可为"来看,亦需要明确公民"不能做什么"的禁地。这就更加需要完善公共卫生法律体系及其操作清单。如果没有完备的法律体系及其具体实施细则,很难及时有效实施应对。因此,本部分从以下几个方面对疫情带来的公共卫生法治完善路径展开检讨。

第一,理念多元化。(1)预防与救治并举。严重疫情的发生往往伴随着无法逆转的重大危害,因而疫情防控应当"源头预防""过程控制""防治区域联动机制"相结合,存在疫情之虞时应当立即采取预防措施。例如,出现首例疫情患者时,就应当立即在相应单位或者区域采取停学、停工等隔离措施,而不能等发生大面积疫情后再采取措施。可以说,预防原则是疫情防控的首要原则。这就涉及危险与风险、确定性与不确定性等诸多考量因素。(2)公平原则。在疫情防治中,任何公民都应当被平等对待。例如,无论性别、年龄等自然因素,也无论职业、经济收入等社会因素,公民都有权利接受公平的救治措施。政府应当承担疫情相关的检测、治疗等费用,保证患者得到及时救治,防止发生社会蔓延。公平对待疫区公民,不能因其身处疫区就对其在就业等方面进行不平等对待,否则,这将对疫区民众造成二次伤害,侵犯其得到公平救助的权益。(3)协同治理。例如,政策与事务协同,既需要有整体框架类政策规定,也需要有精细化的操作清单。中央与地方协同,在中央公权力层面应当及时、准确掌握起因于病毒等有害人体健康物质的污染状况,对健康受害之虞程度进行评价与公开,加强相关防控技术的信息收集与普及;在地方公权力层面,应当及时、准确掌握起因于疫情的社会受害状况,对社会提供准确信息,以及对居民进行相关知识普及。在疫情防治中可以考虑对逐级报告制度(事故单位→县级政府→地级政府→省级政府→国务院)进行优化,例如,地方负责其管辖区域的信息公开等疫情防治措施。(4)比例原则。应当是基于疫情涉及症状程度以及其他情况来预防疫情或者采取防止疫情蔓延所必要的最小限度的行政措施。例如,根据疫情具体情况来宣布进入紧急状态的范围与等级。无论当地是否已经出现首例疫情病例,均不能"一刀切"判断,即不能因为没有出现首例病例就决定不进入紧急状态。[①]在对人身采取隔离等强制措施时,应当是实属必要,即个人具有传播疫情的显著风险,将采取的强制措施是实现公共卫生目标所必需的;强制措施应当与风险相称,且能提供科学的依据。如果不满足这些条件就采取强制措施,不但起不到作用,反而会腐蚀公众的信任,而此时,自我监控与居家隔离则

---

① 例如,2020年1月21日,美国出现首例COVID-19病例。2月26日,加利福尼亚州出现首例社区传播。旧金山市市长在2月28日宣布该市进入紧急状态。而此时,旧金山市尚未出现首例病例。3月4日,加利福尼亚州在出现首例死亡病例后立即宣布进入紧急状态。同日,洛杉矶市在确认新增6例病例时,宣布进入紧急状态。当然,美国卫生健康部部长早在2020年1月31日宣布美国进入国家公告卫生紧急状态。See: Alex M. Azar II. Determination That a Public Health Emergency Exists, 31 January 2020.

是最有效的公共卫生措施,也是更加尊重自由与隐私的措施;只有如此,才能有效控制疫情并为研发包括疫苗在内的关键性技术争取时间。[①]

第二,政府主导。国家应当完善突发事件卫生应急体系与传染病防控制度,加强传染病监测预警(《突发事件应对法》第四十四、四十五条),预防传染病的发生及其蔓延(《基本医疗卫生与健康促进法》第十九条、第二十条第一款),有效实施分类管理、分级负责、属地管理。国家应当通过教育、宣传等活动进行传染病知识的普及,进行传染病信息的收集、整理、分析与提供,推进传染病研究,提高病原体等检测能力,培养传染病预防相关人才,考虑与社会福祉等政策的有机协同,为患者能接受良好且适当的医疗而采取必要的措施。与此同时,政府应当尊重个人(特别是疑似患者、医生等)的合法权益。国家应当致力于完善疫情相关信息系统、相关医疗医药品研究开发系统、相应检查筛选体系、与国际相关组织之间的协同体系、对地方的必要技术与财政上的支持。国家应当建立完善的疫情防治医药储备系统与疫苗研发系统,保障疫情救治需要(《基本医疗卫生与健康促进法》第六十三条)。对于疫情防治,减少疫情扩散、救治患者是首要任务,而这需要及时研发疫苗或者对症药物。政府在推进新药研发的过程中,同样需要充分听取专家委员会的意见,确保新药的有效性与安全性,避免因药品(在设计、制造、指示警告、宣传等环节)的缺陷带来二次伤害。[②]国家卫健委认为发生疫情时,应当迅速公告疫情与发生地域,同时,应当通过报纸、广播、网络以及其他适当方法来公告病原体检测方法、症状、诊断与治疗情况、传染防治方法、实施措施以及其他预防疫情发生或者防止其蔓延方面的必要信息。公开信息时应当注意个人信息的保护。

地方政府承担依法防疫的实施义务。地方政府应当依法制定符合疫情防治措施实施的相关计划。[③]该计划包括以下事项:符合地域实情且为预防疫情的发生与防止其蔓延的相关事项,确保地方提供疫情相关的医疗体制的事项,确保政府与私人、地方政府之间的联络体制的事项,紧急时预防疫情的发生与防止其蔓延的相关事项,关于疫情的研究推进、人才培养与知识普及的相关事项,计划实施状况的调

---

① Lawrence O. Gostin, James G. Hodge. US Emergency Legal Responses to Novel Coronavirus: Balancing Public Health and Civil Liberties. JAMA, 2020, 323(12): 1131-1132.
② 关于药品缺陷的判断,详见刘明全:《论药害中的产品责任与侵权责任——以日本易瑞沙药害案为视角》,载《东南大学学报(哲学社会科学版)》2016年第5期。
③ 部分内容参见日本《感染症の予防及び感染症の患者に対する医療に関する法律》(《关于传染病预防与传染病患者医疗的法律》)。

查、分析与评价,变更计划时重新听取相关专家委员会意见的程序保障等事项。收到医疗机构疫情报告的地方政府应当立即将相关内容向国家卫健委报告(如果是其管辖区域以外居住者的报告,应当立即将其报告内容向其居住地管辖的地方政府通报)。为了预防疫情发生或者防止其蔓延,地方政府可以依法命令具有被疫情病原体污染或者有污染之疑物件的持有者采取为限制或者禁止该物件移动、消毒以及废弃等所必要的措施;如果持有者难以采取相应措施的,可以责令地级政府采取必要的措施。同时,对于被疫情病原体污染或者有污染之疑的建筑物,存在防止疫情蔓延的必要且很难对其消毒时,地方政府可以依法在规定期间内限制或者禁止任何人进出该建筑物;如果无法防止疫情蔓延并有紧急必要的,地方政府可以依法封锁该建筑物并采取其他必要的措施。存在防止疫情蔓延的紧急必要且难以消毒时,地方政府可以依法限制或者隔断疫情患者所在的场所以及其他被疫情病原体污染或者有污染之疑的场所的交通,首次限制时间以72小时为宜;如有必要,可以延长。在考虑地域特性的同时,地方与国家应当谋求相互协同来防治疫情。例如,地方政府制定防治计划、实施防治措施时,应当向国家卫健委通报该措施的内容、实施该措施的时期以及其他国家卫健委条例规定事项,在与国家卫健委进行充分合作基础上采取该措施;国家卫健委收到地方政府通报时,应当迅速对该省进行相应的技术指导与建议;国家卫健委进行技术指导与建议时,应当听取专家委员会的意见。为了预防新传染病发生或者防止其蔓延而有必要时,国家卫健委可以对地方政府进行关于展开事务的必要指示;国家卫健委对地方政府进行指示前,应当听取专家委员会的意见。但是,在紧急的情形下,无暇听取的,不在此限;同时,国家卫健委应当迅速将其指示的措施通告专家委员会。为了防止疫情蔓延且有必要时,国家卫健委可以依法对有充分依据证明的疑似患者提供其体温以及其他健康状态的报告。地方政府可以依法要求疑似患者提供必要的合作,包括要求其不从住宅或者一定场所外出以及采取其他防止疫情蔓延的措施;被要求合作的人应当努力配合。同时,地方政府要求公民进行配合时,应当根据情况进行用餐、日用品以及其他日常生活所必要服务的提供或者物品供给;可以向接受该用餐提供服务等的人或者其保护者收取必要的实际费用。

第三,社会参与。首先,个人应当尽可能地掌握疫情防治相关知识,对其预防进行必要的注意,不得损害疫情相关群体(特别是患者、疑似患者、医生等)的私权益。同时,在非紧急情况下应当尽量不前往医疗机构,既避免造成交叉感染,又减少医疗机构过度负荷。因为在疫情环境下,医疗资源会出现严重不足;医疗体系一旦因不堪重负而崩溃,将会造成严重不利后果。其次,医生等医疗相关者应当配合政府为疫情预防所采取的措施,掌握相关患者等的最新状况,进行良好且适当的医疗并取得患者等的理解。医生在确诊疫情患者时,应当把患者的姓名、年龄、性别以及其他国家卫健委规定事项立即通过所在医疗机构向地方政府报告。同时,医疗相关者是疫情防治的关键力量,应当注意保证其合理的休息时间和提供适当的保护。医院等相关机构(包括医院、诊所、病原体等检查机关以及老人福祉设施等)应当为防止其设施不发生疫情或者疫情不蔓延而采取必要的防护措施。具体而言,在疫情防治中,传染病预防控制等公共卫生服务主要由公共卫生机构提供;基层医疗卫生机构主要提供保健等基本医疗卫生服务;医院主要提供急危重症和疑难病症的诊疗、突发事件医疗处置和救援;发生严重威胁人民群众生命健康的突发公共卫生事件时,医疗卫生机构、医疗卫生人员应当服从政府部门的调遣,参与卫生应急处置和医疗救治(《基本医疗卫生与健康促进法》第三十五条、第五十条)。另外,针对社会上的哄抬物价等负面行为,也应当进行及时有效的法律规制。例如,对于出售生活必需物资价格涨幅超过10%的商家,进行连续按日处罚直到恢复正常价格;后果严重的,责令相关单位进行内部追责。

第四,风险沟通[①]。(1)风险沟通系统。包括:政府建立风险沟通系统并审查其实施计划,考虑是否需要根据疫情作出调整;保持简短的信息审批链;建立一个风险沟通团队,界定成员的作用和责任;启用为突发事件确定的发言人;为沟通活动和相关产品制定时间表;监测风险沟通行动,查明延迟信息发布和在受影响人群中制造混乱的原因;加强快速增援能力;保持更新风险沟通策略。(2)内外协调系统。这需要确定相关机构、社团与医务工作者等沟通人员信息;启动标准操作程序,应通知这些沟通人员并作为应对小组共同开展工作;建立各个层次风险沟通行动的协调机制。评估所有相关沟通人员的沟通能力,确定其特有的对象和沟通渠道,分配内部沟通(在每个应对机构内部和各机构之间)和外部沟通(向公众)的责任。及时共享信息,以避免提供不一致和可能引起冲突的指导意见;使相关渠道多样化,以传播重要的健康信息;通过交叉链接宣传材料获得新的受众;酌情联合公布

---

① WHO. Risk Communication and Community Engagement(RCCE)Readiness and Response to the 2019 Novel Coronavirus(2019-nCoV). Interim guidance v2, 26 January 2020.

材料(如新闻稿、情况报告、健康保护指南等)。(3)公共宣传系统。这需要审查各级发言人名册(依据在民众中的信任度、需要传达的信息类型以及情况的严重性来确定发言人),结合疫情列出其专业领域,如必要则对其进行培训;制作并预先检验信息模板,用于通告病例、采取行动、提供公共卫生建议和进行沟通工作;尽早通告首例病例,并在进行风险评估和风险认知分析后更新信息;收到病例相关信息后,即使不完整也立即予以公布,并公开解释信息的不确定性(即管理不确定性)程度;制作并检验信息,包括关于公共卫生建议的信息;确保不同部门和级别的信息保持一致;确认主要媒体;创建和/或更新记者名单,并通过定期提供关于疫情演变和防范情况的信息,促进与媒体之间的良好关系;在向公众传达的信息中分享领导和应对决策,以明确困难决策背后的原因;分享能阐明关键信息的事例、照片和视频;酌情使用传统媒体、互联网和社交媒体、热线和短信;联系、培训和启用受大众信任的有影响力人士,尤其是医务工作者;卫生专业人员必须了解公众关切的问题,并接受培训以便向人们提供公共卫生建议。(4)社区参与系统。确定目标受众,并收集关于其知识和行为的信息(例如,信任对象、信息获取方式、日常习惯、担忧等);主动为受众提供信息,收集并回答所有问题;人们可以通过广播节目打电话提问;与受影响的受众保持双向沟通,以了解他们的关切点、态度、信仰和遵循健康指导方面的障碍。监测受影响者,确保他们遵循健康指导,并确认影响其采取保护行为的障碍;确定有助于社区参与的有影响力的社区人士(如社区卫生工作者、传统治疗师、替代医疗提供者)以及网络(如妇女团体、社区卫生志愿者、青年协会、工会等);预测残疾人或不识字者在信息获取和参与方面的特殊需求;基于现有的正式和非正式信息进行快速风险认知分析;监测可能影响采取保护行为的障碍;对受众进行分类(例如,受影响人群、医务工作者、公务人员、捐助者等)以促进沟通工作;开发多媒体短片,展示关键信息(例如,解释疾病病因、症状、传播途径、保护的方式以及有人患病情况下应采取的行动),并可在线分享和在电视上转播;在社区和应急小组之间建立一致的反馈机制,并为应急人员提供可行的指导,以更好地满足社区的健康保护需求。(5)纠错系统。启动谣言监测和应对机制。例如,监测媒体和社交媒体,以及收集来自医务人员和热线的反馈;如有必要,建立应对谣言、错误信息和常见问题的系统,并尝试确定可能导致谣言的问题;监测大众和社交媒体、热线,医务工作者反馈的患者信息以及社区关切,并不断将反馈应用到经调整的风险沟通战略中;通过健康热线,医务工作者和社区建立定期信息反馈并了解常见问题、误解和错误信息;确保为此目的而设立的小组对传统媒体和社交媒体的监测结果进行快速评估。

第五,科学防治。疫情防治需要具备完善的操作体系,例如,设立可供游客参观学习的防灾馆,定期更新防灾物品,设置专业委员会①,定期组织防灾演练等。概言之,疫情应急准备不应当在发生疫情之后,而是应当在发生疫情之前的综合防治。对于应急准备而言,应急演练必不可少;组织应急演练需要进行合理规划,事前的合理规划需要由专业人士组织。这就需要常设疫情应对专家委员会,即有必要在国家层面常设独立的专家委员会(中央疫情审议会),而不是发生疫情后再组织专家分析疫情的防控。在公权力(各种疫情防控措施)行使之前,应当充分听取专家委员会的建议:县级以上政府、突发事件应急处理指挥部以及医疗机构在决定采取隔离措施之前,应当咨询专家委员会,以免出现"游街示众""绑在树上"等违规、侵犯私权利现象;县级以上政府经上一级政府批准宣布疫区之前,应当咨询专家委员会,以免出现不合理措施等问题;医疗机构处理疫情防治过程中产生的废弃医疗产品等各种医疗垃圾之前,应当咨询专家委员会,以免产生大规模环境污染与生态破坏(之虞);卫生行政部门在公布疫情信息之前,应当咨询专家委员会,以免侵害公民个人隐私等合法权益;公共安全部门在对谣言进行规制之前,应当咨询专家委员会,明确界定有危害的虚假言论,以免误判真实言论或者引发二次社会不安;县级以上地方政府在征用个人财产之前,应当咨询专家委员会,以免突破比例原则而侵害私权利。相应地,专家委员会可以就人身、财产等权利保障提出可供参考建议,例如,可以对个人采取的防护措施、隔离措施对私人活动带来的影响与应对、征用的范围及其补偿等诸方面提出简洁、准确的建议。根据《国家突发公共卫生事件应急预案》规定,国务院卫生行政部门和省级卫生行政部门负责组建突发公共卫生事件专家咨询委员会,地级和县级卫生行政部门可根据需要进行组建。2006年,原卫生部正式成立国家突发公共卫生事件专家咨询委员会;2011年,原卫生部决定成立卫生部突发事件卫生应急专家咨询委员会(下设8个专业组,成员共计169人,任期3年),制定了《卫生部突发事件卫生应急专家咨询委员会管理

---

① 例如,日本环境省于2001年设置中央环境审议会,主要是应对环境大臣与相关大臣的咨询,对环境保全相关重要事项进行调查审议,并有权向内阁总理大臣等陈述相关意见。该委员会内设9个分会,分会下又设若干专门委员会,中央委员共30名,任期2年,专业领域分布环境、能源、法学、理学、医学、经济学、新闻、企业、工会、NPO、医院等方面。其会议资料、会议记录等资料公布在日本环境省官方网站。

办法》，并撤销原国家突发公共卫生事件专家咨询委员会。不过，我们在国家卫健委官方网站以"突发事件卫生应急专家咨询委员会"进行检索，并未显示该专家委员会名单及其会议公开信息。

可以说，专家委员会是由疫情防控相关专业领域专业人士组成的、相对独立的建言献策团体。在职责上，委员会承担疫情防控的专业指导责任；人员构成上，应当由医疗、环境、法律、经济等领域专业人士组成；人员数量上，可在30名左右；负责制上，可由委员互选出会长1名，负责召开会议、组织建议等；任期上，每届任期2年，期满可继续连任；工作方式上，定期例会与临时会议相结合，一旦发生疫情，委员会应当立即召开临时会议，分析疫情并向相关部门提出专业建议；信息公开上，委员会应当在其官方网站上及时公开所有会议等活动的文字记录，以供社会公众查询；地位上，提出具体应对疫情防控的专家意见，对政府疫情防控起到专业建议作用，有利于政府决策中专业问题的解决，为疫情应对提供及时、可操作建议（例如，专家委员会可以构建卫生安全指标体系，定期更新）[①]，这也能为疫情中行政规制划清权责边界。同时，依法、及时、准确地提出专家意见也是专家委员会应当承担的义务。例如，对卫生行政部门的咨询应当及时准确地提出专家意见，不能擅自对外泄露内部资料，等等。

四、结语

疫情防治中公权力与私权利出现的部分冲突问题并非无法克服，其实"为了避免实践中出现简单粗暴的'一哄而上'的封路、封村等无序状况，防止不加区别一律采取统一集中隔离的不科学做法，必须尽可能明确'必要'之基准，按照分类管理原则对不同隔离对象、隔离方式作出区别化的具体规定"[②]，或者说，需要"通过法治手段平衡公权力和私权利之间的关系。一方面，要通过法律明确授权，赋予公权力机关紧急行政权等应对紧急事件的必要职权；另一方面，要防止公权力滥用，限制私权利时必须保障基本人权，不能突破人道主义底线，避免对公民权利的过分限缩，克服走极端的倾向，防范应急状态下出现社会冲突，维护社会正常管

---

① 例如，美国约翰·霍普金斯卫生安全中心等研究机构已经组织来自13个国家的21名专家联合制定全球卫生安全指数，并在2019年发布了通过140个问题调查来实现对6个类别（预防、早期发现与报告、迅速反应、充足且健全的卫生体系、自我提升的承诺与国际规范的遵守、风险环境）、34个指标、85个子指标的第一次指数报告。See: NTI、JHU、EIU, Global Health Security Index, 2019.

② 周佑勇：《坚持在法治轨道上推进疫情防控治理》，载《学习时报》2020年2月17日第1版。

理秩序"①,这就需要疫情防控在精细化、合理化方面深度完善公共卫生法律体系。即时间上需要划分风险沟通与预防阶段、疫情合理检测阶段、疫情及时应对阶段,人员分工上需要实现政府防治为主、社团与个人共同防治,隔离上需要分级分类适用自我检测、居家隔离、集中隔离,等等。总而言之,疫情防控不单单是政府的防控,而是需要实现全社会参与的多元共治,且在疫情防治过程中需要慎重对待公权力与私权利的法律边界,并充分完善为此提供保障的公共卫生法律体系。

(责任编辑:叶泉)

---

① 江必新:《用法治思维和法治方式推进疫情防控工作》,载《求是》2020年第5期。

理论前沿

行政裁决制度的重构及其嵌入
——结合环保行政裁决的分析*

刘小冰　宋萌萌**

摘　要：1990年《行政诉讼法》实施后，行政裁决基本呈现制度消亡状态。现在，有必要重构行政裁决，并应将其嵌入多元化纠纷解决机制之中。这就需要树立行政裁决根源于政府的固有功能、与其他解纷机制拥有共同的利益基础等科学的认识。同时，行政裁决转化为当下制度安排的必然性，乃基于以下原因：多元化纠纷解决机制的建立为其提供了功能基础；司法权对行政权的尊重为其提供了法律空间，而环境纠纷自身的特点也为其提供了现实需要。需要强调的是，我国行政裁决制度的回归与嵌入需要进行全面的体系性重构：内设独立的集中行政裁决机构；细化行政裁决的运行机制；完善行政裁决的救济方法。为解决国家缺少对行政裁决整体理论构想的现实问题，并进行有效的制度整合和制度设计，全国人大常委会应适时制定《中华人民共和国行政裁决法》。

关键词：行政裁决　多元化纠纷解决机制　环保行政裁决

---

*　基金项目：2019年度江苏省环保科研课题"江苏省生态环境保护法治化体系建设研究（2019015）"的阶段性成果。

**　作者简介：刘小冰（生于1962年），男，江苏南京人，法学博士，南京工业大学法学院教授，主要研究方向为宪法与行政法学。宋萌萌（生于1993年），女，江苏社会管理法制建设研究基地特邀研究人员。

1990年《中华人民共和国行政诉讼法》实施后,行政裁决基本呈现制度消亡状态。①但"就中国路径来说,强大的是行政权而非司法权"②。简单地限缩乃至取消行政裁决制度,指望以司法来强力裁判民事纠纷,不仅使案件数量激增,且导致执行效果存疑。因此,有必要重构行政裁决,并应将其嵌入多元化纠纷解决机制之中。

一、行政裁决能否嵌入多元化纠纷解决机制

"行政裁决设定领域范围的退缩,主观上也许是行政主体为了避免行政诉讼,但客观上却适应了避免公权过度干预私权领域、行政权过度挤压司法空间的发展趋势,与从计划经济向市场经济的转型、变革相一致。"③笔者认为,这些"客观"的看法值得商榷。因此,要回答行政裁决能否嵌入多元化纠纷解决机制的问题,必须破除其中存在的认识误区。

(一)行政裁决根源于政府的固有功能

行政裁决真的是全能政府的产物④,在市场经济条件下的"小政府、大社会"中难以发挥作用吗?确实,在全能政府的理念和制度下,行政裁决数量众多、作用巨大。但这不等于说,在中国已经确立市场经济并据此逐步改造了上层建筑相应制度生态的情况下,行政裁决就不能嵌入多元化纠纷解决机制之中。

笔者认为,作为对计划经济时期"强政府、弱社会""大政府、小社会"的反思,在一定时期提出"小政府、大社会"的理念有其正当性。但必须看到,这一主张虽然肯定了社会力量对国家治理的重要价值,但也可能导致政府因缺乏必要的资源配置和纠纷解决能力而缺位失位。因此,政府与社会的基本关系不应该是一种简

---

① 例如,1989年《中华人民共和国环境保护法》规定:环境污染中,"赔偿责任和赔偿金额的纠纷,可以根据当事人的请求,由环境保护行政主管部门或者其他依照本法律规定行使环境监督管理权的部门处理"。这里的"处理",包括环保行政裁决和环保行政调解。此后,环保主管部门运用环保行政裁决权裁决了大量环境民事赔偿案件。1990年《中华人民共和国行政诉讼法》实施后,环保行政裁决被认定为具体行政行为,当事人对环保行政裁决不服提起的诉讼被列为行政案件而不再作为民事案件,环保主管部门变成行政诉讼的被告,这引起了环保部门的强烈反应。同年11月,国家环境保护局请示全国人大常委会法制工作委员会,将"处理"限缩解释为"调解处理",即将容易引发行政诉讼的环保行政裁决权排除。全国人大常委会法制工作委员会1992年的答复对此完全同意,规定对环保行政裁决提起的诉讼"法院不作为行政案件受理"。2014年修订的现行《中华人民共和国环境保护法》则彻底废除了环保行政裁决制度。
② 耿宝建:《行政复议修改的几个基本问题》,载《山东法官培训学院学报》2018年第5期。
③ 叶必丰,徐键,虞青松:《行政裁决:地方政府的制度推力》,载《上海交通大学学报(哲学社会科学版)》2012年第8期。
④ 范愉:《非诉讼纠纷解决机制研究》,中国人民大学出版社2000年版,第459页。

单的大小比例关系。我们既需要一个在法治约束下的服务型、高效型、法治型的"好政府",也需要一个参与型、自治型、法治型的"好社会"。"好政府、好社会"是一种建立在法治基础上的良性互动过程并能够相互提供动能,其最终目标形态是推进国家治理体系和治理能力现代化,建设法治中国。

在此基础上,应充分认识到,在国家管理领域,行政机关都"必须摒弃消极的立场转而积极地通过自己的公权力行为进行直接的干预"[①]。任何时候,只要有政府,就会有规制行政。即使政府必须向社会转移其部分管理权力,也不意味着这部分权力的可有可无,而只是表明其拥有更为合适的行权主体。因此,就国内外的比较、改革开放前后的比较而言,规制行政实际上更多地表现为规制的基础、数量、方法、态度、范围、依据、责任等方面的区别。就其本质特征即实现秩序国家而言,并没有根本区别。"由法律授权的行政机关对特定的民事纠纷进行裁决,是当今世界许多国家普遍存在的一个事实,也是现代行政表现出的一个显著特点。行政裁决的产生和发展适应和满足了社会经济发展的需要,是对国家职能分工的调整和完善,也是历史发展的一种趋势。"[②]也就是说,行政裁决是建立在政府的固有功能基础上的,这与实行计划经济还是市场经济并无必然联系。

在环境保护领域,也必须充分发挥政府的解纷功能。环保行政裁决"以个别的纠纷处理为起点,通过自己的管理权限进一步发掘问题并谋求更具一般性的根本解决,正是行政性纠纷处理机关的最大优势"[③]。当然,行政裁决并非对计划经济时期的简单回归,而应对其进行适应市场经济、法治政府等要求的必要改造:在将行政裁决嵌入市场经济基础及其所形成的整体制度生态时,需要对行政裁决在计划经济基础上形成的一些制度内容加以修正而不是全盘否定。例如,应当鼓励环境纠纷当事人的积极参与,而不是有权行政机关传统上的片面决定;行政裁决需要开庭裁决而不仅仅是形式上的书面裁决;为保证自然正义,需要对行政裁决设计适度的权力制约;应实行集中行政裁决权,而不是各行其是。只有这样,行政裁决才能成为"好政府、好社会"之中的逻辑组成部分,并发挥其特有的解纷功能。

(二)行政裁决与其他解纷机制拥有共同的利益基础

在我国行政法理论中,通说乃将行政裁决视为一种特定行政机关解决特定民

---

① 陆伟明:《服务型政府的行政裁决职能及其规制》,载《西南政法大学学报》2009年第2期。
② 罗豪才:《行政法学》,北京大学出版社2005年版,第293页。
③ [日]棚濑孝雄:《纠纷的解决与审判制度》,王亚新译,中国政法大学出版社1994年版,第87页。

事争议的制度。①这是否意味着作为"民事利益"解纷机制的行政裁决难以嵌入那些带有强烈"公共利益"色彩的解纷机制呢?

要回答这一问题,需要明确行政裁决所要保护的"利益"到底是什么。形式上看,民事利益表现为特定主体的利益,公共利益表现为不特定主体的利益。这是两者具有冲突性的现实基础,并由此构成其不同制度安排的法律基础。但就其本质而言,不管何种利益,都具有对立统一性。"维护私人利益也是合乎公共利益的。如果不然的话,私法的适用也不至于托付国家机关。"②反之亦然,"共同利益就是自私利益的交换,一般利益就是各种自私利益的一般性";"共同利益恰恰只存在于双方、多方以及存在于各方的独立之中"。③也就是说,不论何种"利益",在内容上和对象上都具有重合性。

所谓利益,是指为了满足主体生存和发展而产生的对于一定对象的各种物质的和精神的客观需求。在现实中,大多数物质利益可能因法律具有"定分"的基本功能而相对容易加以区分,但某些物质利益和精神利益相互之间却具有高度的依存性。例如,清洁空气属于公共利益,但因其为每个个体生存所必需,因而在利益的内容上也就具有重合性。再如,臭氧层受到破坏后,全民均分享了氟化物的制冷效益,也都对紫外线过度辐射的恶果"负有原罪",因而生态环境损害便成为一种致害人和受害人数量均不特定的"泛化主体"损害类型。④在这一特定情形下,区分民事利益与公共利益已经没有多少实际意义。

与此相类似的是,两种利益在对象上也具有重合性。公共利益的不特定主体乃是学理上高度抽象化的结果,其在现实中总是表现为具体的个体,即个体的抽象化就是群体,群体的具体化就是个体。如果将个体排除在不特定主体之外,则所谓不特定的主体也就毫无法律意义。

同时,有相当一部分环境利益本身就属于民事利益。且作为"新现代公共利

---

① 应松年:《行政法与行政诉讼法》,法律出版社2005年版,第265页;姜明安:《行政法与行政诉讼法》(第二版),北京大学出版社2005年版,第288页。
② [奥]凯尔森:《法与国家的一般理论》,沈宗灵译,中国大百科全书出版社1996年版,第232页。
③ 《马克思恩格斯全集:第四十六卷(上册)》,中共中央马克思恩格斯列宁斯大宁著作编译局译,人民出版社1979年版,第197页。
④ 徐祥民,吕霞:《环境责任"原罪"说——关于环境无过错归责原则合理性的再思考》,载《法学论坛》2004年第6期。

益",环境利益不再直接否定个人利益,而是经常与个人利益结合在一起。①这就部分阐释了环境利益的特殊性,并打通了其与民事利益的特殊通道。

因此,必须对"利益"进行对立统一分析,而不是简单地将某一种利益视为"本位"。②这种对立统一观下的"利益"为行政裁决嵌入现有的多元化纠纷解决机制奠定了相应的基础,即行政裁决虽然发源于保护民事利益的需要,但在环境纠纷等公共利益的保护中同样有其重要作用。

二、行政裁决应否嵌入多元化纠纷解决机制

行政裁决的上述可能性能否转化为当下制度安排的必然性,这是需要阐述的另一个重要问题。虽然在较长的一段时间内,行政裁决基本处于"退群"状态,但目前,行政裁决作为化解多种纠纷"分流阀"的作用日益明显。

(一)多元化纠纷解决机制的建立为行政裁决提供了功能基础

后工业社会时代的现代特征就是我们正在进入"风险社会"③,这是建立多元化纠纷解决机制的现实基础。《法治政府建设实施纲要(2015—2020年)》明确要求:"有关行政机关要依法开展行政调解、行政裁决工作,及时有效化解矛盾纠纷。"2019年6月2日,中共中央办公厅、国务院办公厅印发《关于健全行政裁决制度加强行政裁决工作的意见》,提出健全行政裁决制度,加强行政裁决工作的指导思想、基本原则和主要目标,进一步规划了行政裁决的制度体系。这些规范性非法律文件④发出了一个明确的信号:必须重视包括行政裁决在内的多元化纠纷解决机制的构建,发挥行政机关所具有的在行使行政权力的同时先行处理社会纠纷的天然优势,注重司法与行政在保持各自权力运作特征的同时进行一定程度的交叉与融合。⑤

---

① Jean-Franois Calmette. Le droit de l'environnement: un exemple de conciliation de l'intérêt général et des intérêts économiques particuliers. in Revue Juridique de l'Environnement, n.3, 2008: 268. 转引自王建学:《论生态文明入宪后环境条款的整体性诠释》,载《政治与法律》2018年第9期。
② 公共利益与个人权利关系上有三种理论主张:对立统一论、个人权利本位论和公共利益本位论。参见余少祥:《论公共利益与个人权利的冲突与协调》,载《清华法学》2008年第2期。
③ [德]乌尔希里·贝克:《风险社会》,何博闻译,译林出版社2004年版,第3页。
④ 规范性文件既包括法律、法规、规章等规范性法律文件,还包括政策、司法解释等规范性非法律文件。部分规范性非法律文件已经成为司法裁判的依据,如在"张恩琪诉天津市人力资源和社会保障局、天津市社会保险基金管理中心行政不作为案"中,法院的判决依据就是天津市人力资源和社会保障局发布的《关于社会保险举报投诉案件受理查处职责分工的通知》。
⑤ 齐树洁:《纠纷解决与和谐社会》,厦门大学出版社2010年版,第260-261页。

在环境纠纷中,多种多样的解纷程序体系和动态调整系统能以各自的特定功能,相互协调地共同存在,以实现相互补充且能满足纠纷主体的多样性需求。因此,在环境纠纷日益复杂、增长迅速的当下,多元化纠纷解决机制具有特别重要的意义。而行政裁决是其中的重要组成部分,并为环境争议的解决提供了一条区别于司法救济的公力救济途径。通过诉讼解决环境争议虽然在一定程度上能够满足当事人和社会主体对于正义的需求,但同时也需要他们付出相当大的诉讼成本。许多非诉解决争议的方式就是为弥补环境诉讼的缺陷而得以产生和发展的。简言之,无论从社会效益还是从当事人自身的实际利益来看,建立环境多元化纠纷解决机制都是一种更为合理且经济的选择。①

(二)司法权对行政权的尊重为行政裁决提供了法律空间

行政裁决权属于行政权,或者说是行政权中的"准司法权"。②而"行使行政权的决定、行使行政权的时间以及如何行使行政权的方式,这些判断的作出原则上都是行政权的首要责任"③。要明确司法权在这类问题上的界限,首先应当由行政主体对行政案件中的法律关系进行判断,作出具体行政行为,然后才能进行法院的合法性审查。④在行政权与司法权关系的总体架构中,这种尊重行政的首次判断权主张在任何体制下都具有一致性。"对于法院来说,避免审查行政争议的一个相当简单的方法就是实行优先管辖权原则。优先管辖权原则认为,通常应当允许行政机构首先解决影响行政机构的纠纷。"⑤

现代环境公共事务十分复杂,因而必须充分发挥行政权的专业性和司法权的监督作用,避免司法权对行政判断权及其自由裁量权造成不当干涉。从行政法治发展的一般经验来看,在"夜警国家模式"到"福利国家模式"再到"风险社会模式"的过程中,行政权不断扩张以实现对公共利益的充分保护,而司法权则关注对行政权的有效控制,确保其不偏离维护公共利益的轨道,即司法权与行政权的互动关系致力于遵守两个原则:一是相互尊重专长。行政机关在专业性、灵活性和有

---

① 范愉:《ADR原理与实务》,厦门大学出版社2002年版,第730页。
② 严格来说,行政裁决与其固有的行政管理权不同,更多地表现为一种行判断行为。参见陶品竹:《完善行政裁决制度应当思考的几个问题》,载《人民法治》2018年第17期。
③ 杨颐嘉:《论我国环境行政诉讼司法审查标准——从司法尊重行政角度出发》,载《湖南科技学院学报》2017年第7期。
④ 杨建顺:《行政规制与权利保障》,中国人民大学出版社2007年版,第677页。
⑤ [美]肯尼思·F.沃伦:《政治体制中的行政法》(第三版),王丛虎等译,中国人民大学出版社2005年版,第463页。

效性等方面具有明显优势,在法律事实的判断上往往更加注重便利和准确,而司法机关则擅长于解决法律适用问题,两者相互尊重各自的优势。司法权对行政权的监管究竟能够渗透到什么范围和程度,通常取决于司法和行政的专长比较。二是行政权优先。无论是进行环保公共决策和监管,还是确保公众参与和环境利益权衡,首先应当在行政权的权限范围内来解决,只有在行政机关滥用职权或者不履行法定职责时,司法机关才可介入,以确保行政机关能够纠正其行政行为或者履行其环保职责。司法机关原则上不能直接越过行政机关介入相应的公共事务,不能逾越、取代行政机关直接作出相关决定。①

(三)环境纠纷自身的特点为行政裁决提供了现实需要

除了上述共同的必然性要求外,行政裁决在环境多元化纠纷解决机制中的存在还有其特殊性,即环境纠纷自身的特点为其提供了现实需要。

环境纠纷的基本特点体现在:一是环境纠纷具有必然性。基于生存的需要,人类一方面利用自然资源,享受阳光、空气和水,另一方面又向环境排放垃圾和污染。因此,部分环境污染及其纠纷具有形式上的正当性,根本无法彻底消除。二是环境污染纠纷双方当事人实力不均衡。环境污染一般在企业的生产过程中产生,其作为侵害主体往往具有一定规模、资金实力和技术手段,而受害方往往是不特定的个人,虽有时人数较多但缺乏组织,经济实力较弱,亦无防止环境污染的专门技术手段,往往是被动接受环境污染行为带来的不利后果。三是环境污染纠纷产生的原因具有复杂性。环境纠纷的解决以确定环境污染受害人所遭受的损害与污染人的污染行为之间存在因果关系为前提,而因果关系的确定往往牵扯到环境科学技术知识的运用等复杂因素。

相对于司法权的中立、被动以及事后救济而言,环保行政裁决在处理环境纠纷上更为主动。国民就公害的解决更多地期待于行政的而不是依靠严格的裁判程序的救济,期待它能在纠纷形成以前结束公害问题,希望行政机关将公害发生源尽早彻底地控制住。②行政机关承担着环境行政管理职能,具有丰富的管理经验,同时便于组成专业化的裁决队伍。由其对环境争议进行裁决,有利于查明案件真相、维护当事人的合法权益、维护环境行政执法秩序,避免因司法程序的漫长而扩大受害

---

① 王明远:《论我国环境公益诉讼的发展方向:基于行政权与司法权关系理论的分析》,载《中国法学》2016年第1期。
② [日]原田尚彦:《环境法》,丁敏译,法律出版社1999年版,第44-45页。

人的损害或可能产生的次生灾害。

因此,环保解纷机制必须实现立法、执法、司法的综合协调。"对环境利益的有效保障应得到整个法律体系有效分工合作来实现"①,这一结论似乎与环保解纷机制的综合性存在悖论。但这一貌似的悖论其实有着合理的解释:生态环境的法律保护并非单一的一部立法所能胜任,因而需要法律体系的分工合作。而这种法律体系是按照社会管理的对象划分的,社会管理的日益精细化促使立法及其所形成的法律体系日益精细化。但法律实施仍然依赖行政机关和司法机关及其相互协调所形成的合力,这一格局在近现代以来基本没有变化。因此,生态环境的法律保护并非单一的一种法律实施手段所能胜任,必然是现有各种解纷机制的综合应用。②这就导致现代生态环境法律治理呈现出立法上的精细分工和执法、司法上的综合联动的特点,并为行政裁决机制的嵌入奠定了现实基础。

三、行政裁决如何嵌入多元化纠纷解决机制

只有制度的约束才是最有效的约束,只有通过制度结构的改革才能真正改变行为的非理想化。③我国行政裁决制度的回归与嵌入同样需要进行全面的体系性重构。

(一)内设独立的集中行政裁决机构

这里所谓的"内设",是指行政裁决机构仍应属于政府系列,而不能处于政府之外;所谓的"独立",是指行政裁决权必须是独立的,只能忠于事实和法律,不受行政机关、社会组织和个人的非法干扰④,其机构必须从层级制行政体系中单列出来,并构成一个整体性制度,不再隶属于政府各部门,而是以本级政府的名义统一行使行政裁决权⑤;所谓的"集中",是指取消同级政府各部门的行政裁决权,以免"裁出多门,尺度不一",一级政府只有一个行政裁决机构,并实现集中行政裁决。在此基础上,行政裁决机构的设定应明确以下几点:

---

① 何佩佩,邹雄:《论生态文明视野下环境利益的法律保障》,载《南京师范大学学报(社会科学版)》2015年第2期。
② 生态环境司法中的"三审合一"、集中管辖、流域与地域司法等都是这一综合性的司法表现。
③ 段忠桥:《当代国外社会思潮》(第2版),中国人民大学出版社2004年版,第70-71页。
④ 行政裁决须保障行政机关行使职权时的独立性和中立性,这是各国的普遍经验。参见宋宗宇:《环境纠纷行政处理机制研究》,载《科技进步与对策》2006年第5期;[日]原田尚彦:《环境法》,丁敏译,法律出版社1999年版,第39-39页;齐树洁:《论我国环境纠纷解决机制之重构》,载《法学适用》2006年第9期。
⑤ 我国目前的行政裁决一般由主管行政机关裁决,如土地权属争议由土地行政主管部门负责。

1. 机构的设立。为保持必要的独立性,一级政府只设一个行政裁决机构(即"一个窗口对外")。为节省编制,考虑到各级司法行政部门与政府法制部门的职责整合已经完成,开始承担"统筹推进法治政府建设的责任",因而可在各级司法行政部门加挂行政裁决机构牌子,并以本级政府的名义独立行使行政裁决权。该行政裁决权必须是集中行政裁决权,即将原先由各部门分别行使的行政裁决权集中由该机构行使。为保持必要的专业性,可在行政裁决案件较多的政府部门实行巡回裁决,或设立该级政府行政裁决机构的分支机构,如在生态环境主管部门设立"行政裁决分局",在土地主管部门设立"土地行政裁决分局"。行政裁决机构与分支机构实行垂直领导,并遵循必要性原则。为保证行政裁决机构的独立性,在内设专司机构时应使其在人事、财务上不受行政主管部门的约束:裁决机构的人事管理、经费薪酬独立于行政机关,非经任职机关评议不得降职、免职、调离;各级政府的行政裁决机构相互之间也是独立的。

2. 裁决的范围。各级政府有权集中裁决与其行政管理业务有关的私法上的争议(环境行政裁决可就其涉及公共利益的争议进行裁决),其重点在于做好自然资源权属争议、知识产权侵权纠纷和补偿争议、政府采购活动争议等方面的工作。就环保行政裁决范围来说,应主要负责环境污染纠纷的调解、责任认定和赔偿数额的确定等。需要明确的是,环保行政裁决的范围可尝试进行变革和创新:借鉴美国等国家的做法[①],将原本属于环境行政审批、环境行政处罚、环境行政许可、环境行政确认等方式调控的部分行政事项,转变为通过行政裁决的方式调整。如在环保部公开的30项行政审批事项中,对于容易引起民众不满、存在较大环境污染概率、需要参考多方意见的审批项目,如"民用核设施选址、建造、装料、运行、退役等活动审批""可能造成跨省界环境影响的放射性同位素野外示踪试验审批""国家级自然保护区的建立、范围调整审核""对地方制定严于国家排放标准的机动车船大气污染物排放标准、规定对在用机动车实行新的污染物排放标准并对其进行改造的审核"等审批项目,可由行政审批转为行政裁决。

---

① 王小红:《行政裁决制度研究》,知识产权出版社2011年版,第43页。

3. 人员的组成。鉴于各国行政裁决人员的设置情况①,为促进行政裁决制度的长远发展,必须在各行政区域内以"行政裁决员专家库"的形式统一组建一支专业化、职业化的行政裁决工作队伍,主要包括两部分人员:一是由司法行政主管部门按照规定程序从具备法律知识和行政管理经验的行政机关工作人员中产生;二是由司法行政主管部门从法律、行政管理、专业技术等相关领域的专家学者中产生。行政裁决案件应组成行政裁决庭进行公开裁决,一般由三人至五人组成,其中一人须为行政机关工作人员并担任首席裁决员。

(二)细化行政裁决的运行机制

浙江等地近年来对行政复议制度进行了结构性改革。②重构行政裁决制度可以借鉴其有益经验,建立"先行告知、分别接收、分别审查、统一受理、先行调解、统一裁决、统一执行、统一应诉"的行政裁决运行机制。

1. 先行告知。行政裁决属于依申请的行政行为,当事人(环境行政裁决中的当事人还包括特定环境纠纷当事人如公益组织等)应当向有管辖权的行政裁决机构提出书面申请。对于当事人来说,提起诉讼和申请行政裁决是其拥有的自由选择权利,但由于司法程序是当事人申请救济的最后一种途径,因此,根据司法终局原则,对于能够通过行政裁决解决纠纷的,法院在登记立案前应当告知当事人有权通过行政裁决化解纠纷。各行政机关、人民调解委员会、律师、基层法律服务组织等参与纠纷化解时,应当告知行政裁决渠道以供当事人自由选择。

2. 分别接收。各政府部门应安排相关人员或机构负责接收当事人的行政裁决申请,并及时以工作交接单形式移送各集中行政裁决机构。有条件的地方应尽可能实现无纸化接收和移送。

3. 分别审查。各政府部门在收到当事人的申请后,应当对申请内容(包括对有关事实和证据)进行初步审查。对符合申请条件的,决定予以受理;对不符合申

---

① 美国行政裁决人员的地位独立,通过职业功绩选拔制度由各行政机关通过法定程序从文官委员会的注册名单中任命,具备法律知识和行政管理经验。英国各裁判所的人员组成通常由一名独立的主席和两名成员组成。在这类裁判所中,主席通常是由懂法律的人士担任,两名成员从行政部门以外的、作为代表两种不同利益的人员名单中挑选。日本的公害调整委员会由委员长以及6名委员(其中3人为非专职委员)构成。李娟:《美国行政法官独立化进程评述》,载《中外法学》1996年第5期;王名扬:《英国行政法》,中国政法大学出版社1987年版,第135页;[日]小岛武司、伊藤真:《诉讼外纠纷解决法》,丁婕译,中国政法大学出版社2005年版,第82-83页。

② 2016年7月8日起,浙江省政府颁布实施《集中承办省级部门行政复议案件工作办法(试行)》,浙江省行政复议局成立,集中承办省级部门作为行政复议机关的行政复议案件。

请条件的,决定不予受理,并及时通知当事人并说明理由;对申请材料不齐的,可以责令申请人限期补交材料,逾期不补的不予受理。行政裁决申请审查处理过程中,发现属于信访处理范围或投诉举报的,行政裁决机构在作出不予受理或驳回行政裁决申请决定的同时,函告同级有关部门做好后续工作。①

4. 统一受理。集中行政裁决机构统一受理同级行政部门移交的行政裁决申请并进行登记,再次审查是否符合行政裁决受理条件,并以自己的名义决定是否受理或作出补正材料等相应处理。

5. 先行调解。正式受理后,行政裁决机构应从"行政裁决员专家库"中组成行政裁决庭。当事人对裁决员提出回避申请的,应当说明理由,并在裁决前提出。回避事由在裁决后知道的,可以在裁决终结前提出。对裁决员的回避申请由首席裁决员决定,对首席裁决员的回避申请由行政裁决机构决定。通过审查对争议事件有一定了解后,应征求争议双方当事人的意见进行调解。相关当事人接受调解的,则据此产生的调解协议发生法律效力,其效力等同于裁判上和解的效力。如当事人拒绝调解或调解后无法达成调解协议的,调解程序终止。调解应贯穿于整个行政裁决过程之中,以保证当事人可以充分表达自己的意见,并促使裁决机关在参考当事人意见的基础上依其意志作出裁断结果。

6. 统一裁决。行政裁决系一种"准司法"行为,故应较多地像司法一样根据申请裁决的双方当事人的举证质证而公开开庭进行裁决,行政裁决机构自身的职权调查义务应当被大幅度弱化。法律应赋予当事人聘请律师代理其裁决的权利。裁决员在对行政裁决申请进行认真审查后,提出具体裁决意见,由裁决庭根据其议事规则与程序按照少数服从多数的原则作出"行政裁决书";行政裁决书应公布裁决庭不同意见,这有助于健全行政裁决机构的内部监督制约,推进裁决文书释法说理,完善裁决员业绩评价机制和退出机制;行政裁决不应纳入行政复议范畴,其目的在于防止裁决当事人中的强势方滥用诉权导致弱势方权利救济不及时。同时,行政裁决机构可处理相关附带审查等事项;行政裁决期间,有关通知被申请人答复、调查、听证、申请人和被申请人查阅裁决材料、延长裁决期限、中止裁决、调解、和解、终止裁决等事项以及行政裁决决定,均由各行政裁决机构以同级政府名义办

---

① 在环境民事争议中,由于受害方一般是普通民众,其遭受环境污染侵害时,倾向于到信访局上访,因而信访局与环保行政裁决机构及时进行交流,可以起到事先预防的作用。

理或作出并送达(统一加盖本级政府行政裁决专用章)。行政裁决决定文本以及电子文档应同时送各接收行政裁决申请的行政部门。行政裁决决定作出前,各行政裁决机构视情况征求各行政主管部门的意见。行政裁决中发现相关行政行为违法或需要做好善后工作的,由行政裁决机构制发行政裁决建议书。

7. 统一执行。行政裁决具有执行力,当事人拒不履行行政裁决决定的,由行政裁决机构依法督促、限期履行。当事人拒不履行行政裁决决定又不依法提起诉讼的,须依法由作出行政裁决的机构或相关权利人在法定期间内申请法院强制执行。[①]此时,法院在裁决过程中应仅就法律适用问题以及裁决程序对行政裁决进行审查,尊重裁决机构对事实的判断。

8. 统一应诉。当事人履行或法院强制执行行政裁决决定的,或当事人不服行政裁决决定提起诉讼的,行政裁决全案终结。当事人提起民事诉讼的,裁决机构作为第三人代表行政机关统一应诉。

(三)完善行政裁决的救济方法

对行政行为现行所有的监督方法对行政裁决同样有效。同时,在行政裁决制度重构中,为克服其救济方法的"无序化和复杂化"[②],以下救济方法尤为重要。

1. 行政裁决的司法审查。这是行政裁决最主要的救济方法。因不服行政裁决而提起的诉讼路径目前主要有行政诉讼和民事诉讼,笔者认为,由于各种类型的行政裁决性质都是相同的,因此行政裁决的诉讼路径也应当相同,否则不但会造成制度的不统一,而且还会造成行政权与司法权之间的关系紊乱。针对行政裁决不同于一般行政行为的特殊性,学者们对行政裁决诉讼的路径选择提出了不同的方案,如建立行政附带民事诉讼制度[③]、对不服行政裁决的案件通过民事诉讼制度救济、赋予法院对行政诉讼中行政裁决案件的司法变更权[④]、以有权的社会机构裁决

---

① 《最高人民法院关于执行〈中华人民共和国行政诉讼法〉若干问题的解释》第八十三条规定,对发生法律效力的行为判决书、行为裁定书、行为赔偿判决书和行政赔偿调解书,负有义务的一方当事人拒绝履行的,对方当事人可以依法申请人民法院强制执行。

② 尤春媛:《论行政裁决之法律救济》,载《山西大学学报(哲学社会科学版)》2004年第5期。

③ 李华菊,侯慧娟:《试论行政裁决的司法审查程序——兼谈行政附带民事诉讼案件的审理》,载《行政论坛》2002年第2期。

④ 刘柏恒,陆国东:《法院对行政裁决享有有限司法变更权的思考》,载《法律适用》2001年第11期;谢卫华:《论赋予法院对行政裁决司法变更权的必要性》,载《行政法学研究》2003年第3期。

替代行政裁决①、借鉴日本的做法在行政诉讼制度中建立当事人诉讼制度等②。笔者赞同我国确立当事人诉讼制度来解决行政裁决争议的主张：此种诉讼的被告一般不是作出裁决的行政机关，而是与原告有争议的另一方当事人；法院在审理时，使用民事诉讼程序，可以作出给付、确认或变更判决；行政裁决机构以第三人的特殊身份参加诉讼，法院的判决对其有拘束力，行政裁决机构必须服从。这既能保障司法最终原则，尊重当事人的诉权，也能兼顾行政裁决诉讼的特殊性。在实践中这可能也是阻力最小的一种改革方案。③

2. 行政裁决轻微瑕疵的治愈。由于行政法是公法，对违法的行政行为不能追究实施者的惩戒性法律责任，而只能追究其补救性法律责任。常见的撤销、无效等补救方式既是对行政行为本身的补救，也是对行政行为已产生违法结果的补救。这类补救方式因其事后性以及启动机制的复杂性，耗费资源较大，使其对某些轻微瑕疵行政行为并不能发挥很好的作用。如果部分行政裁决存在个别表述不当、个别程序不法等轻微瑕疵，但该行为的意思表示本身合法、公正，法律依据充足，轻微瑕疵并没有影响行政裁决行为本身的公正性，那么对于这种行政裁决予以撤销或者宣告无效，并不符合保护相对人合法权益、及时解决社会纠纷等目的。此时，用追认、补正、转换等方法④对行政裁决的轻微瑕疵进行治愈，而不采用撤销、宣告无效等形式，既是对行政裁决的救济方式，也是实质法治的必然要求。

3. 行政裁决的备案规定。实行行政裁决备案工作既可以加强对行政裁决的监督，保证裁决的合法性，又有助于行政机关了解裁决信息，以便为相应的行政活动提供进一步的支撑。行政裁决的备案工作应由同级司法行政部门内的相关机构具体负责，重大行政裁决决定向一级司法行政部门备案。不按规定报送行政裁决备案的，由备案部门责令限期报送；拒不报送的，给予通报批评，并建议有行政处分权的机关对主要负责人和直接责任人员视情节给予行政处分。

4. 行政裁决书上网公开。司法行政部门应建立统一的"中国行政裁决文书

---

① 陈锦波：《我国行政裁决制度之批判——兼论以有权社会机构裁决替代行政裁决》，载《行政法学研究》2015年第6期。

② ［日］和田英夫：《现代行政法》，倪健民、潘世圣译，中国广播电视出版社1993年版，第214页；杨建顺：《日本行政法通论》，中国法制出版社1998年版，第734页；江必新：《论环境区域治理中的若干司法问题》，载《人民司法》2016年第19期；薛刚凌：《行政诉权研究》，华文出版社1999年版，第164页。

③ 行政机关实施行政裁决反而引发行政诉讼被认为是"引火烧身"，这是行政裁决被立法限缩的主要原因。陆伟明：《服务型政府的行政裁决职能及其规制》，载《西南政法大学学报》2009年第2期。

④ 张峰振：《违法行政行为治愈论》，中国社会科学出版社2015年版，第2页。

网",这既是对行政裁决制度进行社会监督的基本方法,也是实现信息公开、进行业内交流的需要。同时,这也为建立行政裁决案例指导制度创造条件。

5. 责任追究制度。应该实行行政裁决终身责任追究制度;集中承办行政裁决案件中发现的违法或不当行为,应予追责。

四、结语:制定《中华人民共和国行政裁决法》

目前,行政裁决(其名称也不统一,如"调处""处理""决定""裁决"等)的各项规定仍只是散见于个别的规范性法律文件和规范性非法律文件中。为解决国家缺少对行政裁决整体理论构想的现实问题,并进行有效的制度整合和制度设计,全国人大常委会应适时制定《中华人民共和国行政裁决法》。

在立法层次上,有学者建议可以考虑由行政程序法统一规定行政裁决的设立方式、基本原则、一般程序及救济方法,再结合实际情况细化不同类型行政裁决的具体程序、证据标准等。[①]笔者认为,这种体系既确保了程序的相对统一,又有助于实现操作的简便灵活,但我国没有统一的行政程序法,因而统一立法仍然是最为经济的做法,且该法在制度设计中须吸收中立、被动、公开等司法裁判原则,兼顾实体与程序,并实现该法与其他各位阶法律之间的圆融自洽。

(责任编辑:熊樟林)

[①] 在英国,各行政裁判所适用的基本程序规则由《裁判所与调查法》《裁判所程序示范规则》统一规定或示范,而具体程序规则则通过《工业裁判所条例》等单行法律加以规范。参见齐树洁,丁启明:《完善我国行政裁决制度的思考》,载《河南财经政法大学学报》2015年第6期。

论知识产权许可费损失的计算

蒋 舸[*]

摘　要: 专利法和商标法先后在损害赔偿条款中引入了许可费损失计算方法，而著作权法至今尚未在立法层面明确许可费损失。但是，专利法和商标法的规定貌似考虑周全，其实反而不如著作权法科学。因为专利法和商标法引入的实际许可费倍数方法并非有效的许可费损失计算方法，而其存在又阻碍了人们在实际损失或者侵权获利框架中考虑许可费损失，导致许可费损失只能在法定赔偿下被考虑。法定赔偿缺乏清晰的分析框架，对各项证据对填平利润损失、填平许可费损失和实现遏制目标的作用不予分工，容易导致遗漏或者重复评价，因此并非考虑许可费损失的理想方式。将来，立法可以考虑将专利法和商标法上的实际许可费倍数规则修正为合理许可费规则，在著作权法损害赔偿条款中引入合理许可费规则，并在三部法律中明确合理许可费规则是确定许可费损失的方法，可以与确定利润损失的方法联用，以计算实际损失。现阶段，专利法、商标法和著作权法上考虑许可费损失的恰当方式都是实际损失。法院应当对实际损失作广义解释，令其同时覆盖利润损失和许可费损失，并在计算许可费损失时探究合理许可费而非实际许可费倍数。

关键词: 知识产权　损害赔偿　合理许可费　实际损失

---

[*] 作者简介:蒋舸，清华大学法学院副教授。本文系社科基金项目"创新社会化趋势对知识产权法的挑战及应对研究"（17BFX113）成果。笔者曾于2018年末在武汉大学第二届"中国损害赔偿法理论与实务"论坛就初稿进行报告，特此致谢论坛主办方。

一、许可费损失计算的现状与问题

三部与知识产权相关的法律所规定的补偿性损害赔偿计算方法不尽相同。《中华人民共和国专利法》(以下简称《专利法》)和《中华人民共和国商标法》(以下简称《商标法》)规定了实际损失、侵权获利、许可费损失与法定赔偿四种方法,而《中华人民共和国著作权法》(以下简称《著作权法》)只规定了实际损失、侵权获利与法定赔偿三种方法,并未提及许可费损失。从表面上看,《专利法》和《商标法》考虑更周全。但许可费计算的实际情况却恰恰相反:在专利法和商标法领域,法院很少通过许可费损失来确定损害赔偿;反而在著作权法领域,许可费损失常常能在实际损失框架下发挥作用。

专利法和商标法领域对许可费损失的漠视,有数据为证。一项针对2007年至2008年期间五个省市专利案件的研究表明,在416件损害赔偿的案件中,只有4件采用许可费规则,占全部案件的0.96%。[①]另一项针对2008年至2011年期间836起专利案件的研究表明,仅有5起案件明确适用了许可费规则,占全部案件的0.60%。[②]此外,根据长沙市中级人民法院对2011年至2015年间知识产权损害赔偿案件的统计,仅有"0.56%的原告提交了合理许可费的证据"。[③]在以上三项实证研究中,许可费规则的适用率均不足百分之一。

在专利法与商标法领域,许可费规则没有名正言顺地发挥作用,那它有没有在其他损害赔偿计算方法下暗度陈仓呢?答案是:有,但效果并不令人满意。专利法和商标法的司法解释,都在法定赔偿框架下提供了许可费损失发挥作用的空间。商标法司法解释要求法院在确定法定赔偿数额时"考虑……商标使用许可费的数额,商标使用许可的种类、时间、范围"[④];专利法司法解释指出:"没有专利许可使用费可以参照或者专利许可使用费明显不合理的,人民法院可以根据专利权的类型、侵权行为的性质和情节等因素",确定法定赔偿数额。[⑤]但是,法定赔偿规则缺

---

① 程森、吴玉和、李江等:《专利侵权损害赔偿的理论与实践》,载《中国专利与商标》2009年第4期,第7页。五个省市是北京、上海、广州、浙江、江苏。
② 詹映:《中国知识产权合理保护水平研究》,中国政法大学出版社2014年版,第130页。
③ 长沙市中级人民法院知识产权和涉外商事审判庭:《长沙市中级人民法院知识产权民事案件损害赔偿额判定状况(2011—2015)》,载《中国知识产权》2016年第5期,http://www.chinaipmagazine.com/journal-show.asp?2408.html,最后访问日期:2019年9月25日。
④ 《最高人民法院关于审理商标民事纠纷案件适用法律若干问题的解释》(法释〔2002〕32号),第十六条。
⑤ 《最高人民法院关于审理专利纠纷案件适用法律问题的若干规定》(法释〔2015〕4号),第二十一条。

乏结构化分析框架，往往将许可费损失与其他计算损害赔偿的视角糅杂在一起，导致分析过程不清，结果易受质疑。所以，法定赔偿并非许可费损失发挥作用的恰当方式。总体而言，专利法和商标法损害赔偿规则貌似看重许可费损失，实际上并没有给许可费损失提供合适的容身之处。

具有讽刺意味的是，著作权法立法至今没有提及"许可费"概念，但许可费损失所起的作用却远远超过专利法与商标法领域。大量的文字作品、摄影作品和音乐作品侵权案件都借助许可费视角来计算损害赔偿。促成许可费证据受重视的原因是多方面的，最直接的是司法解释对"实际损失"概念采取广义解释，将许可费损失作为计算实际损失的方式之一。例如《北京市高级人民法院关于确定著作权侵权损害赔偿责任的指导意见》多处提及"许可费"概念。作为基本原则，权利人实际损失可以参照国家有关稿酬的规定，也可以根据原告的合理许可使用费计算（第七条）。而针对作品的不同类型和使用情况，司法解释还分别规定了参考许可费证据的方式。例如，文字作品的实际损失参照国家有关稿酬规定的2至5倍确定（第二十五条），音乐作品、图片作品和计算机软件作品的损害赔偿按照原告合理的许可使用费确定（第二十九条、第三十条、第三十一条）。① 这些规定一再提示法院，许可费损失是认定损害赔偿行之有效的视角。当然，许可费视角在著作权领域更受重视的事实，未必都是司法解释的功劳。作品的市场价值实现方式，可能也在一定程度上促成了法院对许可费证据的重视。与技术方案或者商业标识相比，许多作品的价值较低，不适用精细复杂的定价模式，而适合粗糙便捷的"统一定价"。无论是各种法定许可费率，还是各个集体管理组织的许可费率，这些为克服交易成本而形成的各种交易安排，客观上都吸引了法院在计算损害赔偿时更加倚重许可费相关信息。

从上述分析可以看出：立法层面没有提及许可费损失的著作权法，在计算损害赔偿时大量运用许可费相关信息；而立法上明确规定了许可费损失的专利法和商标法，反而极少采用许可费视角来计算损害赔偿。在专利法和商标法领域中的冷遇，并非因为许可费视角不重要。从其他法域的经验看，许可费损失在计算专利权和商标权损失的时候，起着至关重要的作用。在美国专利诉讼中，绝大多数损害赔偿案件都依赖于对许可费损失的计算，不借其帮助的损害赔偿额案件反而是少

---

① 《北京市高级人民法院关于确定著作权侵权损害赔偿责任的指导意见》（京高法发〔2005〕12号）。

数。1997—2006年期间,在由实施主体发起的专利诉讼中,有76%的损害赔偿案件用到了许可费损失计算方法,其中完全通过计算许可费损失判决的案件占60%,另有14%的案件同时计算了利润损失与许可费损失。在接下来的十年中,许可费损失计算方法的作用进一步增强。2007—2016年期间,在由实施主体发起的专利诉讼中,80%的案件在计算损害赔偿时用到了合理许可费规则,其中完全依赖合理许可费规则的案件占61%,兼采合理许可费规则与利润损失规则的案件占19%。[1]以上数据还仅仅涉及由实施主体发起的专利诉讼,由非实施主体提起的损害赔偿诉讼对许可费规则的依赖程度肯定更高,因为他们在美国法上无权主张利润损失,只能主张许可费损失。[2]而在德国,许可费损失是计算"绝大多数"商标损害赔偿的方法。[3]在其他法域发挥重要作用的概念在我国却碌碌无为,这说明我国专利法和商标法上的许可费损失计算存在不可忽视的缺陷。

综上,各个知识产权部门法在许可费损失计算上均存在问题。专利法与商标法上的规则"有名无实",规则虚置。而著作权法则"有实无名",至今没有在立法上明确许可费损失的地位。鉴于许可费损失在损害计算中的重要作用,我们有必要对其进行更加系统的剖析。然而,现有研究远未提供足够的知识储备。我国的知识产权损害赔偿文献绝大多数以惩罚性赔偿与法定赔偿为研究对象,并不重视许可费规则。为数不多的许可费规则文献又主要关心专利领域[4],尤其是标准必

---

[1] PWC. 2017 Patent Litigation Study, p. 11. https://www.pwc.com/us/en/forensicservices/publications/assets/2017-patent-litigation-study.pdf,最后访问日期:2018年11月10日。

[2] 可能有读者注意到,Lemley和Shapiro在一篇著名文献中的实证研究似乎与普华永道的论断相矛盾。"我们搜集了Westlaw中从1982年至2005年年中所有判决赔偿专利权人合理许可费的案件。结果数量少得惊人——只有58起。" Mark A. Lemely & Carl Shapiro, Patent Holdup and Royalty Stacking, Texas Law Review, vol.85(2007), p. 2030. 在此有必要澄清的是,Lemley和Shapiro的研究并不否定普华永道的论断。首先,Lemley和Shapiro承认,专利案件每年只有大约100起,其中约80%以和解方式结案,另外,还有10%~15%出于专利明显无效或者不侵权等原因,没有开庭,这些和解或不开庭的案件都不涉及损害赔偿。经此初步筛选之后的案件只剩大约169起。其次,进入庭审阶段的案件中又会出现大量原告败诉的案件,这些案件也不涉及损害赔偿。Lemely和Shapiro没有说明被排除的具体数量。不过,美国专利诉讼中的专利无效率和不侵权率历来高居不下,被排除的案件在前述169起案件中应该占据很大比例。因此,在最终剩下的损害赔偿案件中,58个根据合理许可费计算的案件所占比例应当不低。况且Lemley和Shapiro的实证研究针对1982—2005年年中,而普华永道的研究针对1997—2016年,不排除法院在不同年代的偏好有差别。因此,普华永道针对美国法院近20年特别偏好适用合理许可费的论断,应该可以信赖。

[3] Schweyer in Detlef von Schultz, Markenrecht Kommentar. Verlag Recht und Wirtschaft GmbH, 2002, § 14, Rn. 250.

[4] 徐小奔:《论专利侵权合理许可费赔偿条款的适用》,载《法商研究》2016年第5期,第184-192页;范晓波:《以许可使用费确定专利侵权损害赔偿额探析》,载《知识产权》2016年第8期,第99-105页。

要专利的FRAND许可费问题①。近期有论文就知识产权许可费损失展开讨论,但其聚焦于对许可费规则本身进行立法改造和司法解释,并不论及许可费损失与利润损失的关系,而后者恰恰是在知识产权损害赔偿体系中正确计算许可费损失的关键。②

本文将从专利法和商标法上的许可费规则着手,扩展到立法尚未引入许可费规则的著作权法,以探索统一的知识产权许可费损失计算思路。具体而言,第二部分将分析专利法和商标法上"实际许可费倍数规则"难以发挥作用的原因,第三部分将分析"实际许可费倍数规则"的弊端,第四部分将讨论包括著作权法在内的知识产权损害赔偿规则纳入许可费损失的方式。

二、合理许可费规则与实际许可费倍数规则

许可费规则在中外发挥的作用截然不同,最重要的原因在于我国的许可费规则与他国规则相比,形似而神不似。

言其"形似",是因为各国许可费规则均以许可费为计算对象,且均包含合理性要件。德国的专利法③、著作权法④和商标法⑤一致规定:损害赔偿也可将假设侵权人为获得使用被侵害权利之授权而需支付的合理费用作为基础加以计算。美国专利法第284条第1款规定赔偿应当"无论如何不低于侵权人为使用该发明而需支付的合理许可费"⑥。日本专利法第102条第2款允许专利权人在自身不实施专利的情况下,依据"通常的实施许可费"计算损害赔偿数额⑦。英国知识产权法也允许法官根据被告本应支付而未支付的许可费来计算损害赔偿额⑧。对比我国的《专利法》与《商标法》,各国对"合理"与"许可费"两项要素的关注是一致的。

言其"神不似",则是因为中外法条对"许可费"的性质和对"倍数"的要求有

---

① 赵启杉:《标准必要专利合理许可费的司法确定问题研究》,载《知识产权》2017年第7期,第10页。
② 缪宇:《作为损害赔偿计算方式的合理许可使用费标准》,载《武汉大学学报(哲学社会科学版)》2019年第6期,第159-168页。
③ § 139 II 3 PatG.
④ § 97 II 3 UrhG.
⑤ § 14 VI 6 MarkenG.
⑥ 35 U. S. Code § 284.
⑦ 张鹏:《日本专利侵权损害赔偿数额计算的理念与制度》,载《知识产权》2017年第6期,第90页。
⑧ Lionel Bently, Brad Sherman. Intellectual Property Law, 4th Ed. Oxford: Oxford University Press, 2014: 1257.

所不同。首先,美国、德国许可费规则不以实际许可费为前提,我国则将实际许可费作为适用许可费规则的前提。我国《专利法》规定:"权利人的损失或者侵权人获得的利益难以确定的,参照该专利许可使用费的倍数合理确定。"[①]许可费规则的参照标准是该专利或者商标的许可使用费,说明使用许可费规则以涉案专利或商标存在可资参照的实际许可费为前提。因此,许可费规则在我国专利法和商标法上的表现形式可被称为"实际许可费倍数规则"。相比之下,其他国家许可费规则应当被称为"合理许可费规则"。其次,美国、德国许可费规则中均未出现"倍数"一词,因此法官可以参考涉案知识产权或可比知识产权的许可条件,自由确定损害赔偿。而在我国,规则明确要求法官根据实际许可费的"倍数"来确定损害赔偿额。"倍数"在理论和实践中都被理解为"加倍",该要求进一步限缩了法官的自由裁量空间,一方面导致许可费规则被束之高阁,另一方面导致过度遏制。

本部分将首先呈现作为比较法通例的合理许可费规则,继而分析我国特有的实际许可费倍数规则。

(一)合理许可费规则

美国与德国的合理许可费规则均不以涉案权利上存在实际许可费为适用前提,而是赋予法官自由裁量权,允许法官推断侵权人应当支付给权利人的费用。法院关心的对象并非实然意义上的许可费,而是应然意义上使用者应付而未付的对价。例如德国法采取第二虚拟式来强调许可费的应然性,指出许可费规则关心的是"假如侵权人要取得使用被侵害之权利的同意,原本应当支付的合理报酬"[②]。英国、日本和美国法上的表述也与之类似。法院的判断重点在于"应付而未付"的数额,与实然层面权利人曾就涉案知识产权收取的许可费数额并无必然联系。

在立法文本之外,其他国家的司法实践同样传递出不以实际许可费为前提的立场。例如,美国专利法第284条第1款意在透过许可费视角计算损害赔偿。该款通常被具体化为分析法和假想谈判法两种方法,其中任何一种都不以实际许可费为前提。

分析法的基本思路是将侵权盈利在权利人和使用者之间分配,一部分保留给

---

① 对应于现行《专利法》(2008)第六十五条第一款与《商标法》(2013)第六十五条。

② § 14 VI 6 MarkenG, § 97 II 3 UrhG . 原文为"……den der Verletzer als angemessene Vergütung hätte entrichten müssen, wenn er die Erlaubnis zur Nutzung des verletzten Rechts eingeholt hätte",专利法只是将"被侵害之权利"换作"被侵害之发明", § 139 II 3 PatG.

侵权人，另一部分作为合理许可费判赔给权利人。落实到操作层面，法院需要首先查明侵权人在侵权开始时的盈利预期，然后将预期盈利中的一定百分比确定为许可费费率，再用此费率乘以侵权人的实际销售额，得出侵权人应当承担的损害赔偿金额。①法院在整个流程中都不必关心涉案专利的实际许可费。

假想谈判法更受法院青睐，而它同样不以涉案专利被实际许可为前提。假想谈判法以假想中权利人和侵权人在侵权开始时通过谈判确定的许可费作为损害赔偿计算标准。②从法院在著名的Panduit案中对该方法的阐述中，我们完全看不到实际许可费的必要性："出于'补偿'无法证明的利润[损失]之目的，'合理许可费'方法将'有意愿的'许可人与被许可人召集起来，让他们像狄更斯小说《圣诞颂歌》中的过去之灵一样，在朦胧的意象中去'谈判'一份'许可'。但事实上，这里显然既没有来自任何一方的意愿，也不存在针对任何行动的许可。"③这段生动的描述表明，美国法院不仅不重视实际许可，甚至专门强调合理许可费计算与实际许可谈判无关。

如果说Panduit案中对假想谈判法的说明比较感性，那么Georgia-Pacific案设定的15项合理许可费因素则为我们提供了冷静观察合理许可费规则的线索。Georgia-Pacific因素是美国法院在确定合理许可费时最常用的工具，国内文献多有介绍。本文不拟逐字翻译，仅将各项关键词概括如下，以便读者体会实际许可费的作用有限：(1)涉案专利的实际许可费；(2)可比专利的实际许可费；(3)许可的性质和范围；(4)许可人的既定政策和销售计划；(5)许可双方的商业关系；(6)衍生或附带销售；(7)专利保护期与许可期限；(8)专利产品的盈利能力、商业成功与受欢迎程度；(9)相对旧产品的用途与优势；(10)发明的性质，权利人的利用状况与收益；(11)被告的使用程度及关于利用价值的证据；(12)在本领域或类似领域中，发明或类似发明的许可费在利润或销售价格中通常所占的比例；(13)侵权人可实

---

① TWM Mfg. Co. v. Dura Corp., 789 F.2d 895, 899 (Fed. Cir. 1986). See also: John Skenyon, Christopher Marchese, and John Land. Patent Damages Law and Practice. November 2017 Update, § 3:8, The "analytical" method.

② § 30:72. Reasonable royalty awarded as an alternative when patentee cannot prove lost profits, 4 Annotated Patent Digest.

③ Panduit Corp. v. Stahlin Bros. Fiber Works, Inc., 575 F. 2d 1152, 1158 (1978).

现利润中归属于专利的部分;(14)专家意见;(15)假想谈判确定的价格。①这15项因素中,只有第1项关心涉案知识产权的实际许可费,其余14项均与之无关。对美国法院而言,如果存在涉案知识产权的实际许可费,固然可以断案;即使不存在涉案专利的实际许可费,只要有可比许可费证据,同样可以计算损害赔偿;甚至在缺乏可比许可费证据的情况下,法院还可以运用关于产品与市场的各项信息来运用合理许可费规则。一言以蔽之,关于实际许可费的信息是锦上添花——有固然好,缺也无妨。②

美国专利法在实际许可费方面的宽容体现为不仅不强求许可费的实然性,甚至不关心达成许可的可能性。换言之,法院不仅不要求涉案专利许可费实际存在,甚至不要求认定的许可费在谈判中有可能达成。即使理性第三人能够推知被告在假想谈判中无意支付法院认定的许可费,也不妨碍损害赔偿被冠以"合理许可费"之名。在 Golight, Inc. v. Wal-Mart Stores, Inc. 案中,侵权人沃尔玛在上诉中声称,地区法院确定的许可费不合理,因为其远高于沃尔玛的侵权盈利,会令沃尔玛销售越多、亏损越大。联邦上诉法院并未接受沃尔玛的逻辑,而是指出"合理许可费"无须以侵权人的支付意愿为上限。③在 Powell v. Home Depot U.S.A., Inc. 案中,法院进一步明确:无论是权利人的预期专利收益还是侵权人的预期侵权盈利,都不能被视为合理使用费的上限。④实际上,法院以合理许可费之名判决的损害赔偿往往大大超出真实谈判中可能达成的许可费。有研究者搜集了 Westlaw 数据库中从1982年到2005年的所有知识产权损害赔偿案件,发现法院判决的平均合理许可费占侵权产品售价的13.13%,远高于产业实践的许可费标准。⑤正如美国联邦巡回上诉法院所言:"尽管名为'合理许可费',但法院根据第284条确定损害赔偿之目的,乃是补偿专利权人因专利权受侵害遭受的损失,而非真正支付许可费。"⑥因此,美

---

① Georgia-Pacific Corp. v. United States Plywood Corp., 318 F. Supp. 1116 (S.D.N.Y. 1970). 美国有许多文献讨论这15项因素的合理性。有文献提出,由于权利人在诉讼过程中承担了非常高的专利被无效或者侵权不被认定的风险,所以法院若径正确适用 Geogia-Pacific 因素,判决结果应当高于当事人在真实谈判中达成的许可费。Mark A. Lemley, "Carl Shapiro, Patent Holdup and Royalty Stacking", Texas Law Review, 2007, 85(7): 2020. 不过这些批评对于本文关心的合理许可费是否应该以实际许可费为基础这一问题并无影响。

② Mahurkar v. C.R. Bard, Inc., 79 F. 3d 1572, 1579 (Fed. Cir. 1996).

③ Golight, Inc. v. Wal-Mart Stores, Inc., 355 F. 3d 1327, 1338 (Fed. Cir. 2004).

④ Powell v. Home Depot U.S.A., Inc., 663 F. 3d 1221, 1238–1239, (Fed. Cir. 2011).

⑤ Mark A. Lemley, Carl Shapiro. Patent Holdup and Royalty Stacking. Texas Law Review, 2007, 85(7): 2032.

⑥ Information Resources, Inc. v. Test Marketing Group, Inc., 22 F. 3d 1102, 1.

国专利法上的合理许可费具有强烈的"应然"特质,与"实然"许可费的关联异常微弱。

美国法院在计算商标①与版权②损害赔偿时,不仅同样重视对合理许可费的考查,而且同样不以涉案知识产权实际许可费的存在为适用前提。在版权法上,针对原告不开发的市场,原告并无利润损失,只有许可费损失。例如当被告未经授权把原告小说改编成电影时,被告本应支付的许可费便可成为损害赔偿的依据。③在商标法中,尤其当被告从原告处获得了商标许可但超范围使用时,假想许可费更是计算损害赔偿的重要途径。值得注意的是,即便在这种情况下,法院也未必采用原被告就涉案商标达成的实际许可费,而有可能根据被告的具体使用情况对实际许可费予以上浮或者下调,因为"在有些情况下,以'实际'许可费为基础计算的损害赔偿并不能反映出一个真实许可关系中的其他优势与劣势"④。

同样的理解也贯穿于德国专利法上的合理许可费规则:实际许可费费率是确定适当许可费的考虑因素之一,但法院确定合理许可费的最重要因素是知识产权在市场上的客观价值。为尽可能准确地呈现该价值,所有可能因素都应当被纳入考虑范围。⑤法院最终确定的合理许可费额度,既可能高于也可能低于实际许可费⑥,还可能在原被告根本不会达成许可协议的情况下被确定。

总之,从各国司法实践观之,合理许可费判断主要是应然判断,与现实存在的实际许可费之间关系微弱。合理许可费规则的适用,绝不以存在实际许可费为前提。

(二)实际许可费倍数规则

其他法域把"许可费"视为应然判断,我国则将"许可费"理解为事实认定。就笔者所见,如此规定是比较法上的孤例。这一"制度创新"在2000年专利法修改过程中被引入知识产权体系,当时组织起草修订草案的尹新天先生对规则解释如下:"参照许可费的合理倍数方式确定赔偿数额,其使用条件除了权利人的实际损

---

① 15 U.S.C. § 1117.
② 17 U.S.C. § 504.
③ Alfred Yen, Joseph Liu. Copyright Law: Essential Cases and Materials, 2nd ed. New York: West Academic publishing, 2011: 593.
④ Restatement (Third) of Unfair Competition § 36 (1995). Database Last Visited on Nov 10, 2018.
⑤ Grabinski / Zülch in Benkard, Patentgesetz. 11. Auflage 2015, § 139 Rn. 66.
⑥ Grabinski / Zülch in Benkard, Patentgesetz. 11. Auflage 2015, § 139 Rn. 68.

失和侵权人的非法获利难以确定外,还应当包括专利权人已经就涉案专利权与他人订立了实施该专利的许可合同,有相应的许可使用费标准可以参照。如果专利权人根本没有许可他人实施其专利,权利人就难以主张以这种方式来确定赔偿数额"。① 按照司法解释,不存在实际许可费的情况下,法院不能适用许可费规则,而应转采法定赔偿规则。② 立法机关和司法机关可能认为,法定赔偿额反正不是通过精确的计算得出,因此对前提无须苛责;而许可费赔偿额乃是计算的结果,前提务求精确。所以实际许可费倍数规则的适用门槛被抬得很高。

法院在适用许可费规则时,对涉案知识产权实际许可的强调无以复加。法院会从不同角度对许可合同的实然性提出要求,包括被许可人有没有实施专利、许可双方是否存在利害关系③、许可费是否支付④、许可合同是否备案⑤等。甚至在原告提供被许可方的支票和收据的情况下,法院仍然拒绝承认原告获得了许可费。⑥

除了强调涉案知识产权许可费的实然性,我国还将实际许可费的"倍数"作为确定损害赔偿合理性的途径,这同样是比较法孤例。许多国家的知识产权损害赔偿立法中没有任何关于"倍数"的表述;即使有,也与许可费规则无关,而是为了实现惩罚目的。例如美国专利法第284条第1款是许可费规则,并无关于"倍数"的表述;第2款才规定"法院可以将认定或估算的额度增加至最高三倍",这款恰恰不是许可费规则,而是加重赔偿(或称惩罚性赔偿)规则⑦。但按照尹新天先生的理解,我国的实际许可费倍数规则意在填平,而非惩罚。之所以提到"倍数","本意并非要突破我国民事侵权理论中关于损失赔偿的补偿性原则,转而对侵权人实行惩罚性原则,而是在于如果仅仅按照专利许可使用费的1倍来确定赔偿数额,则还不足以'填平'专利权人所受到的损失"⑧。其他国家或者是填平而不加倍(如德国),或者实行加倍但并非出于填平目的,似我国以填平为目的而加倍的做法,难

---

① 尹新天:《中国专利法详解(缩编版)》,知识产权出版社2012年版,第569-570页。
② 《最高人民法院关于审理专利纠纷案件适用法律问题的若干规定》第二十一条规定:"没有专利许可使用费可以参照或者专利许可使用费明显不合理的,人民法院可以根据专利权的类型、侵权行为的性质和情节等因素,依照专利法第六十五条第二款的规定确定赔偿数额。"
③ 浙江省高级人民法院(2005)浙民三终字第254号民事判决书。
④ 广东省高级人民法院(2003)粤高法民三终字第16号民事判决书。
⑤ 福州市中级人民法院(2005)榕民初字第419号民事判决书。
⑥ 广东省高级人民法院(2003)粤高法民三终字第16号民事判决书。
⑦ 35 U. S. Code § 284.
⑧ 尹新天:《中国专利法详解(缩编版)》,知识产权出版社2012年版,第570页。

免引人注目。

合理许可费规则与实际许可费倍数规则相比,差异明显:前者"宽进严出",门槛不高,但适用时需综合多种因素灵活确定;后者"严进宽出",门槛很高,不过一旦适用就只剩加倍幅度需要考虑。我国独具特色的实际许可费规则是否值得推崇,值得分析。

三、实际许可费倍数规则的缺陷

实际许可费倍数规则的初衷是在降低裁判难度和防止裁量权滥用之间寻求平衡。遗憾的是,这项独具特色的规则不仅未对我国知识产权损害赔偿的理论与实践产生积极影响,反而带来不少弊端。

(一)助长法定赔偿泛滥

前文反复指出,实际许可费倍数规则大幅抬高了许可费规则的适用门槛,限缩了许可费规则的适用范围。这一做法最直接的后果是将本该通过许可费规则处理的损害赔偿纠纷挤压到法定赔偿规则领域,从而助长了法定赔偿规则的泛滥,降低了损害赔偿的可预见性,而且不利于结构化经验的积累。

法定赔偿规则被引入我国知识产权损害赔偿体系后,迅速喧宾夺主,引发了广泛关切。[1]主流意见将这一难题归咎于法定赔偿规则的自身缺陷,或者解释为误用证据规则的结果。"自身缺陷论"者的解决方案是改造法定赔偿规则本身,要求法院降低法定赔偿的适用比例[2],或者细化法定赔偿的考虑因素[3]。"程序缺陷论"者的解决方案则是降低对原告举证责任的要求[4]。两类主流意见均不认为法定赔偿泛滥问题与许可费规则有关联。但是,法定赔偿规则的适用比例显然不仅取决于该规则本身,还受到其他损害赔偿规则的影响。法定赔偿问题的解决,也不可能仅凭程序修补加以实现,而必然仰赖于对实体利益分配模式的深入研究。法定赔偿

---

[1] 2014年的一项实证研究表明,3 968件案件中3 483件采取了法定赔偿方式,占全部案件的87.78%,本比例系根据研究报告的数据计算得出。原始数据参见詹映:《中国知识产权合理保护水平研究》,中国政法大学出版社2014年版,第129-130页。

[2] 詹映:《中国知识产权合理保护水平研究》,中国政法大学出版社2014年版,第15页。

[3] 王迁,谈天,朱翔:《知识产权侵权损害赔偿:问题与反思》,载《知识产权》2016年第5期,第38页;黄学里,李建星:《理性的量化:知识产权法定赔偿之恪守与超越——基于310份案例之SPSS统计分析》,载《建设公平正义社会与刑事法律适用问题研究:全国法院第24届学术讨论会获奖论文集(上册)》,人民法院出版社2012年版,第514-518页。

[4] 唐力,谷佳杰:《论知识产权诉讼中损害赔偿数额的确定》,载《法学评论》2014年第2期,第183-184页。

适用比例"过高",意味着实际损失、违法获利以及许可费规则的适用比例"过低",未能发挥应有的作用。①其中尤其引人注目的便是在美国、德国等其他法域大展拳脚而在我国却碌碌无为的许可费规则。

法定赔偿在我国的"越位"与许可费规则的"失位"密切相关。在理应肩负重任的许可费规则难以发挥作用时,法定赔偿只能勉为其难地承担起确定绝大多数知识产权损害赔偿的任务。大量在其他国家通过许可费规则解决的问题,在我国只能被挤压到法定赔偿项下解决。法院也承认,"司法实践中,由于原告提供的专利许可使用费证据缺乏关联证据佐证而鲜有被法院采信,故参照许可使用费合理倍数认定判赔额的案件也较为少见"②。

甚至在确实存在实际许可费证据的情况下,法院有时也被迫求助法定赔偿,以避开实际许可费倍数规则的僵化要求。例如在日星缝纫机(上海)有限公司诉启翔(针车)上海有限公司案中,原告曾以50万元授予第三方许可。法院一方面愿意将实际许可费作为参考因素,但另一方面,许可双方之间的关联关系又使法院不愿在50万元的基础上加倍。最后法院采用法定赔偿,"综合参考涉案专利的类别、被告实施侵权行为的手段、规模、情节、主观故意程度等因素,并适当参考原告与专利权人的专利许可使用费",酌情判决经济损失25万元。③

有人可能会提出:既然合理许可费规则和法定赔偿一样,都赋予法官巨大的自由裁量权,都不可能得出精确结果,我们还需要计较法院究竟适用哪项规则吗?答案是肯定的。因为无论从认识论还是从本体论层面看,两项规则都存在显著差异。从认识论层面看,合理许可费规则背后是丰富的结构化经验,而法定赔偿则不能提供成熟的分析框架,前者的认知经济性远远高于后者。各国已就合理许可费的认定发展出大量经验,例如前述的Georgia-Pacific分析框架,15项因素中的每一项都经过了细致讨论,为后续发展奠定了良好的基础,对其略加修正即有可能形成符合国情的结构化认知框架。而如果我们抛弃合理许可费规则,就相当于放弃了既有的结构化经验,从头开始探索经验,这显然是极度缺乏认知效率的。而从本体

---

① 蒋舸:《知识产权法定赔偿向传统损害赔偿计算方式的回归》,载《法商研究》2019年第2期,第182-192页。
② 2015年浙江法院十大知识产权保护案件之三:浙江龙盛集团股份有限公司诉绍兴县滨海飞翔化工有限公司侵害发明专利权纠纷案,浙江省高级人民法院(2015)浙知终字第91号民事判决书,入选理由部分。
③ (2009)沪二中民五(知)初字第67号民事判决书。

论层面讲,合理许可费规则和法定赔偿规则在赔偿上限、考虑因素和分析结构方面都存在明显差异,从而导致法院在搜集证据、评价证据时的注意力分配有所不同,很可能对结果产生巨大影响。仍以前述专利侵权司法解释为例,法院在适用实际许可费倍数规则时关注专利权的类别,侵权行为的性质和情节,专利许可使用费的数额,该专利许可的性质、范围、时间等因素,而在适用法定赔偿时则关注专利权的类别、侵权行为的性质和情节等因素。[①]二者相比,法定赔偿规则完全忽略可比许可费方面的证据。部分法院尽管在判决法定赔偿时,实际上有可能把可比许可费证据纳入考虑范围,但并不会澄清许可费相关信息与其他信息之间的关系。换言之,即使法定赔偿没有完全忽略与许可费相关的信息,其分析也是混沌的、非结构化的。每个损害赔偿决策过程中的司法注意力资源十分有限,不同的注意力管理方案提供的分析框架相距甚远,很可能导向迥异的结果。实际许可费倍数规则将大量本应参考合理许可费框架的决策挤压到法定赔偿领域之中,既造成法定赔偿的臃肿不堪,也加剧了赔偿数额的判断误差。

(二)过度依赖单一证据

尽管中国法院极少适用许可费规则,不过一旦适用,就会走向另一极端,将实际许可费信息作为确定损害赔偿额的决定性因素。例如在西电捷通诉索尼案中,权利人与案外人签订的许可合同载明每台手机的专利提成费为1元,尽管被告指出涉案专利仅为被许可专利包中的一项,但法院仍以涉案专利是核心专利为由,直接认定"上述四份合同中约定的1元/件的专利提成费可以作为本案中确定涉案专利许可费的标准"[②]。法院既未澄清涉案专利与专利包之间的价值差异,也未比较许可使用行为与被告使用行为在地域、时间、产品范围、配套服务等方面的不同。

相比之下,美、德等国在运用许可费规则时,并不会将实际许可费视为认定损害赔偿额的决定因素,而仅仅将其作为参考因素。法院意识到,实际许可费常常不能准确反映涉案知识产权的价值,例如侵权泛滥会迫使权利人收取低于正常标准的实际许可费[③],而许可协议中的配套服务又令实际许可费包含了侵权人无法享受的好处。所以,美国法院反复强调可比性才是重点,实际许可费本身不应受到过

---

① 《最高人民法院关于审理专利纠纷案件适用法律问题的若干规定》(法释〔2015〕4号),第二十一条。
② 北京知识产权法院(2015)京知民初字第1194号民事判决书。
③ Nickson Indus. Inc. v. Rol Mfg. Co., 847 F. 2d 795 (Fed. Cir. 1988).

度重视,这一态度近年来愈发明确。① 例如在 Wordtech 案中,尽管存在专利权人与 13 个不同主体签订的许可合同,但没有一份合同中的实际许可费被上诉法院当作损害赔偿的计算基础。针对地区法院陪审团将两份一揽子合同许可费平均值作为损害赔偿额的做法②,上诉法院明确予以反对,指出"这种'平均'理论站不住脚,因为没有任何证据表明两份一揽子许可与 INSC 实施的侵权销售具有可比性。两份许可合同既没有说明计算一揽子许可费的方法,也没有指出被许可人意图实施专利的产品,更没有描述被许可人的预期产量"③。商标领域同样如此,即使原告能够提供实际许可费证据,法院也会根据侵权人与被许可人相比所具有的"优势"(例如容易逃避被追究)或者"劣势"(例如无法享受配套服务)进行精细调整④,而不会通过简单地对实际许可费进行加倍来确定损害赔偿。

德国法院同样不会按照实际许可费直接确定损害赔偿,而是会详细考查实际许可费与被告使用情况的差异。⑤ 法院既会考虑在实际许可费基础上降低赔偿额的因素,也会考虑提升赔偿额的因素。导致实际许可费下调的因素是许可合同赋予实际被许可人在利用涉案知识产权之外的各种利益,包括权利人提供的商业秘密、技术支持、配套服务、推广协助,以及不受禁令威胁、开展长期商业规划并充分利用前期投资的安全感;相比之下,侵权人使用的是缺乏配套支持的裸权利,而且时刻担心停产停销。合法被许可费获得的配套支持越多,侵权人为实施权利进行的投入越多、转换成本越高,侵权人相较于实际被许可人的劣势越明显,法院越可能降低实际许可费以反映侵权使用的价值。导致上调实际许可费的则是所有将侵权人置于比合法被许可人更有利地位的因素。除了逃避被追究的概率之外,德国法院还会考虑侵权人不受权利人定价策略约束、侵权人付款方式对权利人负担过重(以诉讼为前提且周期过长)、侵权人不与权利人分享技术和销售信息,以及侵权人无须为最终被宣告无效的专利权或者商标权支付许可费等。这些因素都可能

---

① 例如 ResQNet.com, Inc. v. Lansa, Inc., 594 F. 3d 860 (Fed. Cir. 2010); Cornell Univ. v. Hewlett-Packard Corp., 609 F. Supp. 2d 279 (N.D.N.Y. 2009); IP Innovation L.L.C. v. Red Hat, Inc., 705 F. Supp. 2d 687 (E.D.Tex. 2010).

② 两份一揽子合同中约定的许可费分别是 170 000 美元和 350 000 美元,平均值是 260 000 美元,而陪审团的判决额是 250 000 美元。Wordtech Sys. Inc. v. Integrated Network Solutions, Inc. 609 F. 3d 1308, at 1320 (Fed. Cir. 2010).

③ Wordtech Sys. Inc. v. Integrated Network Solutions, Inc. 609 F. 3d 1308, at 1320 (Fed. Cir. 2010).

④ Bandag, Inc. v. Al Bolser's Tire Stores, Inc., 750 F.2d 903 (Fed.Cir.1984).

⑤ BGH, Urteil vom 06.03.1980–X ZR 49/78 (OLG Frankfurt/M.), GRUR 1980, 841, 844–Tolbutamid.

促使法官在实际许可费基础上提高损害赔偿额,以便更准确地反映侵权使用的价值。①

过于重视实际许可费并不符合损害赔偿计算原理。过于依赖实际许可费的做法可能导致法官的思考被锚定在错误的起始位置上,以致后续误差过大。正确的合理许可费规则对应着"宽进严出"的思考模式:只要存在许可费方面的证据,法院都应考虑;但在考虑过程中,应当重视侵权行为与许可范围的差别。我国的实际许可费倍数规则恰恰相反,对应的是"严进宽出"的思考模式:法院在缺乏涉案知识产权产权实际许可费时,不考虑类似知识产权提供的许可费信息;当存在实际许可费证据时,又过度重视许可费信息。就认定损害赔偿而言,无论是在考虑许可费视角时的"严格",还是评价实际许可费证据时的"宽松",都有违许可费规则的本意。

(三)容易造成说理粗糙

实际许可费倍数规则的另一个弊端,是立法文本中的"倍数"一词,可能给法院造成了微妙的心理暗示,导致法院在以实际许可费为基础上调损害赔偿额时,习惯成倍上调,或者在成倍上调后取整数金额判赔。这种粗放的上调模式往往对加倍幅度缺乏解释。尽管司法实践中通常将"倍数"限于三倍以内,但即便是100%至300%的自由裁量空间,也很可能对当事人利益产生巨大影响。②

尤其是当实际许可费数额巨大时,粗放加倍对被告责任范围的影响更加明显。在前述西电捷通诉索尼案中,按照实际许可费率计算出原告应付的许可费为2 876 391元。法院认为:"考虑到涉案专利为无线局域网安全领域的基础发明、获得过相关科技奖项、被纳入国家标准以及被告在双方协商过程中的过错等因素,本院支持原告'以许可费的3倍确定赔偿数额'的主张,确定经济损失赔偿数额为8 629 173(2 876 391×3)元。"针对200%的上调幅度和接近600万元的上调金额,法院的说理可谓相当简短③。在宋守淮等诉宋锦钢案中,法院首先确定专利许可费

---

① Vgl. Grabinski, Zülch in Benkard, Patentgesetz, 11. Auflage 2015, § 139 Rn. 68.

② 从专利法和商标法措辞看,"倍数"并无上限。法院通常以实际许可费的三倍为上限确定损害赔偿额,这可能与早年专利法司法解释中将倍数解释为"1至3倍"有关。《最高人民法院关于审理专利纠纷案件适用法律问题的若干规定》(法释〔2001〕21号)第二十一条指引法院"参照该专利许可使用费的1至3倍合理确定赔偿数额"。该司法解释2013年修订后仍然沿用"1至3倍"的上浮区间,但在2015年的修订中去除了3倍上限。

③ 北京知识产权法院(2015)京知民初字第1194号民事判决书。

为15.5万元,继而"综合考虑本案专利权的类别,侵权人明显存在侵权恶意,专利许可使用费的数额,专利许可的性质、范围和时间等因素",将损害赔偿额认定为许可费的3倍,加合理费用后,被告共需赔偿50万元。法院的简单解释并不足以说明为什么需要上调幅度超过200%,上调金额超过30万元。① 在浙江龙盛集团股份有限公司与绍兴县滨海飞翔化工有限公司侵害发明专利权纠纷案中,被告应当支付的专利许可使用费为300万元,法院以被告主观恶意和原告合理支出为理由上调到了500万元,相当于实际许可费的167%,上调数额为200万元。② 商标领域的情况相似。在北京盖伦教育发展有限公司与石家庄市新华区凯迪培训学校侵害商标权纠纷案中,法院按照侵权时间和侵权规模等因素初步确定的许可使用费是28.56万元,但法院根据倍数条款直接确定损害赔偿额为60万元,相当于按照实际许可费率计算金额的210%,上调数额超过30万元。③

前述案件显示实际许可费倍数规则在实践中往往导致粗放的上调决策。法院很少就具体上调幅度进行说明,而是直接确定整数倍上调比例或者整数式赔偿总额。法院或者直接认定上调3倍④,或者将上调后的总额直接定为500万元⑤、50万元⑥或者60万元⑦,缺乏对侵权细节与上调幅度因果关系的足够说明。知识产权损害赔偿计算具有高度复杂性,人们不应苛求法院进行巨细靡遗、公式推演般的说理。但当上调决策动辄涉及当事人数十万元甚至数百万元的利益时,人们不仅期待法院提供上调因素的清单,还希望见到法院对各项因素的影响予以适当说明,以便理解其与损害赔偿额之间的因果关系。例如在宋守淮等诉宋锦钢案中,法院虽然表明是在"综合考虑本案专利权的类别,侵权人明显存在侵权恶意,专利许可使用费的数额,专利许可的性质、范围和时间等因素"的基础上对实际许可费进行加倍,但并未说明专利权类别,许可性质、范围和时间等因素为何偏偏导致3倍赔偿,

---

① 广东省高级人民法院(2013)粤高法民三终字第739号民事判决书。
② 2015年浙江法院十大知识产权保护案件之三:浙江龙盛集团股份有限公司与绍兴县滨海飞翔化工有限公司侵害发明专利权纠纷案,浙江省高级人民法院(2015)浙知终字第91号民事判决书。
③ 河北省石家庄市中级人民法(2014)石民五初字第00367号民事判决书、河北省高级人民法院(2015)冀民三终字第62号民事判决书。
④ 北京知识产权法院(2015)京知民初字第1194号民事判决书。
⑤ 2015年浙江法院十大知识产权保护案件之三:浙江龙盛集团股份有限公司诉绍兴县滨海飞翔化工有限公司侵害发明专利权纠纷案,浙江省高级人民法院(2015)浙知终字第91号民事判决书。
⑥ 广东省高级人民法院(2013)粤高法民三终字第739号民事判决书。
⑦ 河北省石家庄市中级人民法院(2014)石民五初字第00367号民事判决书、河北省高级人民法院(2015)冀民三终字第62号民事判决书。

而不是2倍或者1.5倍赔偿。在法院列举的因素中,有些根本与确定倍数无关,另一些尽管可能对倍数产生影响,但在个案中无法推出"3倍"的结果。"专利权类别"就是与倍数无关的因素。法定赔偿关心专利权类别,是为了通过发明专利、实用新型与外观设计的分类来简单推测权利价值。所以,"专利权类别"仅能极其粗放地划定权利的价值区间,而与在实际许可费基础上加倍缺乏任何联系。"专利许可的性质、范围和时间"虽然与许可费调整有关,但实际许可的"性质、范围和时间"与侵权行为相比差异究竟有多大,法院如何评价这些差异,仍需法院解释公众才能明白。遗憾的是,判决中并无相关阐述。读者难免感到,法院很可能只是受到立法文本中"倍数"一词的影响,直接认定了整数倍的加倍幅度。下文中的美国法院纠结于许可费率上调9%是否属于自由裁量权滥用时,而我国立法文本中的"倍数"使法院直觉上不会关心这种"0.09倍"的变化,容易忽略整倍调整之外的选择。

立法文本选择的措辞对法院的影响有时是潜移默化的。美国专利法同样包含"上调"的意思,第284条第1款规定损害赔偿"不低于"(no less than)合理许可费,但法院的上调幅度往往精细很多。在Mahurkar v. C. R. Bard案中,地区法院首先算出了基础的合理许可费费率是25.88%,然后以追求更优预防效果为由上调9%,将34.88%的许可费费率作为损害赔偿计算基础。上诉法院以9%的增加部分无法得到判决说理支持为由,认定地区法院的损害赔偿决定是"对自由裁量权的滥用"[1]。如果美国立法文本上也采用了"倍数"一词,法院是否还会关心这种"0.09"倍的变化幅度值得怀疑,这从美国适用倍数赔偿条款时往往进行整数加倍可见一斑。美国法院在计算补偿式损害赔偿时更加精细,当然这绝不仅是立法措辞的不同所导致,而更多的是其司法资源、司法习惯影响的结果。不过,措辞选择很可能对许可费规则的适用模式产生了一定影响,值得关注。

(四) 可能导致过度遏制

实际许可费倍数规则的最后一项弊端,是容易对知识产权使用者造成过度遏制。

第一,实际许可费倍数规则中的"倍数",在实践中仅指上调而不包括下调,这使许可费计算的偏差表现为偏高而非偏低。专利法修改者曾表示:"有人询问,所

---

[1] Mahurkar v. C. R. Bard, Inc., 79 F.3d 1572 (1996).

称'倍数'能不能是专利许可使用费的0.5倍?回答应当是否定的。"①如果严格执行立法文本,实际许可费倍数规则的上调幅度甚至不受上限限制。立法机关负责人主编的文献指出:"至于'倍数'的具体数额,本法未作具体规定。需要由人民法院或者管理专利工作的部门根据案件的具体情况,按照能够使专利权人因侵权行为受到的实际损失得到充分的赔偿,使侵权人不能因侵权行为得到任何好处的原则,合理确定。"只是由于早期司法解释中将"倍数"具化为"1至3倍",实务中基本遵照执行,算是对上调幅度有所限制。如果缺乏上限的约束,粗放的整倍上调更容易偏离理性轨道。

第二,由于人们对上调的正当性缺乏系统思考,或许在适用实际许可费倍数规则时不恰当地追求遏制或者惩罚目标。法院需要充分意识到不同损害赔偿规则的分工:实际损失、违法获利、实际许可费倍数以及法定许可均为补偿性规则,只有惩罚性赔偿规则(商标法领域已经引入的5倍赔偿,专利法和著作权法领域拟引入的3倍赔偿)才可以追求超出个案填平的最优遏制效果。实际许可费倍数规则的补偿功能可以体现在如下方面:当侵权人比实际被许可人的实施范围更大、实施期间更长、支付给权利人的非金钱对价更少(例如不需要将后续知识产权回授给权利人)、给权利人造成的利益损失更不可控(例如由于侵权产品的价格侵蚀效应降低了权利人的盈利率)时,侵权人理应付出比实际许可费更高的代价,差额正好通过实际许可费倍数规则中的"加倍"因素实现。因此,尽管存在"加倍",实际许可费倍数规则仍应是纯粹的补偿性规则。实际许可费倍数规则的补偿性质,既符合我国损害赔偿坚持填平原则的传统,也能反映其与惩罚性赔偿的分工。

实际许可费倍数规则突破填平原则,只在一种情况下具备正当性,那就是作为权宜之计,在立法正式引入惩罚性赔偿前履行加重赔偿职能。理论上,加重赔偿的正当性基础在于抵消被告逃避被追究的可能。②知识产权侵权人特别容易逃避被追究,因此加重赔偿在知识产权领域具有必要性。在惩罚性赔偿肩负起加重职责前,实际许可费倍数规则中的"倍数"可以被临时用于实现加重效果。不过,当法院在实际许可费基础上加倍时,应当分别说明导致个案填平和最优遏制的加倍区间。可惜在实践中,即便是标志性案件也未对实际许可费的加倍理由进行说明。

---

① 尹新天:《中国专利法详解(缩编版)》,知识产权出版社2012年版,第570页。
② A. Mitchell Polinsky, Steven Shavell. Punitive Damages: An Economic Analysis. Harvard Law Review, 1998,111(4):877-896.

以广受关注的西电捷通诉索尼案为例：该案从权利要求解释、间接侵权到权利用尽等各环节均存在争议。即使在所有环节按照最有利于原告的方式适用法律，被告的责任上限也只是为生产的每台手机（而非在生产过程中用涉案方法专利进行检测的每台手机）按照实际许可费标准支付赔偿。然而，法院在此基础上径直乘以三，并且没有说明加倍的理由。加倍显然不是出于补偿目的，而由于手机入网需要许可证，被告绝无逃避被追究的可能性，因此也没有必要通过加倍实现最优预防。可见，实际许可费倍数规则在实践中会偏离本应具备的填平功能和临时承担的预防功能，被错误地用于实现填平和预防之外的目的。

第三，实际许可费倍数规则与惩罚性赔偿的关系不清，两项规则考虑的加倍因素有所雷同。例如"侵权行为严重"既是《商标法》[①]《中华人民共和国专利法修订草案（送审稿）》[②]和《中华人民共和国著作权法（修订草案送审稿修改稿）》[③]中惩罚性赔偿中的加倍因素，也是司法解释中实际许可费倍数规则中的加倍因素。[④]这意味着同一加重因素可能被重复考虑，导致过度遏制。

实际上，不规定"倍数"未必导致预防不足。无论是我国法上的"倍数"还是美国专利法要求赔偿"无论如何不低于合理许可费"，出发点都在于单倍许可费"会导致侵权成为竞争者从专利权人那里获得'强制许可'的便利手段"，难以实现最优遏制。[⑤]不过，最优预防的实现常常并不依赖于实际许可费的提升，因为损害赔偿远非知识产权法发挥遏制作用的唯一渠道。且不提行政责任和刑事责任的巨大遏制效果，即使在民事责任体系内部，损害赔偿也远不是侵权责任的唯一承担方式。

[①] 《商标法》（2019）第六十三条第一款："对恶意侵犯商标专用权，情节严重的，可以在按照上述方法确定数额的一倍以上五倍以下确定赔偿数额。"

[②] 《中华人民共和国专利法修订草案（送审稿）》第六十八条第一款："对于故意侵犯专利权的行为，人民法院可以根据侵权行为的情节、规模、损害后果等因素，在按照上述方法确定数额的一倍以上三倍以下确定赔偿数额。"

[③] 《中华人民共和国著作权法（修订草案送审稿修改稿）》第五十三条："对故意侵犯著作权或者与著作权有关的权利，情节严重的，可以在按照上述方法确定数额的一倍以上三倍以下给予赔偿。"

[④] 《重庆市高级人民法院关于印发〈关于确定知识产权侵权损害赔偿数额若干问题的指导意见〉的通知》（渝高法〔2007〕89号）第十六条规定："对于以假冒为业或多次侵权等情节严重的行为可以适用较高倍数。许可使用费的倍数一般在1—3倍以内考虑。"

[⑤] Panduit Corp. v. Stahlin Bros. Fiber Works, Inc., 575 F. 2d 1152, 1158 (1978).

首先,禁令的遏制效果通常远超损害赔偿。[①]除非侵权人能以很低的成本从生产销售侵权产品转向生产销售非侵权产品,否则侵权人在生产线和销售渠道等方面投入的沉没成本将被完全浪费,从而让侵权人处于比不侵权更差的地步。[②]正因如此,美国学者甚至指出:"在大多数知识产权诉讼中,当法官做出支持或者拒绝颁发禁令的决定时,主要战争已告结束。"[③]美国仅有四分之三的案件发放永久禁令,威慑作用已经足够。我国近乎百分之百的禁令支持率,显然会产生强烈的侵权遏制效果。

其次,诉讼成本也能构成对潜在侵权人的遏制。当法院支持的诉讼成本足够高时,侵权人单纯出于对诉讼成本的忌惮就可能选择不侵权。近年来,在加大知识产权保护力度的背景下,法院支持的原告合理开支额度越来越高。我们有理由相信诉讼成本能够发挥越来越明显的遏制侵权作用。

最后,民事制裁措施也具有很强的遏制效果。尽管《中华人民共和国民法总则》废除了《中华人民共和国民法通则》有关民事制裁措施的规定,但知识产权法领域的民事制裁措施条款至今依然存在,并无被废除的动议。不排除在"加大知识产权保护力度"的政策背景下,这些条款仍被期待发挥遏制侵权作用。例如《中华人民共和国著作权法》第五十二条规定了司法没收,再如《北京市高级人民法院关于确定著作权侵权损害赔偿责任的指导意见》第十九条还规定了罚款和销毁等其他民事制裁措施。单是罚款一项的威慑力就相当可观,因为其最高可以达到"判决确定的赔偿数额的3倍"[④]。

可见,在我国现有的知识产权制度框架下,禁令、诉讼成本和民事制裁措施都是有效的遏制工具,我们没有必要将遏制侵权的希望全部寄托在损害赔偿之上。相反,我们有必要对过度赔偿保持警惕。尤其在专利法和著作权法领域,由于科技进步与文艺创新都是累积性的,因此过度赔偿对后续创新的负面影响尤其不能忽

---

① Martin J. Adelman, Randall R. Rader, John R. Thomas. Cases and Materials on Patent Law II. New York: Thomson West, 2003: 931.

② Martin J. Adelman, Randall R. Rader, John R. Thomas. Cases and Materials on Patent Law II. New York: Thomson West, 2003: 947.

③ Graeme B. Dinwoodie, Mark D. Janis. Trademarks and Unfair Competition. New York: Apsen publishers, 2004: 869.

④ 京高法发〔2005〕12号,2005年1月11日。

视。①早有学者指出,过高许可费赔偿对社会而言绝非最优选择。②还有学者提出,如果法院对反复挑战专利权的被告判处高额赔偿,可能造成信息使用方不敢坚持挑战权利效力,结果社会不得不维持本不该存在的排他权。上述各方面质疑导致美国法院近年在判定合理许可费时越来越严格。③这也从侧面提醒我们在探索合理的损害赔偿机制时,始终不能忘记完全赔偿和最优遏制才是目标,遏制过度和遏制不足一样是需要避免的陷阱。如果我们在欠缺系统化思考的情况下盲目叠加实际许可费倍数和惩罚性赔偿的加倍判赔,很可能导致事与愿违的结果。

四、许可费规则的解释论构造

许可费规则问题的出路是给合理许可费规则提供适用空间。在立法论层面,补偿性赔偿规则可作如下修改:"侵犯专利权/商标权的赔偿数额按照权利人因被侵权所受到的实际损失确定;侵权人因侵权所获得的利益在与实际损失相当的前提下,可以被用于计算实际损失;侵权人应当支付而未支付的合理许可费,也可以被用于计算实际损失。"法定赔偿无论是否保留,均可。与许可费相关的改动包含两层意思:第一,许可费规则只是计算损失的一种方法,并非独立于实际损失的填平对象。因此,无论当事人是否主张,法院都可以采用合理许可费方法来计算损失。第二,适用合理许可费计算方法不以实际许可费为前提。不过,鉴于实际许可费规则的弊端现阶段尚未引起重视,在立法论层面用"合理许可费规则"取代"实际许可费倍数规则"恐有一定难度。在此背景下,我们不妨从解释论着手,落实合理许可费规则的理念。

在解释论层面,最适合容纳合理许可费规则的当属"实际损失"概念。如果将实际损失理解为需要被填平的对象,则合理许可费完全可以作为计算填平的方法被纳入实际损失的框架。换言之,实际损失是补偿性损失的核心概念,整个补偿性损失的构建都应当围绕它展开。实际损失既指原告因侵权行为而遭受的损失本身,也指计算实际损失的方法。而侵权获利、实际许可费倍数或者法定赔偿,仅具有计算方法层面上的意义。实际损失、侵权获利、实际许可费倍数和法定赔偿尽管在立

---

① 蒋舸:《著作权法与专利法中"惩罚性赔偿"的非惩罚性》,载《法学研究》2015年第6期,第80-97页。
② 学界的批评例如Brian J. Love. The Misuse of Reasonable Royalty Damages as a Patent Infringement Deterrent. Missouri Law Review, 2009, 74(4): 909.
③ 例如Lucent Technology, Inc. v. Gateway, Inc., 580 F. 3d 1301 (Fed. Cir. 2009).

法文本中并列出现,但其在损害赔偿理论上的地位并不相同。实际损失才是补偿性赔偿的核心,侵权获利、实际许可费倍数和法定赔偿都只是其计算方式。

如果将实际损失视为填平对象,则实际损失一词显然应做广义解释。实际损失既应包含原告在自行实施知识产权的市场上遭受的利润损失,也包含在非自行实施市场上遭受的许可费损失。① 在立法文本层面,实际损失概念的广义解释不存在任何障碍。专利法和商标法都要求法院在实际损失、侵权获利、许可费倍数和法定赔偿这几种计算方法中择一而终,并没有允许法院在同一案件中兼采不同计算方法,这恰恰意味着每种计算方法都必须具备算出原告全部损失的能力。如果对实际损失采狭义解释,认为实际损失仅指原告在实施市场上遭受的利润损失,会导致法院不得不在同一案件中兼采实际损失与许可费规则,以致违反立法用语的限定。

或许有人提出,对实际损失采广义解释不符合司法解释,因为司法解释对实际损失的定义更符合人们对狭义利润损失的理解。《最高人民法院关于审理专利纠纷案件适用法律问题的若干规定》(法释〔2015〕4号)第二十条与《最高人民法院关于审理商标民事纠纷案件适用法律若干问题的解释》(法释〔2002〕32号)第十五条均规定,权利人的实际损失可以通过"单品利润乘以权利人减少的销量"或者"单品利润乘以侵权人的侵权销量"计算。诚然,从字面上,司法解释在说明实际损失的内涵时并未提及许可费损失。但如果有人因此断言实际损失不可能采广义解释,却过于武断,理由有二:

第一,司法解释列举了实际损失的两种计算方式,尽管第一种只能被解释为狭义的利润损失,但第二种却有可能被解释为广义的"利润损失+许可费损失"。第一种计算方式"单品利润乘以权利人减少的销量"明显局限于权利人自行实施权利的市场,因为在非实施市场上,即使不发生侵权行为,权利人也没有销量,自然不存在因侵权而导致的销量减少。例如在专利产品是手机部件,权利人生产销售该部件但并不生产销售手机的情况下,手机生产商未经许可实施专利的行为并不会造成专利产品销量减少,只会给专利权人造成许可费损失。但是,第二种计算方式"单品利润乘以侵权人的侵权销量"却有可能被解释为覆盖许可费损失,因为侵权

---

① 有学者指出:将实际损失区分为利润损失和许可费损失是损害赔偿计算中"最重要的方法"。崔国斌:《专利法:原理与案例》,北京大学出版社2016年版,第839页。

销售不仅可以发生在权利人的自行实施市场上,也可能发生在非自行实施市场上,后者对应的损失正是许可费损失。

第二,更值得重视的理由是,司法解释并未对实际损失计算方式进行完全列举。因此,即使法院认为前述第二种计算方式不足以覆盖非实施市场上的许可费损失,仍有采取其他计算方式的充分自由,将合理许可费纳入实际损失的框架中。专利法和商标法司法解释在列举实际损失的计算方法时,均使用了"可以"一词,而不要求实际损失"必须"或者"只能"根据前述两种方法计算。只要对计算填平数额有利,法院应当享有充分的自由裁量权。而通过将实际损失一分为二,分别计算利润损失与许可费损失后予以加总,正是计算实际损失的优选途径。在计算许可费损失时,法院无须强求涉案知识产权曾经被实际许可,只需关心合理许可费的数额。通过对实际损失采取广义解释,合理许可费规则将成为计算实际损失的有机组成部分,以便于法院运用并发展有关合理许可费的结构化知识。

五、结语

知识产权损害赔偿问题具有高度复杂性。经验表明,许可费规则是降低复杂性的有效手段之一。我国在引入许可费规则时进行了本地化改造,用实际许可费倍数规则取代了国际通行的合理许可费规则。无论从理论连贯性还是现实有效性看,本地化改造都不成功。正确的做法是在立法论或解释论层面重塑许可费规则,令实际许可费倍数规则回归合理许可费规则。

在解释论层面,最可行的方案是对"实际损失"概念进行广义解释,令其既包括权利人在自行实施市场上遭受的利润损失,也包括在非自行实施市场上遭受的许可费损失。在计算许可费损失时,法院应当充分运用关于合理许可费计算的经验。通过对"实际损失"概念采取广义解释,我们可以在不改动现有知识产权损害赔偿立法文本的情况下,提升其合理性与操作性。

(责任编辑:冯煜清)

新时代司法机关配合与制约关系的调整*

高一飞 蒋稳**

摘　要：司法机关配合与制约原则是对我国法律中司法机关"分工负责、互相配合、互相制约"原则的概括表达。1979年刑事诉讼法将公检法三机关配合与制约原则首次写入法律，1980年这一原则首次入宪，此后多次修订的宪法和刑事诉讼法一直保留了这一原则。2014年《中共中央关于全面推进依法治国若干重大问题的决定》将配合与制约原则从三机关扩展到四机关，即将司法行政机关增加为配合与制约原则中的主体。我国应当坚持司法机关配合与制约原则，理由是：配合与制约原则符合司法规律，符合中国国情，具体内容具有统一性和开放性。司法机关配合与制约关系应当遵循以下标准：体现以审判为中心的诉讼理念，将司法行政机关扩充为配合与制约的主体，尊重检察机关在我国的特殊地位，建构符合中国国情的警检关系，体现人民法院对侦查权的司法审查。我们建议司法机关之间关系调整的具体措施有：将看守所转隶司法行政机关，由司法行政机关统一执行刑罚，加强检察机关对其他司法机关的诉讼监督，确立检察引导侦查的警检关系，将批捕职能转隶人民法院，检察机关的司法职务犯罪侦查权也应当转隶监委。

关键词：配合与制约原则　司法行政机关　司法审查　看守所　统一刑罚执行体制

---

* 基金项目：2014年度国家社科基金重点项目"司法公开实施机制研究"（立项号14AFX013）、2017年度司法部重点课题"优化司法机关职权配置研究"（17SFB1006）。

** 作者简介：高一飞，广西大学君武学者、法学院教授、博士生导师；蒋稳，桂林市秀峰区人民检察院检察官助理。

1979年刑事诉讼法首次将公检法三机关配合与制约原则写入法律,其第五条表述为:"人民法院、人民检察院和公安机关进行刑事诉讼,应当分工负责,互相配合,互相制约,以保证准确有效地执行法律。"1982年宪法首次将这一原则入宪:"人民法院、人民检察院和公安机关办理刑事案件,应当分工负责,互相配合,互相制约,以保证准确有效地执行法律。"刑事诉讼法条文与宪法条文中的表述稍有差异,即宪法将刑事诉讼法中的"进行刑事诉讼"表述为"办理刑事案件"。此后多次修订的宪法和刑事诉讼法一直保留了这一原则,且分别维持了最初的表述。

2014年《中共中央关于全面推进依法治国若干重大问题的决定》(以下简称《依法治国决定》)提出:"健全公安机关、检察机关、审判机关、司法行政机关各司其职,侦查权、检察权、审判权、执行权相互配合、相互制约的体制机制。"将配合与制约原则的主体从三机关扩展到四机关,即将司法行政机关增加为主体。这是对司法机关"配合与制约"原则的新发展,是对我国司法体制的重大改革和完善。

本文认为,我们应当在坚持配合与制约原则的前提下,及时修改宪法和刑事诉讼法中这一原则的宣言式条款,调整司法行政机关的现有职权,以体现党的文件对这一原则的最新发展。

一、从三机关到四机关的配合与制约原则

(一)三机关配合与制约原则

公检法三机关互相配合、互相制约原则的提法,最早见于1950年前后中央政法党组建议批准最高人民检察党组的报告给中央的信。[①] 三机关配合与制约原则源于苏联,但是苏联没有明确规定"互相配合、互相制约"原则,该原则是由哲学研究学者、彭真的秘书长李琪提出来的,"互相制约"一词,借用了斯大林在《联共党史》第四章辩证唯物主义和历史唯物主义中"关于事物之间互相联系、互相制约的提法"[②]。在新中国成立初期长时间的司法实践中,由李琪提出的"互相配合、互相

---

① 王桂五:《王桂五论检察》,中国检察出版社2008年版,第429页。王桂五同志的文章没有对这份文件的具体年份进行说明,现无法查证。但是,1949年11月9日,中共中央作出《关于在中央人民政府内建立中国共产党党组的决定》,据此,中共中央决定在最高人民法院及最高人民检察署成立联合党组,即中央政法党组。所以,时间应当大致在1950年。周尚君:《党管政法:党与政法关系的演进》,载《法学研究》2017年第1期。

② 王桂五:《王桂五论检察》,中国检察出版社2008版,第429页。王桂五同志的文章没有对李琪同志提出这一说法的具体方式和年份进行说明,现无法查证。

制约"原则是我国公检法三机关"分工负责、互相配合、互相制约"原则的原始模型。

1951年9月3日,中央人民政府委员会第十二次会议通过(1951年9月4日中央人民政府公布)的《各级地方人民检察署组织通则》确立了"检察署同公安、司法机关的商洽制度"。1955年4月5日,董必武(最高人民法院院长)在中国共产党全国代表会议上指出:"我们人民司法工作的锋芒,是通过各种审判活动,配合公安和检察工作。"[1]在这个特殊时代,强调的是法院要配合公安和检察的工作,对高效打击犯罪发挥了极大作用,但显然忽视了法院的检测作用和把关作用,法院的中立和独立地位没有得到体现,相反,法院成了公安和检察的配合者和附庸。

中共中央1954年的一份文件也明确表示:"检察机关和法院、公安机关、人民监察委员会之间,既要有明确的分工,又要在工作上互相配合,互相制约……"[2]这是较早明确提出"互相配合,互相制约"的中央文件。1956年,刘少奇在中共八大政治报告中指出:"我们的一切国家机关都必须严格地遵守法律,而我们的公安机关、检察机关和法院,必须贯彻执行法制方面的分工负责和互相制约的制度。"[3]这是党的文件分别提出"分工负责和互相制约"。上述党的两个文件首次提出"互相配合,互相制约""分工负责和互相制约",二者如果整合起来,已经具有了"分工负责、互相配合、互相制约"的全部内容。

从1957年下半年开始,因为"左"的思想影响,检察机关这一权力被迫"挂起来,备而待用"[4]。三机关所谓配合与制约失去了前提和主体,所谓三机关配合与制约原则实际上已经废弛。

1978年3月5日,第五届全国人民代表大会第一次会议通过了新的《中华人民共和国宪法》。虽然宪法没有规定公检法三机关之间的关系,但叶剑英在1978年宪法修改报告中指出:"……充分发挥公安机关、检察机关、人民法院这些专责机关的作用,使它们互相配合又互相制约,这对于保护人民、打击敌人,是很重要

---

[1] 董必武:《司法工作必须为经济建设服务——在中国共产党全国代表会议上的发言》(1955年4月5日),载中共中央文献研究室:《建国以来重要文献选编(第六册)》,中央文献出版社1993年版,第138页。
[2] 中共中央文献研究室:《建国以来重要文献选编(第五册)》,中央文献出版社1993年版,第275页。
[3] 刘少奇:《在中国共产党第八次全国代表大会上的政治报告》(1956年9月15日)。
[4] 甘雷,谢志强:《检察机关"一般监督权"的反思与重构》,载《河北法学》2010年第4期。

的。"①用草案说明的形式强调了公检法三机关配合与制约的关系。

1979年,我国第一部《中华人民共和国刑事诉讼法》第一次明确规定三机关配合与制约原则。该法第五条规定:"人民法院、人民检察院和公安机关进行刑事诉讼,应当分工负责,互相配合,互相制约,以保证准确有效地执行法律。"1982年,三机关"配合与制约"原则入宪。以后宪法和刑事诉讼法虽然经过多次修订,条文序号也有变化,但是这一内容都保留了下来,并且其表述没有任何变化。

(二) 四机关配合与制约原则

2014年,《中共中央关于全面推进依法治国的若干重大问题的决定》(以下简称《依法治国决定》)在三机关配合与制约原则的基础上提出司法机关配合与制约原则,提出公安机关、检察机关、审判机关、司法行政机关各司其职、相互配合、相互制约,党中央的重要决定确立了司法行政机关在司法机关配合与制约中的地位,标志着四机关配合与制约原则的正式形成。

2014年至今,党和国家以及"两高"在多次会议与文件中提及司法机关配合与制约原则,重申了该原则的重要性,丰富了该原则的含义。2014年1月7日,习近平总书记在中央政法工作会议上的讲话中指出:"要健全政法部门分工负责、互相配合、互相制约机制……加大对执法司法权的监督制约,最大限度减少权力出轨、个人寻租的机会。"②不久,他又在《关于〈中共中央关于全面推进依法治国若干重大问题的决定〉的说明》一文中明确指出:"我国刑事诉讼法规定公检法三机关在刑事诉讼活动中各司其职、互相配合、互相制约,这是符合中国国情、具有中国特色的诉讼制度,必须坚持。"③在《加快建设社会主义法治国家》一文中指出:"推进公正司法,要以优化司法职权配置为重点,健全司法权力机关分工负责、互相配合、互相制约的制度安排。"④2016年10月10日审议通过的《关于推进以审判为中心的刑事诉讼制度改革的意见》的第一条也明确规定:"人民法院、人民检察院和公安机关办理刑事案件,应当分工负责,互相配合,互相制约……"此外,最高人民法院与最高人民检察院也要求让该原则在司法实践中发挥更大的作用,2018年6

---

① 叶剑英:《关于修改宪法的报告——一九七八年三月一日在中华人民共和国第五届全国人民代表大会第一次会议上的报告》,载《人民日报》1978年3月8日第1版。
② 中共中央文献研究室:《习近平关于全面依法治国论述摘编》,中央文献出版社2015年版,第76页。
③ 中共中央文献研究室:《习近平关于全面依法治国论述摘编》,中央文献出版社2015年版,第82页。
④ 中共中央文献研究室:《习近平关于全面依法治国论述摘编》,中央文献出版社2015年版,第83页。

月11日,在首席大检察官首次列席最高法审委会上,周强院长指出:"全国各级法院……自觉接受检察机关诉讼监督,在诉讼活动中坚持分工负责、互相配合、互相制约,确保严格公正司法。"张军检察长也指出:"……在诉讼活动中,检察机关、审判机关是分工负责、互相配合、互相制约的关系。"①时任司法部领导也指出:"十八届四中全会明确了优化司法职权配置的主要任务就是要健全公安机关、检察机关、审判机关、司法行政机关各司其职,侦查权、检察权、审判权、执行权相互配合、相互制约的体制机制。"②司法机关最高领导人对配合与制约原则的反复强调,体现了其在刑事诉讼中的特殊意义。

2019年1月13日实施的《中国共产党政法工作条例》第六条第(九)项规定:"政法单位依法分工负责、互相配合、互相制约,确保正确履行职责、依法行使权力。"而该条例第三条第三款规定了政法单位的含义:"政法单位是党领导下从事政法工作的专门力量,主要包括审判机关、检察机关、公安机关、国家安全机关、司法行政机关等单位。"显然,政法单位包括我们通常所说的公检法司四机关在内。2019年1月15日,习近平总书记在中央政法工作会议上指出:"要优化政法机关职权配置,构建各尽其职、配合有力、制约有效的工作体系。"③习近平总书记的这次讲话是对司法机关"配合与制约"原则的再次强调,并对改革和完善这一原则提出了具体要求,即司法机关既要分工负责还要尽责、既互相配合还要有力、既互相制约还要有效。

四机关配合与制约原则不仅是三机关配合与制约原则的拓展与延伸,也是新时代司法职权配置的改革要求与目标指向。

二、应当坚持司法机关配合与制约原则

近年来,很多学者看到了配合与制约原则在运行中的问题,如有人在21世纪之初就指出:"这种权力配置方案却在我国的刑事司法实践中引发了公检法三机关关系的错位、扭曲与缺位。"④很多学者对这一原则提出了质疑,主张对其完全废除或者部分废除。

---

① 姜洪:《首席大检察官首次列席最高法审委会》,载《检察日报》2018年6月12日第1版。
② 郝赤勇:《优化司法职权配置 完善司法行政制度》,载《法制日报》2014年11月19日第12版。
③ 《全面深入做好新时代政法各项工作 促进社会公平正义 保障人民安居乐业》,https://www.chinacourt.org/article/detail/2019/01/id/3707480.shtml,最后访问日期:2019年2月14日。
④ 谢佑平,万毅:《分工负责、互相配合、互相制约原则另论》,载《法学论坛》2002年第4期。

完全废除说认为,"'分工负责、互相配合、互相制约'原则与程序正义之间存在一种水火不容、此消彼长的矛盾关系。因此,要想使刑事诉讼法真正地成为宪法的保障法,使程序正义在刑事诉讼活动中占据一席之地,就不能不彻底摈弃分工负责、互相配合、互相制约原则。"①一些体现程序正义与法治精神的程序规则、证据规则与司法制度的构建或完善必须以废除分工负责、互相配合、互相制约原则为基本前提。②这种看法认为配合与制约原则应当被彻底摈弃,认为这一原则违背了程序正义和法治精神。

部分废除说认为,应当将配合与制约原则修改为"分工负责、互相制约",即"分工与制约原则"。他们认为,搞好本职工作即为配合,只要具备了"分工负责"也就具备了"互相配合",因此,无须在原则中对它进行专门表述。③这是一种折中的提法。

本文认为,在司法改革中,应当在坚持这一原则的前提下发展与完善这一原则。具体的理由包括以下几个方面:

(一)配合与制约原则符合司法规律

对于司法规律,习近平总书记对此有深刻的论述,他将司法规律分为狭义的司法规律与广义的司法规律。对于狭义的司法规律,习近平总书记指出:"司法活动具有特殊的性质和规律,司法权是对案件事实和法律的判断权和裁决权。"④狭义的司法权指的是判断权与裁决权合二为一的审判权,狭义的司法规律就是指审判规律。广义上的司法规律是公、检、法、司之间处理四家关系及他们内部都应当共同遵守的执法司法规律,习近平总书记将广义的司法规律概括为:权责统一、权力制约、公开公正、尊重程序⑤。配合与制约原则体现了广义的司法规律。

首先,"权责统一"与"分工负责""各司其职"相对应,权责统一是任何权力运行都应当遵循的规则,司法权的运行也不能例外。其次,"权力制约"与"相互制约"相对应。司法权力应当遵循公权力的运行规律,应当常怀"没有制约的权力必然

---

① 王超:《分工负责、互相配合、互相制约原则之反思——以程序正义为视角》,载《法商研究》2005年第2期。
② 朱立龙,瞿学林:《对刑诉法"分工负责、互相配合、互相制约"原则的反思》,http://article.chinalawinfo.com/ArticleFullText.aspx?ArticleId=93421,最后访问日期:2015年11月17日。
③ 左卫民:《健全分工负责、互相配合、互相制约原则的思考》,载《法制与社会发展》2016年第2期。
④ 中共中央文献研究室:《习近平关于全面依法治国论述摘编》,中央文献出版社2015年版,第102页。
⑤ 习近平:《习近平谈治国理政(第二卷)》,外文出版社2017年版,第131-132页。

走向腐败"的警惕,司法权力的互相制约有效地防止了司法腐败,减少了冤假错案的发生。最后,"公开公正""尊重程序"是"配合与制约"的具体方式,使司法机关在法定权限和程序内行使权力。阳光是最好的防腐剂,公开让正义看得见,公开可以促公正,公正是司法活动的最高价值和最终目标。"尊重程序"是保障司法权威性的基础,如果"配合与制约"不以尊重程序为前提,则打击犯罪的合法合理性无从谈起。

配合与制约原则中,"配合"也是不可缺少的。一方面,有些机关的配合如侦查和起诉的配合是常态,在二者都属于"大控方"的概念前提下,它们当然是紧密协作的关系;另一方面,配合也可以理解为司法机关工作上的衔接关系。从这个意义上说,配合与制约是对司法应有状态和运行规律的反映。

(二)配合与制约原则符合中国国情

互相配合符合中国的协商文化,配合中也体现了一种温和方式的制约,反映了中国司法实践的现状。

自20世纪90年代以来,在罗尔斯、哈贝马斯等著名政治哲学家的推动下,协商民主理论在西方政治学界兴起。协商民主理论的兴起,是为了回应西方社会面临的诸多问题,特别是多元文化社会潜藏的深刻而持久的道德冲突而产生的问题,却与中国的和谐文化不谋而合、殊途同归。"和合"是中华民族的文化精髓,如孔子强调"礼之用,和为贵",提出"君子和而不同,小人同而不和";要"推己及人""克己复礼"。孟子认为,"天时不如地利,地利不如人和";儒家经典《中庸》指出:"和也者天下之达道也"等。和谐文化必然带来协商民主,协商民主早就成为中国文化的一部分。因此,"和合"的中华和谐文化是中国协商文化的基础,人们更愿意、更接受通过协商方式的制衡达到公正。

协商民主在我国的司法运行中得到了多方面的体现[1],协商体现了对其他诉讼参与者意见的充分听取,也给了他人充分说理的机会。中国文化一般情况下不容忍、不接受以对抗、对立的方式去制约权力,用协商的方式更能发现问题、听取不同的声音。协商本身体现了配合,也体现了制约。这就是习近平总书记认为配合与制约原则是"符合中国国情、具有中国特色的诉讼制度,必须坚持"[2]的原因所

---

[1] 高一飞:《司法改革的中国模式》,法律出版社2011年版,第1页。
[2] 中共中央文献研究室:《习近平关于全面依法治国论述摘编》,中央文献出版社2015年版,第82页。

在。

（三）配合与制约原则具有统一性和开放性

当前，学术界对配合与制约原则的反对声音颇多，认为该原则与"以审判为中心"等司法原则冲突①。的确，在很长一段时间，公安一家独大的"侦查中心主义"的局面与司法机关间的过度配合，导致司法冤假错案频发。但是，我们应当看到的是，造成过度配合的主要原因并非该原则本身，相反，是因为配合与制约原则出现了异化。

配合与制约原则在语言上具有统一性。在学术界，配合与制约原则被人为曲解，被强加了很多其本不具有的内容。有人认为"以审判为中心"与"司法机关'配合与制约原则'"存在矛盾②。本文不同意这种观点。配合在语言上包括衔接的意思，不能恶意解释为"无条件认同"；历史上法治出现倒退的时候，配合确实被歪曲，我们不能把这种非常状态作为立法者的原意。事实上，也没有一个立法解释性文件说过配合就是不要制约，相反，立法者将互相配合、互相制约放在一句话中就恰恰表明，二者是不矛盾的。司法机关关系的扭曲，并非这一原则导致的，配合与制约原则并没有这么大的"罪过"。

配合与制约原则在内容上具有开放性，是指原则本身是宣言式的、标语化的，其具体内容需要根据时代的变化进行解释和改革。即应当立足中国司法制度的历史和时代背景，切实落实宪法的精神和原则，并根据社会生活的变化，不断完善这一制度。③天下没有内容永远不变的教条，这不仅是配合与制约原则需要面对的问题，也是所有的原则和规则都应当坚持的公理。

正是因为上述原因，在原则名称没有变化的情况下，《依法治国决定》对配合与制约原则增加了具体内容：在主体上，增加了司法行政机关；在内容上，增加了审判为中心的诉讼制度。党的文件对配合与制约原则的发展，体现了与时俱进的精神，激发了这一原则新的活力。

三、司法机关配合与制约关系应当遵循的标准

根据十八届四中全会的会议精神以及最高人民法院的司法改革部署，司法机

---

① 龙宗智：《"以审判为中心"的改革及其限度》，载《中外法学》2015年第4期。
② 龙宗智：《"以审判为中心"的改革及其限度》，载《中外法学》2015年第4期。
③ 韩大元，于文豪：《法院、检察院和公安机关的宪法关系》，载《法学研究》2015年第3期。

关配合与制约原则与新时代的重大司法改革措施存在交叉关系,很多其他措施同时也是改革"配合与制约"原则的标准。

（一）体现以审判为中心的诉讼理念

《依法治国决定》强调:"推进以审判为中心的诉讼制度改革,确保侦查、审查起诉的案件事实证据经得起法律的检验。"2016年7月20日,最高人民法院、最高人民检察院、公安部、国家安全部、司法部联合印发《关于推进以审判为中心的刑事诉讼制度改革的意见》,意见第一条重申了三机关配合与制约原则。[①] 配合与制约原则拥有坚实的政治、法律基础,是推动以审判为中心的刑事诉讼制度改革、贯彻以审判为中心的诉讼理念所必须长期坚持的重要原则[②],关键是把握好如何严格依法定程序进行分工、配合和制约。

首先,实现以审判为中心仍然需要以分工配合为基础。公检法三机关在刑事诉讼程序中分工尽责完成侦查、起诉、审判三种诉讼职能所赋予的任务。侦诉由于"大控方"的性质需强调配合,但是侦查、起诉要按照审判的要求和标准进行[③],即侦查、起诉和审判必须严格依照证据裁判原则标准,确保案件达到"事实清楚、证据确实充分"的证明标准,实现司法公正的价值目标。

其次,以审判为中心的诉讼理念体现了新型制约关系。实践中"以侦查为中心""卷宗中心主义"将公检法的相互制约体现为正向制约形式,是不符合司法规律要求的制约模式。因此,以审判为中心实际是将制约顺序变成了反向制约,即后一阶段的诉讼活动要制约前一阶段的诉讼活动,审判要对侦查、起诉把关。

最后,以审判为中心强调了配合与制约原则中制约是重点。传统司法实践中,为维护社会治安和稳定大局,公检法三机关在刑事诉讼活动中必然以控制犯罪为指导,向"注重配合、忽视制约"倾斜。以审判为中心的诉讼理念强调以程序正当为指引,突出庭审中心作用,强调人权保障,回归司法规律和配合与制约原则的本意,从控制犯罪理念转向程序正当理念。

[①] 《关于推进以审判为中心的刑事诉讼制度改革的意见》第一条规定:"人民法院、人民检察院和公安机关办理刑事案件,应当分工负责,互相配合,互相制约,保证准确、及时地查明犯罪事实,正确应用法律,惩罚犯罪分子,保障无罪的人不受刑事追究。"

[②] 樊崇义:《"以审判为中心"需正确理解"分工配合制约"原则》,载《检察日报》2015年9月16日第3版。

[③] 顾永忠:《"以审判为中心"是对"分工负责,互相配合,互相制约"的重大创新和发展》,载《人民法院报》,2015年9月2日第5版。

（二）将司法行政机关扩充为配合与制约的主体

在四机关配合与制约的关系中,关于传统的三机关的配合与制约的具体表现,已经成为教科书中的常识,在此不再赘述,本文在此只分析司法行政机关与传统三机关之间的配合与制约关系。

从分工负责来看,司法行政机关具有刑事执法职能(广义的司法职能),从1949年12月20日实施的《中央人民政府司法部试行组织条例》规定司法部具有"犯人改造羁押机关之设置与管理"的职权,到1982年重新获得监狱管理职权,再到2012年社区矫正制度的确立,司法行政机关的刑罚执行权进一步扩大。[①]执行权是刑事司法活动中的一环。另外,根据2016年7月5日由最高人民检察院、司法部联合发布实施的《人民监督员选任管理办法》第三条和2018年4月27日第十三届全国人民代表大会常务委员会第二次会议通过并同时实施的《中华人民共和国人民陪审员法》第九、十条,司法行政机关有对人民监督员和人民陪审员的选任的管理职能。

从司法行政机关与公检法三机关的互相配合来看,在检察机关和法院办案过程中,司法行政机关要为其选任和管理人民监督员和人民陪审员;在法院生效裁判产生后,司法行政机关要执行其大部分判决;在执行过程中,人民法院对司法行政机关提供的减刑、假释、暂予监外执行等证据进行审查并作出裁定。

从制约来看,一方面,司法行政机关对人民检察院和法院有制约关系。司法行政机关负责选拔、管理人民监督员与人民陪审员。这一做法有利于有效制约检察权和审判权,走的是一条专门化、专业化的管理道路[②],目的是防止检察院、法院在选任中排斥自己不喜欢的人,这样的制度设计符合权力制约的要求。执行机关发现刑罚执行中的判决确有错误,也应当转请检察院或者原判法院处理,这也是对公、检、法机关已有诉讼行为的监督。另一方面,检察机关与法院对执行机关的权力也有制约作用。检察机关对监狱实行派驻检察和巡回检察监督,对社区矫正执行权进行监督;法院通过对执行机关提出的减刑、假释建议书进行审查作出裁定,从而制约执行权。

过去,对司法行政机关在配合与制约原则中的地位视而不见,是一个重大的缺

---

① 陈瑞华:《司法行政机关的职能定位》,载《东方法学》2018年第1期。
② 陈瑞华:《司法行政机关的职能定位》,载《东方法学》2018年第1期。

陷。可以说,四机关之间存在配合与制约,既是现实,也是应当追求的目标。

（三）尊重检察机关在我国的特殊地位

检察机关的特殊地位是由我国权力构架模式所决定的。根据西方三权分立学说,以美国为代表的国家建立平面化权力结构模式,将三权置于同一层级进行规范制约,三种权力最终形成动态平衡制约。[①]所以,我国在权力构架方面属于一元分立的权力结构模式。

检察机关的法律监督权来源于宪法所确立的根本政治制度,制度不同则权力性质也不一样。西方的检察机关,属于三权分立下行政分支的一部分。不同于西方的检察制度,我国的检察机关是法律监督机关,除了公诉权,还具有对所有其他司法机关和司法活动的诉讼监督权。在一元分立的权力结构模式下的检察权,法律监督是其本质属性,在司法机关配合与制约原则中发挥了重要作用,确立了中国特色社会主义权力制约模式。

检察机关具有监督其他司法机关的诉讼监督权,诉讼监督和刑事追诉统一于检察权,又在检察权之下作出适度的分离。检察机关也可以监督其他司法机关,这是中国政治体制的特点,一旦检察机关的法律监督地位弱化,必然导致内生型监督机制的监督能力弱化。尊重检察机关基于法律监督职能拥有的特殊地位是防止司法权力腐败的必然要求,需要检察机关拥有更大的权能去监督其他诉讼权力。

检察机关充分发挥诉讼监督职能的现实基础在于：一是受传统文化与意识的影响,有权力者容易滥用权力。司法领域亦无法避免,公安侦查、法庭审判、刑事执行等多个阶段,都是滥权行为发生、当事人权利受侵害的危险阶段。二是目前我国公民法治意识薄弱,法律至上、司法公正的观念尚未深入人心,"熟人社会"背景下,司法秩序遭到破坏,大量执法不公、司法腐败、冤案错案出现。因此,强化检察机关刑事诉讼监督,对有效监督行政执法行为、审判行为,有效制约其他司法权具有重要现实意义。

（四）建构符合中国国情的警检关系

警检关系是刑事审前程序的关键。大陆法系国家、英美法系国家、混合法系国家的警检关系存在明显差异,具体来看有以下几种模式：

第一种为检察主导式,也被称为警检一体式。该模式以法国、德国为代表。大

---

① 樊崇义：《一元分立权力结构模式下的中国检察权》,载《人民检察》2009年第3期。

陆法系国家在调查追诉的过程中偏重对诉讼效率的追求,因而为了防止侦查机关可能出现的离心倾向,往往将侦查指挥权、侦查监督权集中赋予检察机关,在其领导下由警察和检察机关共同行使侦查权。①侦查由检察机关主导,法国、德国甚至规定检察机关即为侦查机关,侦查权是检察权的一部分。

第二种为指导参与式,也被称为警检分离式。典型国家是美国,美国检察官享有侦查权,但只是其享有的权力,不是义务;同时,检察官可以指导警察进行侦查或提出建议,但警察没有服从的义务。②有学者指出,表面上美国在检警关系上是松散的,但检察官对警察侦查取证的指导参与不容忽略。③可见,在任何国家,完全分离的警检关系是不存在的,这是由警察和检察官同属于控方、具有共同的目的(追诉)而决定的。

第三种为混合折中式。日本刑事诉讼法赋予了检察官一定的指示、指挥权,第一次侦查一般由司法警察职员负责,检察官只在必要时,才可以自行侦查、指挥司法警察协助其侦查或者作必要的一般指示。④也就是说,检察官首先具有公诉权,其次具有必要情况下的补充侦查权,但检察官对司法警察官员仍拥有一般性指示权与指挥权。

从我国法律规定来看,我国检察机关与警察之间的关系更多地体现在刑事诉讼活动中,以分工负责、相互配合、检察机关监督刑事警察侦查行为为主要特征。实践中,检警关系以配合居多,监督不足的现状多受诟病,学术界也对此进行了反思,对我国检警关系的改革提出了"侦检一体说""检察监督警察说"等改革方案。"侦检一体说"以陈卫东⑤、郝银忠⑥、陈兴良⑦为代表,认为应当按照检警一体原则,将刑事司法警察从公安机关中剥离出来,受检察机关节制;"检察监督警察"以龙宗智教授为代表,他认为:"'检警一体'在现存刑事司法体系中基本不存在,且损

---

① 陈卫东,郝银钟:《侦、检一体化模式研究——兼论我国刑事司法体制改革的必要性》,载《法学研究》1999年第1期。
② 高一飞:《检察改革措施研究》,中国检察出版社2007年版,第171-172页。
③ 陈卫东,郝银钟:《侦、检一体化模式研究——兼论我国刑事司法体制改革的必要性》,载《法学研究》1999年第1期。
④ 陈卫东,郝银钟:《侦、检一体化模式研究——兼论我国刑事司法体制改革的必要性》,载《法学研究》1999年第1期。
⑤ 陈卫东:《侦检一体化与刑事审前程序的重构》,载《国家检察官学院学报》2002年第1期。
⑥ 郝银钟:《论法治国视野中的检警关系》,载《中国人民大学学报》2002年第6期。
⑦ 陈兴良:《诉讼结构的重塑与司法体制的改革》,载《人民检察》1999年第1期。

害刑事司法的合理性与效率,而当前检警关系调整的关键就在于加强对侦查活动的检察调控和监督。"①后一种观点更接近于现实的侦查关系,更能反映警检关系中配合与制约原则的全部内涵。

作为司法机关配合与制约原则中极为重要且关系密切的两个机关,如何建立符合我国国情且更能发挥优越性的检警关系至关重要。综合国内外不同情况,大陆法系国家虽然实行"警检一体",但是侦查机关的独立性倾向在逐渐加强。英美法系国家虽然实行"警检分离",但是又存在一定程度的配合。虽然大陆法系与英美法系的警检关系均具有借鉴意义,但是如果照搬照抄容易造成配合或者制约"极端化"。

从司法机关配合与制约原则司法实践的角度出发,建构新型警检关系需要走第四条道路——"检察引导侦查"。理由是,如果采用检警一体说,检察机关指挥侦查会导致我国检察机关权力增大,但是我国并没有类似于采用这一制度的大陆法系国家的预审法官制度来监督检察机关;如果采用英美法系检警分离模式,则因为我国侦查机关缺乏英美国家的司法审查机制而让侦查权处于没有第三方监督的状态,同时也与检察机关作为法律监督机关的地位不符。检察引导侦查是中国警检关系的唯一选择。

(五)体现对侦查权进行司法审查的国际趋势

批捕和起诉由人民检察院负责,是现行宪法和刑事诉讼法的要求。人民检察院批准逮捕,是指公安机关侦查的案件需要逮捕犯罪嫌疑人的,提请人民检察院审查批准;人民检察院决定逮捕,是指人民检察院自行侦查的案件需要逮捕犯罪嫌疑人的,由侦查部门提请批捕部门审查决定。

在西方国家,司法审查通常是法官享有的一项权力,是审判权制约侦查权的一种重要手段。对人身或者财物的强制性处分措施,都要接受预审法官、侦查法官或治安法官的司法审查。②这里的司法是狭义的,即法院的审查和审判活动,是指审判机关对强制性措施,通过审查其事实依据和法律依据,来发布许可令状,实施司法授权,进行程序性问题的裁判。

联合国《公民权利与政治权利国际公约》第9条第3款规定:"任何因刑事指

---

① 龙宗智:《评"检警一体化"兼论我国的检警关系》,载《法学研究》2000年第2期。
② 陈瑞华:《检察机关法律职能的重新定位》,载《中国法律评论》2017年第5期。

控被逮捕或拘禁的人,应被迅速带见审判官或其他经法律授权行使司法权力的官员",即只有"行使司法权的官员"才能决定逮捕。①我国学者强调,检察机关是具有司法性质的机关,因此由检察机关行使批捕权有合理性。龙宗智等学者认为检察权源于行政权,又与司法权相结合,因此我国检察权也具有司法权与行政权的双重属性,但在法制上将检察权定位为司法权,将检察机关定位为司法机关,将检察官定位为司法官。②此外,最高人民检察院机关刊物《人民检察》2004年连载了时任最高人民检察院副检察长的孙谦同志介绍台湾学者林钰雄的《检察官论》的文章——《维护司法的公平和正义是检察官的基本追求——〈检察官论〉评介》,认为检察官是侦查的主导者和法官裁判的把关者。孙谦指出,检察官不是法官,但要监督法官裁判,共同追求客观正确的裁判结果;检察官也不是警察,但要以司法的属性控制警察的侦查活动,确保侦查追诉活动的合法性。③检察官拥有行政与司法的双重地位。但是,本文并不同意以上观点,在我们看来,这里的检察机关具有"司法性质"主要是指其具有客观义务和维护司法公正的方面,并不能认为检察机关就是"中立的司法机关"而有能力"以司法的属性控制警察的侦查活动"。恰恰相反,《联合国关于检察官作用的准则》第10条要求"检察官的职责应与司法职能严格分开";第11条指出,检察官应在刑事诉讼包括提起诉讼和根据法律授权或当地惯例,在调查犯罪、监督调查的合法性、监督法院判决的执行和作为公众利益的代表行使其他职能中,发挥积极作用。从国际规则来看,虽然提到了检察机关的"监督"作用,但并没有提到它是中立的司法机关,相反,从《联合国关于检察官作用的准则》来看,"检察官的职责应与司法职能严格分开",是进行监督的前提,可见,这种监督权力并不是"中立及超然的"司法职权。

《公民权利与政治权利国际公约》规定"任何因刑事指控被逮捕或拘禁的人,应被迅速带见审判官或其他经法律授权行使司法权力的官员,并有权在合理的时间内受审判或被释放",容易让人产生误会的是"其他经法律授权行使司法权力的官员"似乎是可以包括检察官的。在美国历史上,也有过检察官签发令状的情况,

---

① 高通:《批捕权归属的再思考》,载《武陵学刊》2014年第1期。
② 龙宗智:《理论反对实践》,法律出版社2003年版,第274页。
③ 孙谦:《维护司法的公平和正义是检察官的基本追求——〈检察官论〉评介(二)》,载《人民检察》2004年第3期。

但后来被认为是违宪的而被改变。①考察当前世界主要法治发达国家和地区,采用检察机关行使批捕权模式的国家和地区非常少,大都采用法官令状主义原则。检察机关没有批准或决定强制性措施的权力,是世界性趋势。

英国、美国等英美法系国家早就采用了对侦查的司法控制。在近10多年来的司法改革中,德国、法国等原本可以由检察机关行使强制措施批准权的国家都已经放弃了原来的做法,改由法官行使令状签发权。德国检察官拥有侦查权,指挥警察侦查,过深介入侦查,则逮捕权转由法官行使。2000年6月15日法国创立"自由与羁押法官",将羁押的决定权转交给该法官。自由与羁押法官决定对被告人进行审前羁押及其延期,并在预审法官驳回被告人要求被释放的申请时作出裁定。②在有些国家,检察机关对轻微强制措施有一定的决定权,如法国检察官可以对24小时之内的"拘留"进行批准,在英、美、德、意、日等主要法治国家,则连这一有限的批准权也由法官行使。综合各国审查批捕权制度的经验,审查批捕权应当是司法属性的国家权力,应当由独立和中立的机关行使审查批捕权,从而实现对侦查权的制约控制。

在我国的刑事诉讼体制下,法官并不参与审判阶段开启前的刑事诉讼活动,公检两家形成的"大控方"又完全主导了刑事程序开启前批捕等强制处分行为,行使了带有"准司法权"性质的权力。在此前提下,检察机关作为大控方的利益共同体之一,又负责对其同一方的"兄弟"公安机关的案件行使批捕职能,其公正性难以保证,在改革配合与制约关系的时候,应当考虑引入对侦查权的司法控制,将批捕权转隶人民法院。

四、调整司法机关之间关系的主要具体措施

司法行政机关成为配合与制约原则的新增主体之后,我们还应当根据时代的要求,对其职权进行调整。具体来说,一是应当将看守所转隶司法行政机关;二是在"统一刑罚执行体制"改革中,应当将司法行政机关作为刑罚执行的、唯一的主体。

---

① 王兆鹏:《美国刑事诉讼法》,北京大学出版社2005年版,第97-101页。
② 陈卫东,刘计划,程雷:《法国刑事诉讼法改革的新进展——中国人民大学诉讼制度与司法改革研究中心赴欧洲考察报告之一》,载《人民检察》2004年第10期。

（一）将看守所转隶司法行政机关

我国审前羁押机构——看守所由公安机关负责管理，公安机关既行使侦查权，又行使未决羁押权，"侦押合一"致使未决羁押权成为为公安机关侦查权服务的权力。

"侦押合一"带来的弊端也十分明显：公安机关为实现打击犯罪的目标，利用管理看守所这一优势，以非法手段获取证据，还将"深挖余罪"作为看守所的功能之一。近年来，看守所被羁押人员"不合理"死亡事件频发，公众对于公安机关行使未决羁押权的合理性与合法性产生了诸多疑问。

在西方各国，羁押场所的设置具有中立性，将看守所设在侦查机关之外的地方，以防止其通过不恰当的甚至非法的手段取得口供，侵犯犯罪嫌疑人或被告人的合法权利。西方国家未决羁押场所的设置有设置于独立监狱的模式、附设于法院的看守所模式以及独立监狱与警察局内的"代用监狱"并用的模式，这些模式的共同特点是将审前羁押场所独立于侦查机关。①

将看守所从公安系统剥离，转隶司法行政机关，其必要性和可行性在于：一方面，司法行政机关在审判前不办理刑事案件，负责审前羁押，地位超脱中立，能更好地对侦查机关进行监督，规范侦查行为，切实保障被羁押人员人权；另一方面，由于司法行政机关具有长期管理监狱的经验，由司法行政机关管理看守所，有利于提高执法水平，实现看守所和监狱管理标准与人权标准的一元化。

（二）由司法行政机关统一执行刑罚

当前，我国形成了公安机关、人民法院和司法行政机关共同负责刑罚执行工作的管理体制。公安机关负责拘役、剩余刑期为3个月以下有期徒刑、剥夺政治权利②和驱逐出境③的刑罚执行工作；人民法院负责死刑（立即执行）、罚金、没收财产④的刑罚执行工作；司法行政机关主管的监狱负责剩余刑期为3个月以上有期徒刑、无期徒刑、死刑缓期两年执行的刑罚执行工作⑤，其社区矫正机构⑥负责被判处

---

① 高一飞：《看守所观察与研究》，中国民主法制出版社2015年版，第294-297页。
② 2017年11月4日实施的《中华人民共和国刑法》第四十三条第一款。2018年10月26日实施的《中华人民共和国刑事诉讼法》第二百七十条。
③ 1992年7月31日实施的《最高人民法院 最高人民检察院 公安部 外交部 司法部 财政部关于强制外国人出境的执行办法的规定》第2条。
④ 2010年6月1日实施的《最高人民法院关于适用财产刑若干问题的规定》第十条。
⑤ 2018年10月26日实施的《中华人民共和国刑事诉讼法》第二百六十四条第二款。
⑥ 2012年3月1日实施的《社区矫正实施办法》第二条。

管制、宣告缓刑、假释或者暂予监外执行的罪犯的刑罚执行工作。①可以看出,我国目前刑罚执行体制的突出特征是,执行主体多元、权力分散。

实践中,刑罚执行主体之间缺乏合力,降低了刑罚执行的整体效益;"侦执不分""审执不分"的局面降低了执行权对侦查权、审判权的制约能力,容易形成重打击、轻保护的局面;检察机关对分散的刑罚主体在监管上难度更大。

2014年《依法治国决定》提出"完善刑罚执行制度,统一刑罚执行体制"。当前,我们亟须依照《依法治国决定》提出的改革要求和目标去推进刑罚执行体制改革,以解决实践中存在的诸多问题。

从十八届四中全会要求的"统一刑罚执行体制"的本意来看,应当是指主体的统一,理由是:我国是单一制国家,刑罚执行体制只可能是一套,我们的刑罚执行体制本来就是统一的。所以,这里的"统一"一词,只能是相对于主体的"分散"而言。

我们也可以从重要领导人的讲话中分析出相同的结论。时任中央政法委书记孟建柱同志指出:"目前,我国刑罚执行权由多个机关分别行使。""刑罚执行权过于分散,不利于统一刑罚执行标准。"②孟建柱同志在讲话中,是将统一与主体的"分散"相对应而言的,认为分散的表现是"刑罚执行权由多个机关分别行使"。可见,孟建柱同志认为的"统一刑罚执行体制"就是指刑罚执行权由一个机关行使,而不是由"多个机关分别行使"。这是对中央文件的权威解读。

由司法行政机关来统领刑罚执行工作,还有其逻辑上的理由。一是符合司法传统。新中国成立之初,本就确立了司法部负责刑罚执行工作的地位,将来由司法部统一执行刑罚,只是实现了历史的回归;二是符合司法行政机关职能的性质。从我国司法行政机关掌管的事务性质来看,属于"宏观司法行政事务"③,将该类事务独立出来交由司法行政机关管理符合司法行政机关的职能定位;三是具有执行优势。司法行政机关已经承担了大部分刑罚执行职能,由司法行政机关统领刑罚执行既符合经济原则,又可以进一步整合刑罚执行资源,解决刑罚执行衔接不到位、信息沟通不畅等问题,提高刑罚执行整体效益。

在司法部统领刑罚执行之后,我们还应在具体的制度设计中考虑各类刑罚执

---

① 2018年10月26日实施的《中华人民共和国刑事诉讼法》第二百六十九条。
② 孟建柱:《完善司法管理体制和司法权力运行机制》,载《人民日报》2014年11月7日第6版。
③ 陈瑞华:《司法行政体制改革的初步思考》,载《中国法律评论》2017年第3期。

行职能部门的划分,制定统一刑事执行法,进一步加强对刑罚执行活动的监督,通盘考虑、循序渐进,形成主体统一、综合配套的刑罚执行体制。

(三)加强检察机关对其他司法机关的诉讼监督

检察机关对其他司法机关的监督,也称为检察机关的诉讼监督,要着重从以下几个方面改进。

1. 加强对侦查机关的监督。侦查机关拥有强大权力,若缺乏对其办案活动的监督,会直接导致侦查阶段犯罪嫌疑人的基本权利难以得到保障,侦查阶段可能成为侵权的重灾区。为适应最高人民检察院关于侦查机关活动监督的要求,目前各地检察院尝试推行驻侦检察室制度。[1]在监督方式上,检察室采取按期或不按期方法,依法监督派驻公安派出所的受案、调查取证等活动,并依据侦查机关的请求提前参与重大案件,指导、督促侦查人员正当取证,避免刑讯逼供等违法侦查行为。监督效果上,强化了立案侦查监督职能,丰富了原有的立案侦查监督方式,协调了检警关系,规范了公安执法,提升了对侦查机关的监督的整体效果。但试行中,也存在检警间协作配合不畅通、法律授权不明确、检察监督力量欠缺等问题。为进一步加强侦查监督,在规范层面,检察机关应进一步出台实施细则,推行标准化工作,工作模式上应建立刑事案件信息共享机制,实现对侦查情况的实时监督;检警关系上,继续完善侦查指导机制,及时介入侦查,真正实现检察机关对公安机关的"近距离"监督、办案一线的监督,从根本上改变"公安独大""以侦查为中心"的刑事司法格局,确保检察机关的侦查监督实效。

2. 加强检察机关对审判活动的监督。检察机关依法履行对刑事诉讼的法律监督权能,有利于保障刑事诉讼的顺利进行以及国家刑罚权的实现。近年来,各级检察机关按照最高人民检察院的部署,除积极推进以审判为中心的诉讼制度改革外,还重视刑事审判监督部门的设立,设立派驻法院检察室以及检察长列席法院审委会制度[2],使得庭审质量和效果得到明显提升,推动了刑事审判监督工作制度化、规范化。但试点改革中也出现了审判监督能力不足、法院和检察院间的关系影响审判监督积极性、法院内部制度及抗诉案源减少等问题,不利于检察官履行监督职

---

[1] 彭波:《全国各级检察院年底前全面监督派出所侦查活动》,http://www.spp.gov.cn/zdgz/201703/t20170330_186701.shtml,最后访问日期:2018年11月27日。

[2] 戴佳,金鑫:《北京检察第一分院:刑事审判监督勇于亮剑,推进庭审同步监督》,载《检察日报》2017年11月13日第2版。

责,加大了审判监督的实施难度。因此,为进一步加强检察机关对审判活动的监督,应从三方面继续完善:一是加强检察机构内部建设,提升审判监督质效;二是构建联动协调机制,健全检察机关内部协调机制;三是拓宽案件来源,创新监督方式。

3. 加强刑罚执行监督。执行是诉讼的终局及果实,法律的生命就在于执行。我国是分散型的刑罚执行体制,给刑罚执行检察监督带来了诸多困难。为进一步解决刑事执行难题、加强执行监督,最高人民检察院指导各地检察院进行改革试点:一是组建专门管辖刑事执行检察业务的特殊检察院"刑事执行检察院";二是最高人民检察院决定将监狱检察方式改"派驻"检察为"派驻"检察与"巡回"检察相结合;三是推进财产刑执行检察监督改革。这些举措在很大程度上巩固和提升了刑罚执行监督效果。但同时,由于检察方式较为单一、信息渠道不畅通、法律措施不完善等,改革中也出现了刑罚执行监管不力、执行诉讼监督滞后等问题。为增强对刑罚执行监督的力度,检察机关要敢于监督、善于监督,更要突出监督主责,依法行使监督权,加强跟踪问效。检察机关应着重从以下几个方面加强执行监督:一是完善派驻检察制度,将派驻检察和巡回检察相结合,充分利用巡回检察的灵活性和机动性与派驻检察的贴近性、经常性;二是加强被监管人人权保障,建立同步刑事执行监督制度;三是加强对刑罚执行程序的监督;四是加强财产刑执行监督。

除具体的执行检察监督外,在未来的检察监督改革中,检察机关应根据时代要求,及时调整工作重心,聚焦监督问题,推动监督体系完善与发展,还应从构建检察机关诉讼监督体系以及内设机构改革中合理设置诉讼监督部门两大方面持续加码,不断提升刑罚执行检察监督能效。

(四)确立检察引导侦查的警检关系

要确立检察引导侦查的中国特色警检关系,需要解决如何引导的问题。检察引导侦查中的"引导",包含了两个内容,即"监督与协作"。检察机关能及时介入重大、疑难、复杂案件的侦查活动,对侦查机关证据的收集、提取、固定即侦查取证的方向,提出意见和建议,对侦查活动进行同步法律监督。[①]从坚持检察机关具有监督职能的特殊地位的角度出发去引导公安机关,检察机关既能监督又能与之合作。

检察引导侦查制度受到最高人民检察院的肯定,在全国多个地区付诸实践,具

---

① 高一飞:《检察改革措施研究》,中国检察出版社2007年版,第149页。

有深厚的实践和理论背景。1999年,河南省周口市检察院提出自侦案件的"三三制",并将之拓展到公安机关,首次创设检察引导侦查机制。①2000年9月,最高人民检察院召开"全国检察机关第一次侦查监督工作会议"后有关领导就记者采访时提道:"要坚持事后监督,更要注重引导侦查。"2002年5月,全国刑事检察工作会议提出"坚持、巩固、完善'适时介入侦查、引导侦查取证、强化侦查监督'的工作机制"②。从这一段时间试点中看出"检察引导侦查"具有以下优势:一是有利于实现司法的正义价值;二是能够提升司法效率;三是能够切实保障检察机关侦查监督职能的实现。③

在2012年对刑事诉讼法进行修改时曾讨论过检察引导侦查,并写入刑事诉讼法最后一稿的草案里,但是在最终定稿的时候只增加了检察机关适时介入、捕后引导侦查等职能。④2013年1月1日起施行的《人民检察院刑事诉讼规则(试行)》第三百八十一条规定:人民检察院认为犯罪事实不清、证据不足或者遗漏罪行、遗漏同案犯罪嫌疑人等情形需要补充侦查的,应当向侦察部门提出补充侦察的书面意见,连同案卷材料一并退回侦察部门补充侦查;人民检察院必要时也可以自行侦查,可以要求侦察部门提供协助。这条规定实际上体现了检察引导侦查的具体内容和方式。

要在实践中实现检察引导侦查的初衷,首先要确立检察引导侦查机制的主体为主办案件的员额检察官,其享有的引导权也需合理设定;其次,引导案件的范围也应设定为"重大疑难案件",并且让有侦查职能的国安、监狱、军队保卫部门等也享有引导权,避免两类职权在实际中混同;最后,检察引导侦查应通过侦查监督、引导取证等具体内容与途径实现。

(五)将检察机关批捕权转隶人民法院

将构建司法审查机制以体现司法审查这一司法规律和顺应国际趋势,作为改革和发展司法机关配合与制约原则的依据是完全合理的。虽然捕诉合一改革已经是大势所趋,但是从法理上来看,法学界对检察机关刑事批捕权存在着诸多疑问。

---

① 李广森:《周口模式:办案"三三制"》,载《检察日报》2000年6月12日第6版。
② 柴春元、张安平:《以改革推动"严打",在"严打"中深化改革——全国刑事检察工作会议综述》,载《检察日报》2002年7月17日第2版。
③ 高一飞:《检察改革措施研究》,中国检察出版社2007年版,第155-158页。
④ 刘炽:《构建新型检警 检审 检律关系机制研究》,中国检察出版社2018年版,第34页。

一直以来法学界要求将批捕权移交给法院行使的改革呼声没有中断[①]，将批捕职能转隶人民法院的改革势在必行。

检察官与侦查方具有同属追诉机关的"兄弟关系"，不是"中立及超然"的司法人员，由它对逮捕进行批准，不具有合理性。此外，检察机关集批捕与公诉于一体，捕诉属于不同性质的权力，批捕强调消极中立性，属于司法审查权，而审查起诉则属于追诉性质的权力，要求积极引导侦查取证，满足公诉需要，放在同一部门容易引起职能冲突。[②] 2015年6月4日，曹建明检察长在全国检察机关第五次公诉工作会议上强调："要规范侦查行为，严格取证规则，着力构建新型诉侦关系。要研究完善检察机关提前介入侦查引导取证制度，促进侦查机关严格依法收集、固定、保存、审查和运用证据。"[③] 由于法律赋予检察院提前介入侦查的职权，捕诉合一后，难以保障集批捕与起诉职能于一身的检察官在审查批捕时的中立性。

不可否认，检察机关在各个国家的定位确实没有统一的模式。但是，上述所谓"司法性质"不能说明检察机关行使了司法权，更不能说明检察官可以成为中立的第三者，这一司法性质不能成为检察机关行使程序裁判权，即行使批准或决定逮捕权或者其他强制性措施的批准权的依据。

中国共产党十八届四中全会在其《依法治国决定》中的"加强人权司法保障"部分提出，要"完善对限制人身自由司法措施和侦查手段的司法监督"，为将来对强制措施和侦查行为进行司法审查提供了改革的空间。针对十八届四中全会的前述要求，2016年9月最高人民检察院公布的"十三五"时期检察工作发展规划纲要提出，"围绕审查逮捕向司法审查转型，探索建立诉讼式审查机制"，审查逮捕程序的诉讼化改革正式列入检察改革。应当指出的是，检察机关认为审查逮捕程序的诉讼化就是十八届四中全会所说的"司法监督"，这仅仅是一种理解。十八届四中

[①] 郝银钟：《论批捕权的优化配置》，载《法学》1998年第6期；郝银钟：《批捕权的法理与法理化的批捕权——再谈批捕权的优化配置及检察体制改革兼答刘国媛同志》，载《法学》2000年第1期；陈卫东、刘计划：《谁有权力逮捕你——试论我国逮捕制度的改革》，载《中国律师》2000年第9、10期；谢佑平，万毅：《分工负责、互相配合、互相制约原则另论》，载《法学论坛》2002年第4期；谢佑平：《论我国强制措施的完善》，载《湖南社会科学》2004年第1期；谢佑平、贺贤文：《论我国刑事强制措施的完善》，载《法治研究》2010年第5期；刘计划：《逮捕审查制度的中国模式及其改革》，载《法学研究》2012年第2期。

[②] 谢小剑：《检察机关"捕诉合一"改革质疑》，载《东方法学》2018年第6期。

[③] 王治国，郑赫南：《曹建明在全国检察机关第五次公诉工作会议上强调：着力提升公诉理念 充分发挥公诉职能 维护国家安全稳定促进严格公正司法》，http://www.jcrb.com/prosecutor/important/201506/t20150610_1515345.html，最后访问日期：2019年1月30日。

全会所说的"司法监督",也可以是法院的监督。根据十八届四中全会的精神,在不久的将来,将逮捕的审查权移交给法院,在法院设立"审查逮捕庭"行使批捕权,可以避免检察机关集逮捕权与公诉权于一身可能引起的弊端。

（六）检察机关司法职务犯罪侦查权也应当转隶监委

2018年3月,我国颁布了《中华人民共和国宪法修正案》以及《中华人民共和国监察法》,正式设立了国家监察委员会（与纪委相对应,简称"监委",二者合称"纪委监委"）。这一改革使得检察机关职务犯罪侦查权转隶至监委,形成了监委对公职人员监督的全覆盖。但是,这次职务犯罪侦查权转隶并不彻底,检察机关仍然保留了部分侦查权。2018年10月26日发布并实施的《中华人民共和国刑事诉讼法》第十九条第二款规定:"人民检察院在对诉讼活动实行法律监督中发现的司法工作人员利用职权实施的非法拘禁、刑讯逼供、非法搜查等侵犯公民权利、损害司法公正的犯罪,可以由人民检察院立案侦查。对于公安机关管辖的国家机关工作人员利用职权实施的重大犯罪案件,需要由人民检察院直接受理的时候,经省级以上人民检察院决定,可以由人民检察院立案侦查。"

在中国学术界,主张保留检察机关司法职务犯罪侦查权的理由有三条:第一,只有保留侦查权才能让检察机关的法律监督坚强有力。检察机关通过行使司法职务犯罪侦查权,可以促进"纠正违法"的落实。保留司法职务犯罪侦查权,等于让诉讼监督长出了牙齿,有助于充分发挥好诉讼监督效果。第二,检察机关在政治体制和司法体制中的地位决定其应当拥有侦查权。检察机关的基本职能是追诉犯罪,它应该享有侦查权。第三,检察机关保留必要的侦查权,有利于节约办案资源,提高追诉犯罪的效率。因为对案件的侦查和对诉讼中违法行为的调查核实往往同步进行,"可以在调查核实和纠正违法的同时,完成对犯罪嫌疑人的侦查取证"①,即可以在诉讼违法行为的监督过程中,及时收集司法职务犯罪行为的证据。

本文认为,以上三个理由都不足以成为我国检察机关应当行使司法职务犯罪侦查权的根据。

第一,检察机关行使司法职务犯罪侦查权无法解决自侦自捕自诉自我监督的难题。检察机关集职务犯罪侦查权、批准逮捕权以及提起公诉权于一身,严重掣肘

---

① 王爱立:《〈中华人民共和国刑事诉讼法〉修改与适用》,中国民主法制出版社2019年版,第10页。

了其相互之间的制约预期,容易迫使裁判权迁就有罪认定。[1]检察机关绝大部分职务犯罪侦查权转隶至监察机关,解决了检察机关集多项权力于一身的问题。但是检察机关保留14种职务犯罪案件的侦查权,又回到了自我监督悖论的怪圈。检察机关行使侦查权不符合权力分开与制约的基本要求。中央纪委的同志也认为:"侦查权和批捕权混在一起,实际上把法律监督和执行权都统起来了,既是运动员又是裁判员。"[2]检察机关司法职务犯罪侦查权无法跳脱自侦、自捕、自诉、自我监督的窠臼,这类案件的办理质量和效果都令人担忧。

第二,侦查权让"诉讼监督更有力"是一种虚幻的想象。从逻辑上来看,诉讼监督并不一定要以自身具有侦查权作为发挥其作用的手段。如果认为程序违法的纠正要以查处犯罪为后盾,照此逻辑,税务机关进行税务稽查应当有税务犯罪侦查权,工商局进行工商稽查应当有工商领域犯罪侦查权,网络安全和信息化委员会办公室进行网络监督应当有网络犯罪侦查权。但实际上,上述监督机关都不具备侦查权。检察机关在监督中发现线索,可以立即移送监委,但不一定要直接侦查。将纠正违法和日常监督生硬地与侦查权绑在一起,认为没有侦查权作后盾就没有有力的诉讼监督,无法解释权力运行体制中的其他执法权和监督权并没有附加侦查权的现象,因而是一种虚幻而不合逻辑的想象。

第三,检察机关行使司法职务犯罪侦查权存在现实困难,不利于提高效率。目前,由检察机关行使司法职务犯罪侦查权还存在现实困难。反贪、反渎等部门人员转隶后,为保证侦查权的有效行使,检察机关内部必须重新配备侦查人员和侦查设备。由于侦查工作的封闭性以及技术高要求性,检察机关必然要对侦查部门投入大量的资源。

第四,监委行使司法职务犯罪侦查权具有特殊的优势。应当由监委行使司法职务犯罪侦查权的根本理由在于监委侦查职务犯罪的特殊政治优势,也在于其具有更加超然于司法人员之外的中立地位。检察机关司法职务犯罪侦查权的确立,是时代的产物,也是历史的过渡。检察机关职务犯罪侦查权曾经为我国反贪反渎事业作出过应有的贡献。职务犯罪侦查权向监委转隶,是党中央全面从严治党的要求。

---

[1] 李奋飞:《论检察机关的审前主导权》,载《法学评论》2018年第6期。
[2] 参见《传承:我亲历的中央纪委故事》,中国方正出版社2019年版,第204页。

职务犯罪侦查权转隶改革并不彻底，检察机关依然保留了司法职务犯罪侦查权。保留这一权力既不合理，也无必要。立法机关应当理性看待检察机关司法职务犯罪侦查权的立法根据和实践效果，将其继续转隶到监委。

五、结语

党的十八届四中全会提出四机关配合与制约原则，是党的文件对传统的配合与制约原则的重大调整。但遗憾的是，2018年新修订的宪法和刑事诉讼法并没有反映这一重大变化，在党的文件中配合与制约原则的主体由三机关增加到四机关的情况下，二者均原封不动地照搬了原有三机关配合与制约原则的条文，没有能够及时体现出党的十八届四中全会的重大改革成果。在未来对宪法与刑事诉讼法的修改中，应当将相关条文修改为："公安机关、检察机关、审判机关、司法行政机关办理刑事案件，应当各司其职，建立侦查权、检察权、审判权、执行权相互配合、相互制约的体制机制，以保证准确有效地执行法律。"在其他相关的法律法规中，也应当对这一变化予以体现。在这一原则的指导下，与时俱进地对司法四机关的权力配置与相互关系进行调整。

（责任编辑：叶泉）

论教师惩戒权及其行使限度

王薇薇[*]

摘 要：惩戒是教师开展教育活动的重要组成，也是导正学生行为、培养其健全人格的必要手段。不同于管教与体罚，惩戒是教师依据法律法规针对学生失范行为采取的否定性制裁。教师惩戒权具有复合性质，是权利也是权力，是义务也是责任，权源是教师教育自由、学生学习义务以及国家教育权的延伸。通过梳理现行教育法律法规以及文件，教师惩戒权长期处于隐形、无序的状态，为实现教师惩戒制度规范有序，必须遵循尊重、平等、公益原则公正合理惩处学生，谨遵比例原则、正当程序原则。厘清教师惩戒权的限度以保障师生权益，使惩戒发挥最大教育效益。

关键词：教师惩戒权 法律性质 权利边界 教育自由

一、提出问题

近年来，三则新闻引发了社会各界对教师惩戒权的高度关注。一则：2018年7

---

[*] 作者简介：王薇薇，女，山东临沂人，东南大学教育部教育立法研究基地研究人员，主要从事教育法学研究。

月,常某某在路上偶遇初中教师张某某,因常某某上初中时曾遭遇张某某激烈体罚故愤而殴打他并录制视频发布于网上,题为《男子20年后抽老师耳光》的视频引爆网络,常某某因此被法院一审以寻衅滋事罪判处有期徒刑一年零六个月。①二则:2019年4月,五莲县第二中学学生李某、张某逃课到操场玩耍被班主任杨某某用课本抽打,5月5日五莲县第二中学对当事人杨老师给予了停职、赔礼道歉、取消评优树先资格、党内警告、行政记过等处分。②两个月以后,五莲县教育和体育局追加处分,扣发当事教师一年奖励性绩效工资,责成五莲县第二中学新学年不再与杨某某签订聘用合同,并将该教师纳入五莲县信用信息评价系统"黑名单"。③事后,迫于舆论压力,五莲县教育和体育局取消了对教师杨某某追加的处分。三则:2019年7月,安徽省铜陵一教师在劝阻学生打架时发生肢体冲突被家长上告开除因此自杀。④这三个事件引发了社会舆论,各界观点不一,但焦点都落在了教师惩戒权上。围绕教师惩戒权,有人认为教师就应该严格管教学生,该打的就打,该罚的就罚。但有人不赞同体罚的教育模式,认为应当以口头教育为主。教师该不该惩罚学生,如何惩罚学生,要不要用打的方式都是双方争论不下的关键,而无法达成一致的主要原因在于教师惩戒权法律未能明确。

为此,中共中央、国务院印发了《中共中央 国务院关于深化教育教学改革全面提高义务教育质量的意见》(以下简称《意见》),《意见》指出要制定实施细则,明确教师教育惩戒权。⑤由此可见,教师拥有惩戒权逐渐得到大众的认可。2016年,青岛市率先对教育惩戒制度进行了浅层次的尝试,《青岛市中小学校管理办法》第十一条对教育惩戒的适用对象、条件、后果和程序进行了简单规定。2019年,《广东省学校安全条例(送审稿)》第五节专门对学校教育惩戒进行了规定,明确了学校和教师依法可以对学生进行批评教育并可以采取一定的教育惩罚措施。2019年11月22日,司法部发布了《中小学教师实施教育惩戒规则(征求意见稿)》(以

---

① 韩朝阳:《河南栾川"男子20年后打老师"案宣判打人男子被判刑一年半》,http://www.xinhuanet.com/legal/2019-07/10/c_1124734407.htm,最后访问日期:2019年7月26日。
② 《五莲县第二中学关于杨守梅体罚学生的处理决定》(校字〔2019〕6号)。
③ 《五莲县教育和体育局关于对五莲二中杨守梅体罚学生处理情况的通报》(莲教体字〔2019〕57号)。
④ 《安徽一小学老师跳江自杀,因劝架遭家长索赔》,http://www.sohu.com/a/327304975_159357,最后访问日期:2019年11月20日。
⑤ 《中共中央 国务院关于深化教育教学改革全面提高义务教育质量的意见》,http://www.gov.cn/xinwen/2019-07/08/content_5407361.htm,最后访问日期:2019年7月26日。

下简称《教育惩戒意见稿》）①，教师惩戒权的适用方式开始有规可循。在宏观层面，应中央依法治教的号召，我国教育也已经向有法可依、有法必依进行转变，但是在微观层面，教育实践中司空见惯的教育惩戒行为处于法律规范还未明晰的灰色地带，造成了大量备受争议的案例发生。因此，有必要正视教师惩戒权的法律性质、来源以及行使限度，保护学生、教师和学校的正当权利，完善微观层面的教育立法，让依法治教落地生根。

二、教师惩戒权之法律性质

教师惩戒问题成为近年来产生教育纠纷的主要问题之一，之所以引发诸多教育问题与社会高度的关注，主要还是由于对教师惩戒权的概念和法律性质认识不清，从而在教育实践中，教育主管部门、学校、教师和学生等主体合法权益得不到有效保障，惩戒的实施也容易失范。

（一）教师惩戒权概念的界定

所谓"惩戒"有何含义？《辞海》中的释义有二：一是"拿以前的过失警诫自己"，二为"责罚以示警诫"，例如公务员违法、失职时，应受惩戒。《现代汉语词典》提出，惩戒是"通过惩罚进行警诫"。从惩戒的字面解释可以看出，惩罚、责罚是手段，警示、戒除是目的。关于教育惩戒的概念，国内没有统一的界定。但是随着时代的发展，2000年之后学者赋予了教育中的惩戒多元内涵。劳凯声认为，"惩戒即通过对不合范行为实施否定性的制裁，从而避免再次发生，以促进合范行为的产生和巩固"②。秦梦群认为"惩戒是学校为矫正学生的偏差行为，排除学生干扰或妨碍教学活动的各种不当行为，以建立起符合社会规范的行为而采取的强制性措施"③。还有学者提出"教育惩戒是指具有惩戒权的教育主体对于具有不良品德行为的学生做出的一种否定性评价"④。对此，有学者通过分析学界的各类观点总结出教育惩戒概念包含了核心内涵、目标、实施主体、手段、后果、性质、分类和合法性

---

① 《中小学教师实施教育惩戒规则（征求意见稿）》，http://www.moj.gov.cn/news/content/2019-11/22/zlk_3236152.html，最后访问日期：2019年11月22日。
② 劳凯声：《变革社会中的教育权与受教育权：教育法学基本问题研究》，教育科学出版社2003年版，第375页。
③ 秦梦群：《美国教育法与判例》，元照出版公司2004年版，第349页。
④ 薄建国，李丹：《体罚及其相关概念的重新界定》，载《教师教育论坛》2015年第8期。

八大要素。① 目前学界可以达成共识的是，根据主体的不同，教育惩戒可以分为学校惩戒和教师惩戒两类：一类是学校针对全校学生根据规章制度进行的书面处罚，一类是教师针对管理的学生以矫正行为、维持教学秩序为目的进行的实时性处罚行为。

厘清教师惩戒权的概念还可以从其与教师管教权、体罚等方面的关系加以理解。一方面，教师惩戒与管教有相似之处，但两者具有不同的含义。李惠宗认为两者的区别在于实施行为的时间点上，管教是对学生错误行为事先的预防，而惩戒是在管教无效后所不得不采取的手段。② 从行为目的论来看，管教一般意义上是指教师运用某些方式方法（并非总是强制性、否定性的）对学生言行进行约束，目的着眼于管理和规范，相比之下，惩戒则更多强调否定性的制裁以达到良好的教育效果。③ 但不可否认的是，管教的内涵大于惩戒，惩戒是管教的一种，或者可以表述为有规范依据的否定性管教手段。

另一方面，关于体罚的概念。依据我国现行法律，体罚遭到普遍的禁止，而无过度体罚与适度体罚之分。④ 按照现行法律法规对体罚的理解，绝对禁止体罚，让人们谈"体罚"而色变，使得体罚一词具有了贬义，这将会剥夺了一部分教师合法的惩戒权。根据体罚行为后果对体罚的程度进行划分，可以将其分为适度体罚和过度体罚。换言之，适度的体罚、合乎法律规范的体罚就是惩戒的方式方法之一。而过度体罚才是禁止性规范针对的对象。而禁止过度体罚，允许适当体罚已经成为世界教育学界的主流。加拿大《刑法》第43条规定："家长、教师或监护人使用体罚的方式教育孩子，只要合理、适度，就不属于侵权。"⑤ 英国颁布的《2006年教育与督学法》赋予了教师法定的惩戒权，明确了适度体罚的标准。⑥ 韩国也赞成适度体罚并明确了体罚原因、场所和程序。⑦ 法律法规对体罚的概念释义不确定，导致教育实践中难以正确地理解立法者的真实立法意图，甚至部分教师群体出现了

---

① 任海涛：《"教育惩戒"的概念界定》，载《华东师范大学学报（教育科学版）》2019年第4期。
② 李惠宗：《教育行政法要义》，元照出版公司2004年版，第120-123页。
③ 劳凯声：《变革社会中的教育权与受教育权：教育法学基本问题研究》，教育科学出版社2003年版，第376页。
④ 蔡海龙：《"体罚"的概念重构及其与惩戒的分野：一种教育法律关系的视角》，载劳凯声：《中国教育法制评论（第5辑）》，教育科学出版社2007年版，第102-127页。
⑤ 转引自秦绪栋：《加拿大关于体罚孩子的法律规定》，载《人民法院报》2013年10月18日第8版。
⑥ 杨向田：《反思体罚，构建教师正当的惩戒权》，载《现代职业教育》2015年第3期。
⑦ 孟卫青，刘飞燕：《五个国家体罚立法的比较与启示》，载《外国中小学教育》2009年第6期。

"懒教"行为，为了不冒任何越法律红线的风险，放任对学生的约束教育，从而失去了教育者的教育初心。因此，明确可以适度体罚的教师惩戒标准与禁止过度体罚的法律细则，对教师惩戒权以及保护学生心身健康的合法权益具有双管齐下的效果。

《教育惩戒意见稿》第三条对教育惩戒进行了概念界定："是指教师和学校在教育教学过程和管理中基于教育目的与需要，对违规违纪、言行失范的学生进行制止、管束或者以特定方式予以纠正，使学生引以为戒，认识和改正错误的职务行为。"虽然对教育惩戒的概念有了初步的认定，但还未能直接有效地区分惩戒、管教和体罚，教师惩戒权的概念还需进一步明确。广义上的管教涵盖了惩戒和体罚，而体罚与惩戒以是否合乎规范作为划分依据。

（二）教师惩戒权性质的定位

我国由教师惩戒行使不当引起的教育纠纷诉讼案件越来越多，对于教师惩戒权的性质之争也还未厘清。惩戒的措施与作为是教育活动中无法回避的焦点，从法理观点去看教师惩戒学生究竟是权利、权力、义务还是教师基本职责，虽然公布的《教育惩戒意见稿》将惩戒定性为教师职权，但学界仍然存在不同见解，论点的差异关乎教师惩戒权限问题，相对而言也影响着学生以及家长面对教师实施惩戒行为的态度与作为。大体来说，目前学界有四种主流的观点。第一种，将教师惩戒学生视为专属于教师的专业权利之一。根据《中华人民共和国教师法》(以下简称《教师法》)的规定："教师是履行教育教学职责的专业人员。"即教师为实现教育目的，基于教育专业立场，依赖其专业能力对学生事务进行裁量与惩处。在这样的概念下，惩戒权赋予教师面对学生行为问题，根据其专业素养对学生进行指导的权利，以健全学生人格，使学生养成良好习惯，并使其行为符合社会规范。然而教师拥有惩戒学生的权利，并不意味着教师拥有绝对惩罚学生的权利，特别是对学生身心与人格发展可能造成伤害而且偏离教育目的的惩戒措施，则不属于教师惩戒权的范围。

第二种观点是从权利与权力的分野出发，可以视教师惩戒权为一种权力。教师受到国家的委托对学生进行教育，帮助学生更好地履行每个学生应完成的受教育义务。教师手中的惩戒权是国家权力的一种延伸，权力逻辑为"惩戒—惩戒权—教师惩戒权"。这一权力的行使并不能为教师自身带来任何利益，相反其公权力性质要求教师不能消极不作为，面对学生的行为不当，教师必须遵循规范采取惩戒措施,当惩戒超出必要限度时教师还应承担相应责任。教师惩戒权力说还有另一逻辑推论,根据英美法系"父母代理说",教师的惩戒权在性质上被视为父母惩戒权的转移。①但由于教育具有公共的特性,而"父母代理说"无法合理解释学生成年后,学生已经是完全民事行为能力人,教师惩戒权来自父母监护权的转移。因此教师惩戒权的权力源头是国家权力这一说法更具说服力,也符合一贯以来的法治思维。

第三种观点则认为,所谓义务乃是法律所规定的对作为与不作为产生拘束力,如若违反则会受到法律的制裁。将教师惩戒学生视为一种义务,这是从"利他"性质出发去考量学生权益,对教师进行工作的规范与要求。台湾地区《教师法》第17条就规定了教师有义务对学生行为进行辅导与管教。②然而从义务论来惩戒学生,如果教师惩戒学生过度面临法律责任风险时,可能产生敷衍履行惩戒义务以达到规避法律责任的目的,导致牺牲教育积极性现象的发生。

第四种观点认为教师惩戒学生既不是权利,也不是权力,更非义务,指出教师的惩戒权基于教师责任而来,教师基于职务关系,面对学生的不当行为,应担负起惩戒的职责,对学生的行为加以纠正与矫正。与教师职责权利说相比,教师职务责任说则排除了民事、刑事等法律形式的规范,而使教师的惩戒行为仅受到来自行政责任的约束与道德的要求。

除了上述观点之间有一定的差异,还可以从教育的实践出发探究惩戒权的性质。惩戒的措施可以分为非强制性手段和强制性手段。根据学生心智发展的个体差别进行选择,对学生施以辅导、建议、劝导、指示等非强制性手段,师生之间建立在对等的关系之上。相对应的强制性手段则含有强制、命令、限制乃至肉体惩罚等权力不对等关系,涉及对学生的基本权利的限制、剥夺甚至侵害,因此必须建立在法律保留的原则基础之上。权力性的惩戒实施必须具备法律依据,否则教师以管教为目的实施强制性手段可能会构成刑法上的犯罪,如人身伤害罪、侮辱罪、侵占罪等,抑或是民法上的侵权行为并承担相应的赔偿责任。

还有主张教师惩戒权双重性质说。教师有类似于公务员的身份,实施惩戒措施也如同在执行国家公务,实为国家教育权力的代理人。此时,教育惩戒行为在某

---

① 魏建新,任海笑:《教育体罚的法律治理》,载湛中乐:《学生权利及其法律保障》,中国法制出版社2017年版,第286-287页。

② 赖振权:《国民教育阶段学生管教法理之探究》,载《学校行政》(台湾)2012年第1期,第238页。

种意义上有着行政行为的色彩,教师与学生之间的关系也更像是特别权力关系。教师惩戒权在公权力性质以外还具有职业权利性质,这是以教育关系,即教师与学生之间的管理关系为基础。双重性质交织在一起,共同构建了教师惩戒权的特别的性质体征。

从上述分析中,可以看出教师惩戒学生既是权利,又是权力,是义务也是责任,复合性质明显。除了重视目的性、价值性与教育性,也应立足于法治的实质精神,使教师对学生的失范行为做出应有且合理的惩戒。

三、教师惩戒权之本源追溯

教师行使惩戒权必须在法律的指导下进行,既要保障学生的权利,也要维护学校的教学秩序,从而履行国家教育的职责与达成健全学生人格的教育目标。因此教师惩戒权的行使必须具备坚实的理论基础和明确的法律依据。

(一)教师惩戒权的权源

一般而言,教师惩戒权的权源有三种主流的学说,分别是教师教学自由说、学生个人义务说以及国家教育延伸说。

1. 教师教学自由说

首先,教育是对个人人格形成不可或缺的过程。个人的人格形成需要通过将一定的知识、教养赋予个人,使个人的能力得以发展,促进个人自我实现的可能。[1] 教育同时也是培养人民对民主政治运作的判断能力的过程。通常未成年的儿童无法自主性学习,为满足儿童学习的权利,必须赋予教师、家长教育自由,这就是受教育权理论的重要根据。[2] 受教育权虽然是所有人的权利,老年人、青年、少年均为其适用主体,不过就人的成长发展的权利而言,仍以儿童为受教育权的主要适用主体。其次,儿童是以能确保其生命、人身安全为前提到学校上学,这是宪法上禁止体罚的基础,区别于惩戒。

学校负有完成国家所托付的文化传递及培育现代化国民的任务,而此任务的完成必须依赖学校教师在各种教学活动中的积极参与。因而在此讨论的教学是施教者以适当的方法增进受教育人有认知意义或有价值的目的活动,特指有教育性

---

[1] 许育典:《教育法》,五南图书出版股份有限公司2007年版,第1-2页。
[2] 李仁淼:《教育法与教育人权》,元照出版公司2017年版,第106页。

的教学。授课与教学的成功完全仰赖教师的感情投入、师生互动以及教师的专业程度。教育活动的特性决定了无法期待教师按照条文式的授课规定来开展教育。教师应享有教学自由（或称教育自由），以便促进教师将精力完全投入教学之中。

教师享有教学自由的目的不是让教师比一般执行公务的公务人员在教学工作上享有更多的特权。教育法赋予教师教学自由不是为了满足教师个人工作上的成就感，而是为了让受教育的学生能获得最佳学习效果，这和父母对子女享有教养权是以追求子女幸福为出发点相类似。教师享有教学自由不仅在德国各州中小学教育法中得到明文保障，甚至宪法法院在判决中也明确指出教学自由是教师担任教学工作不可或缺的前提要件。[①]

惩戒与表扬是教育的反向与正向的教育方法，而教师行使惩戒权本身就是一种教育的形式，出发点当然是为了更好地教育学生以达到最佳教育效果。由于教育是教师与学生人格的交流与互动，因此教育所处的环境往往是十分复杂的，需要教师具有大量的教育专业知识和经验才能选择正确的教育道路。具体惩戒措施的选择在某种程度上依赖教师的专业裁量，教师可以完全自主地决定在什么时间什么地点对特定的学生采取什么惩戒措施。换言之，惩戒自由源于教学自由，惩戒权源于管教权。

2. 学生个人义务说

对学生进行惩戒，是因为学生做错事情。而所谓做错事情以法律的观点来看，属于违反法律的义务。而法律的义务包括作为义务与不作为义务。因此学生应受惩戒的事由包括做了不该做的事情及没有做应该做的事情，否则就没有理由对其加以处罚。教育实务中，教师如果因为学生成绩不佳而加以处罚属于违法的行为，因为法律并没有要求学生成绩必须多么优良。故而探讨教师惩戒权的权源，其中一项权源来自学生义务的多少。

一般公民应履行维护国家统一、遵守公共秩序与遵守法律法规等基本义务，学生也是一般公民，当然必须履行。除此之外，接受教育本身就是一项义务，但同时也是一项权利，故属义务范畴。在义务方面，学生有上课的义务和遵守校规的义务。

学生是否有上课的义务，应根据其接受教育的阶段而有不同的判断。基本上，基础教育与中等教育的阶段，不仅涉及基础知识的教导，更重要的还是生活教育与

---

① 董保城：《论教师法——教师辅导与管教》，载《政大法学评论》（台湾）1995年第54期，第118页。

人格教育的阶段,所以上课是一种义务。故学生没有正当理由不上课,应追究原因,避免造成大量辍学生、国民素质低下等衍生的社会问题。

在基础教育与中等教育的阶段,本就含有生活教育与人格教育的要素,一般而言,在此阶段的校规本身通常具有生活教育的功能,如果不是特别不近人情,遵守校规本身就属于生活教育的一部分。但校规内容应该符合教育本质及具有合理性,其执行也必须合理才符合教育的目标。高等教育阶段,基于大学自治权,大学本身虽然可以制定与大学教学、研究与学习有关的规范,但与此同时那些已经超越大学自治范畴的事项则对大学生不发生拘束力,学校不得据此对大学生作出惩处。①例如大学生在校外发生婚外恋、占有遗失物、嫖娼等品行道德问题。

3. 国家教育延伸说

教育权实质上是一种国家权力,来源于人民主权的让与和宪法的规定。绝大多数的国家依据宪法制定了本国义务教育制度,国家教育权在义务教育制度中得以施展。《中华人民共和国宪法》(以下简称《宪法》)第十九条第一款规定"国家发展社会主义的教育事业,提高全国人民的科学文化水平",由此条概括性规定确立了国家教育权的宪法地位。另《宪法》第八十九条第七款、第一百零七条、第一百一十九条,明确地搭建了从中央到地方教育管理部门享有的教育管理权的权力架构。教育部门通过对学校的管理行使国家教育的具体职责。

国家通过立法、行政与司法从各个方面指导学校从事教育活动,而教师作为教育活动的直接实施者直接执行国家的教育任务。因此国家教育权的最终落地点在教师的具体工作中。我国法律法规为了促进教育目的的达成,保障教育事业的实现,对国家、学校、教师的法律关系作出了进一步的规定。《教师法》第三条、第七条,《中华人民共和国教育法》第二十九条从立法上明晰了教育权的传导路径"国家—学校—教师"②。因此教师是代表国家行使教育权,对学生的失范行为进行惩戒,教师的惩戒权是国家教育权的延伸。

(二)教师惩戒权的规范依据

在《教育惩戒意见稿》公布之前,我国也没有系统的教师惩戒权规定,教师惩

---

① 廖元豪:《法律保留与基本权保障之脱钩——评"司法院"大法官释字第五六三号解释》,载《台湾本土法学》2004年第55期,第29页。

② 蔡海龙:《作为复合性权利的教师惩戒权——中小学教师惩戒权的权利性质研究》,载劳凯声:《中国教育法制评论(第4辑)》,第197页。

续表

戒权只是零星地分散在相关教育法律法规当中,因此笔者尝试梳理归纳出现行法律法规和文件对教师惩戒权的相关规定,为《教育惩戒意见稿》的进一步完善提供规范依据(见表1)。

表1 法律法规和相关指导性文件中对教师惩戒权的规定

法律法规 指导性文件	相应规定
中华人民共和国宪法	第十九条 国家发展社会主义的教育事业,提高全国人民的科学文化水平。国家举办各种学校,普及初等义务教育,发展中等教育、职业教育和高等教育,并且发展学前教育…… 第四十六条 中华人民共和国公民有受教育的权利和义务。国家培养青年、少年、儿童在品德、智力、体质等方面全面发展。 第四十七条 中华人民共和国公民有进行科学研究、文学艺术创作和其他文化活动的自由……
中华人民共和国教育法	第二十九条 学校及其他教育机构行使下列权利:……(四)对受教育者进行学籍管理,实施奖励或者处分……
中华人民共和国义务教育法	第二十七条 对违反学校管理制度的学生,学校应当予以批评教育,不得开除。 第二十九条 教师在教育教学中应当平等对待学生,关注学生的个体差异,因材施教,促进学生的充分发展……
中华人民共和国教师法	第七条 教师享有下列权利:……(三)指导学生的学习和发展,评定学生的品行和学业成绩…… 第八条 教师应当履行下列义务:……(五)制止有害于学生的行为或者其他侵犯学生合法权益的行为,批评和抵制有害于学生健康成长的现象…… 第九条 为保障教师完成教育教学任务,各级人民政府、教育行政部门、有关部门、学校和其他教育机构应当履行下列职责……(四)支持教师制止有害于学生的行为或者其他侵犯学生合法权益的行为。
中小学德育工作规程	第二十七条 中小学校应当严肃校纪。对严重违反学校纪律,屡教不改的学生应当根据其所犯错误的程度给予批评教育或者纪律处分,并将处分情况通知学生家长。受处分学生已改正错误的,要及时撤销其处分。
小学管理规程	第十五条 小学对品学兼优的学生应予表彰,对犯有错误的学生应予批评教育,对极少数错误较严重的学生可分别给予警告、严重警告和记过处分。

续表

法律法规 指导性文件	相应规定
中小学班主任 工作规定	第十一条 组织做好学生的综合素质评价工作,指导学生认真记载成长记录,实事求是地评定学生操行,向学校提出奖惩建议。 第十六条 班主任在日常教育教学管理中,有采取适当方式对学生进行批评教育的权利。
青岛市中小学校管理办法	第十一条 中小学校依法依规开展招生工作并进行学生管理,实施奖励或者处分,颁发相应的学业证书。……中小学校对影响教育教学秩序的学生,应当进行批评教育或者适当惩戒;情节严重的,视情节给予处分。学校的惩戒规定应当向学生公开。
广东省学校安全管理条例(送审稿)	第四十九条 学校和教师依法可以对学生进行批评教育。中小学教师对学生上课期间不专心听课、不能完成作业或者作业不符合要求、不遵守上课纪律等行为可以采取一定的教育惩罚措施。
教育部等九部门关于防治中小学生欺凌和暴力的指导意见	第六条 强化教育惩戒威慑作用。对实施欺凌和暴力的中小学生必须依法依规采取适当的矫治措施予以教育惩戒,既做到真情关爱、真诚帮助,力促学生内心感化、行为转化,又充分发挥教育惩戒措施的威慑作用……
教育部等五部门关于完善安全事故处理机制维护学校教育教学秩序的意见	第九条 及时制止"校闹"行为…… 第十条 依法惩处"校闹"人员……

四、教师惩戒权之行使限度

教师固然可以对学生实施惩戒行为而阻却违法,但仍不允许教师具有无限的惩戒权,否则变相地承认了教师在教育上的惩戒行为实为侵害学生人权的行为。教师惩戒权限度问题的厘清,在于保障师生权益,使惩戒发挥最大教育效益。

(一)行使教师惩戒权的法律规制

我国教师惩戒制度主要源自《教师法》第七条,教师具有"指导学生的学习和发展,评定学生的品行和学业成绩"的权利;第八条教师应当履行"制止有害于学生的行为或者其他侵犯学生合法权益的行为,批评和抵制有害于学生健康成长的现象"的义务。换而言之,教师具有对学生惩戒的权利与义务,然而惩戒的概念内涵以及限度尚未明确,国家层面的法律法规也未能对惩戒权予以法治化,因此需从惩戒法理探究出发,基于教育体制架构与惩戒权性质,并依赖在学关系与基本权,构建出教师惩戒权的界限。

　　就在学关系而言,教师对于学生的惩戒范围,应以学生在学校上课的时间以及在学校安排的教育活动为限,学生校外生活,除非影响学校教育,对学生学校生活有重大障碍或影响,否则不属于学校与教师的教育范围,其权责应属学生的监护人或由司法部门进行监管。在惩戒内容方面,惩戒除了狭义的处理、导正学生偏差行为,亦应涵摄养成良好生活与学习习惯,陶冶人性与培养健全人格,包含偏差行为事后的处置与事先的防患于未然、奖励、保护作为。依据这样的概念,惩戒权涉及教师专业自主权范畴,教师专业自主权的目的是为了促进学生自我实现,教师依其专业性价值判断裁定对学生采取不同惩戒方式,其惩戒行为的裁量,应照顾到对学生基本权的尊重,不以侵犯学生基本权为限。此外,教师属于广义上的公务员,《教师法》明示辅导管教惩戒学生为教师应履行的义务,而依据国家赔偿法之规定公务员怠于执行职务致公民自由或权利遭受损害,亦属国家应承担相应损害赔偿责任范围。如果教师怠于执行其职务上的行为,面对学生的偏差行为与问题,应惩戒而未惩戒、应保护而未能及时保护等不作为导致国家赔偿责任,应担负过失责任。由此可见,在学关系中教师惩戒权限涵盖惩戒时间、地点、预防、规范与保护范畴。

　　从基本权利分析来看,宪法是对人民权利的保障,宪法保障受教育的基本权利是基于宪法的最高价值"人性尊严",也是人性尊严最为本质的要求。对学生受教育权、学习权、自由权等教育基本权,不得任意剥夺与侵犯,因此在教育领域的法律法规中有关监护人带回管教的处分有侵犯学生受教育权的风险,而有关改变学习环境的措施不止关系着学生受教育权,也关系着家长的教育选择。再者,教师或学校对学生惩戒的规范内容,若是涉及学生平等权、人格权、人身自由权、财产权、隐私权等,应当不得逾越法律管辖范围。至此,对学生财物的没收、书包的检查、搜身等强制性惩戒措施在未有法律明确授权的情况下,不得恣意妄为。而上文提及在学校教育情景中,惩戒一词常与管教、体罚相混淆,然而体罚是积极侵害学生人身与自由的权利的行为,已属刑法规范的范畴,应在司法判决后交由执法人员执行。《中华人民共和国义务教育法》第二十九条、《中华人民共和国教师法》第三十七条、《中华人民共和国义务教育法实施细则》第二十二条以及《教育行政处罚暂行实施办法》第十条明确规定禁止体罚,故惩戒权的消极范围应当排除体罚行为。同理,管教行为亦不得违反上述原则。

（二）行使教师惩戒权的基本原则

如上所述，教师对学生开展的教育工作，其惩戒权具有复合性并带有公权力的色彩，因此也应受到诸多公法上行使公权力的限制，诸如比例原则、公益原则、平等原则等等。这些公法原则检验了教师对学生行使惩戒权的适法性，进而影响了其惩戒行为是否在阻却惩戒行为的违法性范围之内，从而不构成犯罪。此外，又由于教育具有公益性、专业性以及道德性等特征，构成行使教师惩戒权的基本原则也与一般公法原则稍有不同。

1. 尊重原则

惩戒首先应尊重学生的人格尊严，不可以使用羞辱性的惩罚手段，例如侮辱性的殴打、对学生进行语言上的人身攻击或辱骂性、情绪性的批评教育等。此外，亦应当注重学生的个体差别，从心理学上观察，有些学生心理脆弱，可能因责备而心理受伤，严重者甚至自杀，有些则属"越挫越勇"型。学生个体之间不尽一致，应由教师依人的个性加以教育惩戒。惩戒只是手段，应借由惩戒启发学生反省与加强自身自制能力。

2. 比例原则

教师行使惩戒权是为了达成教育的目的，亦应根据其专业的判断，决定惩戒手段与目的之间是否合乎比例，以保障学生的人身权等基本人权不致遭受过度侵害。是否合乎比例原则需要根据比例原则的三项子原则——适当性原则、必要性原则以及狭义比例原则的具体内容仔细甄别。

适当性原则是指手段有助于目的的达成。教师在教育学生时均以达成各个阶段学校教育目标为目的，通常可达成目的的方法有许多种，要如何选择适用才最为妥当，此时需要根据必要性原则进行讨论。

必要性原则即根据教育目的选择以最小侵害的手段实施惩戒。当有多种达成目的的方法时，在具有相同有效性的情况下，应选择对人民权利侵害最小的手段方为正确。通常在学校教育中，要学生达成学校要求的方法有多种，诸如口头训诫、联系学生家长、课堂纪律分考核的奖惩方式等，均可达成学校的目的。而对学生实施惩戒行为当然也是方式之一，只是以惩戒方式达成教育目标对学生的权利侵害最大，应当尽可能以爱的教育及其他方式达成教育目标。只有在学生极其顽劣而且屡教不改或者没有任何悔改的情况之下，才容许以惩戒方式达成学校所要追求的教育目标。

狭义比例原则是指在手段与目的之间加以衡量是否有失妥当。例如教师在针对学生行为失范并侵害到其他学生的人身、财产权,屡教不改且口头、书面惩戒亦不见成效时,而以合法的肉体惩戒方式要求该名学生改过自新以免误入歧途,此时已符合适当性及必要性原则。然而倘若教师在初次惩戒时便以肉体惩罚棍棒教育或将学生驱逐出班级,便违背了狭义比例原则的要求,因为这样容易使学生的身体受到严重伤害,同时也严重影响到学生在教室内受教育的权利。因此,尽管此时从客观事情上判断应承认教师拥有惩戒权,但其行为仍然因不符合比例原则的要求而具有违法性,只是充其量会在一定程度上减轻教师的刑罚而已。

3. 公益原则

所谓公益,并非抽象地属于统治团体或其中某一群人的利益,既不是立法者、司法者或行政者本身的利益,也不是政治社会中各个成员利益的总和,而是各个成员在事实上的利益经由复杂交互影响过程所形成的理想整合状态。[①]因此,教师在行使惩戒权之时,仍应综合地考量学生的个人利益及整体社会成员可能受到的影响,以注意其对学生施加惩戒是否符合公益原则的要求。

4. 平等原则

教师教育与惩戒学生,不得因学生的性别、能力或成绩、宗教、种族、党派、地域、家庭背景、身心障碍或犯罪记录等而区别对待。应秉承客观、平和、恳切的态度,对涉及争议的学生进行适当的劝导,并就争议事件和失范的行为作出公正合理的处置,力求达成学生当事人的和谐共处。简而言之,对所有学生在惩戒上的标准应该一致,不应有不同的标准,否则难免使学生不能服从惩戒反而对国家整体教育目的的达成有不良的影响。

5. 正当程序原则

正当程序原则是教育法治的核心,其含义是除了语言批评与口头警告等即时性惩戒,其他的惩戒行为必须有正当的程序,以防惩戒权被滥用。1975年戈斯案中,美国最高法院确立了公立学校对学生惩戒时必须遵循宪法第十四条修正案所确立的正当程序原则,要求学校对学生作出短期停学处分时,必须有某种形式的通知与听证的机会。[②]而且必须坚持"惩戒越严厉,程序越正式"的原则要求,对于更

---

① 吴庚:《行政法之理论与实用(增订八版)》,中国人民大学出版社2005年版,第65-66页。
② 申素平:《教育法学:原理、规范与运用》,教育科学出版社2009年版,第276页。

为严厉的惩戒,学校或教师须提供更为正式的程序。

除此之外,教师不得因个人或少数人错误而惩罚全体学生。基于责任原则,纵使遭遇难以查证的事实,也不应先行推定系全体学生所为,不可以权宜之计,让全体学生先受罚。

五、余论

在教育法治时代,教育实务应跳脱传统教育体制窠臼,向尊重人权与法治迈进。面对学生的失范行为,除仰仗教师教育专业知识与素养外,也要重视法律规范,使教师的教学自由与惩戒的专业自主权在依法依规的基础上得以发挥,使学生在学校、教师的教育下潜移默化地培育成健全人格。教师对学生采取的惩戒措施应遵循法治原则,不得违反相关法律法规的规定,应秉持尊重、平等、公益原则公正合理地对待学生,谨遵正当程序原则,惩戒措施与教育目的应符合比例原则。最后国家也应建立与提供学生权利救济保护机制。

应遵循法治原则,建立规范的学生惩戒制度,使惩戒从无序、隐性的状态变为规范、显性的法治管理。惩戒只是手段,教育才是目的,教师除了依据法治原则采取适当的管教措施外,也应给予学生改过自新、自我反省的机会,循循善诱,导正偏差的价值观。在惩戒学生之后,要注意学生的外在行为与内在心理转变,持续追踪辅导,多采取鼓励、赞美、关怀的正向教育方式,让其与惩戒的教育方式相辅相成,最终实现学生全面发展的教育目的。

(责任编辑:熊樟林)

青年法苑

日本网络平台服务提供者的法律责任与义务

——以"违法有害信息的媒介责任"为中心*

郭娜娜**

摘　要：当今，网络平台服务提供者作为各种信息的"集散地"，在社会生活的各个领域都充当着重要的"媒介者"的角色。其中信息交换和思想交流领域，因涉及宪法上基本权利的保护与违法有害信息的规制之间的冲突与协调，故而成为各国司法和学术界的主要争论焦点之一。对此，日本就网络平台服务提供者是否应对其平台上的违法有害信息内容承担法律责任，以及是否应该对其平台上的内容负有某种作为或不作为的法律义务等，设定了相对较为缓和的法律责任和义务规则体系。此种同时从"宪法保护"与"立法政策保护"两个方面出发进行法律责任和义务设定的审慎态度，或许可以为我国在制定相关法律法规和政策时提供一定的启发。

关键词：网络平台服务提供者　违法有害信息　媒介责任

---

* 基金项目：本文系国家留学基金委资助下完成的阶段性研究成果。
** 作者简介：郭娜娜，大阪大学法学研究科博士研究生。

当今,以 GAFA(Google、Apple、Facebook、Amazon)为代表的跨国大型互联网平台企业,涉及社交、新闻资讯、影音、电子商务、生活服务等各个领域,深刻影响和改变着人们的生活、工作和交往方式。其中,以博客、SNS等为代表的网络平台成了一般公众在网络上发表言论、获取信息、交流想法等的重要媒介和"场所",但同时其亦可能被用于发布违法有害信息。此时,网络平台服务提供者作为违法有害信息的媒介者要承担何种法律责任呢? 为了防止违法有害信息的传播,网络平台服务提供者又被赋予了何种法律义务呢? 本文将围绕上述问题介绍日本的相关法律规定、司法判例以及学界的不同立场,以期日本的相关经验和教训能对我国的相关立法和司法实践有所助益。

一、什么是"网络平台"?

要研究"网络平台"服务提供者的法律责任,作为其前置性问题,首先要明确什么是"网络平台"。"平台"这一用语在不同情景下有不同解释。从汉语语义上来讲,"平台"是指为人们进行某些活动所构建的空间;在互联网语境下则可以理解为由计算机硬件和软件等构成的环境。

日本总务省[①]发布的各种行政文书在不同语境下对网络平台进行了不同的定义[②],从中可以提炼出网络平台的两个基本特质。一是"中介"或"媒介"性(intermediary)。其主要包含两层含义:在技术基础层面上是连接内容/应用程序层与通信层的"连接点"[③],在实际功能层面上则是信息提供者与信息需求者进行信息交换的媒介和平台[④]。网络平台将各类信息、信息的提供者与获取者相互连接,使得一般公众可以几乎没有任何限制地以极低的价格进行信息的收集、分类和交换等,与世界各地的人进行双向即时交流,网络平台在信息流通和言论自由的实

[①] 日本的互联网的管理机构为总务省。

[②] 具体定义可以参见:ユビキタスネット社会におけるプラットフォーム機能のあり方に関する研究会:《ユビキタス社会を担うプラットフォームの展望》,2005年,第36页;ネットワーク中立性に関する懇談会:《報告書》,2007年,第3页;通信·放送の総合的な法体系に関する研究会:《報告書》,2007年,第24页;通信プラットフォーム研究会:《通信プラットフォームの在り方》,2009年,第5页;総務省編:《情報通信白書》,2012年,第174页注9。曽我部真裕,林秀弥,栗田昌裕:《情報法概説》(第2版),弘文堂,2019年,第85页,详细总结了总务省文件中对于平台的各种定义。

[③] 総務省総合通信基盤局:《通信プラットフォーム研究会における検討の方向性本報告書》,http://www.soumu.go.jp/main_sosiki/joho_tsusin/policyreports/chousa/platform/pdf/080909_2_si7-2.pdf,最后访问日期:2020年1月1日。

[④] 曽我部真裕,林秀弥,栗田昌裕:《情報法概説》(第2版),弘文堂,2019年,第86页。

现中发挥着不可或缺的重要作用。但要明确的是，平台只是提供用户活动的技术基础和环境基础，平台之上的所有行为均由其利用者自主进行，平台之上的所有内容也是其用户所生产或提供的。① 二是一定的"管理控制"权限，即网络平台服务提供者往往同时扮演着平台的"规则制定者"和"仲裁者"的双重角色。② 网络平台服务提供者虽然多为私主体，但对平台上的信息发布和流通等却拥有极大的"权力"，在满足特定条件的情况下能够删除用户在平台上发布的内容或屏蔽用户账号。不仅如此，网络平台服务提供者还可以通过与用户签订"服务协议"，甚至是通过设计和操作具有不透明性和潜移默化性等特征的"算法"，如关键词过滤等，来影响甚至决定网络平台在名誉权、隐私权、著作权、网络安全甚至言论自由等众多领域的具体规则。③

但是，上述媒介性和一定平台管理控制权限两个特征并不足以完全概括所有网络平台的全部特征。然而，各种网络平台的功能以及功能的实现形式千差万别，还会随着技术的革新及其与市场关系的变化而迅速变动，因此难以形成统一的实体法上的定义。即便对网络平台的概念进行了严格界定，也可能会很快过时。鉴于此，日本学界普遍主张不去严格定义"网络平台"的概念，而将各种搜索引擎、YouTube等视频共享网站以及Facebook、Twitter、微博等同时具备上述两个基本特征的网络服务均纳入"网络平台"的范畴，日本的相关法律法规和判例也普遍接受此种立场。④

二、"网络平台服务提供者"的法律责任和义务

网络平台服务提供者可能会因其自身的行为或其平台上用户的行为而承担各种公法或私法上的责任，而要判定承担何种责任或在何种程度上承担责任，则应根据对象行为的性质以及网络平台服务提供者在该对象行为中发挥的作用进行具体

---

① ローラ・デナルディス著，岡部晋太郎译：《インターネットガバナンス》，河出書房新社，2015年，第218-219页。
② 松井茂記：《インターネットの憲法学新版》，岩波書店，2014年，第350页《日本国宪法》以及《電信事業法》均未禁止网络平台服务提供者对其平台上的信息行使一定的管理权。
③ ローラ・デナルディス著，岡部晋太郎译：《インターネットガバナンス》，河出書房新社，2015年，第218页。
④ 曾我部真裕，林秀弥，栗田昌裕：《情報法概説》（第2版），弘文堂，2019年，第87页。

的判断。① 如果网络平台服务提供者提供的仅仅是接入网络的"通道",此时其承担的仅仅是"通信"职能,因此不应要求其对第三者(用户)提供的内容承担法律责任;而对于自身提供内容的网络服务提供者而言,其本身作为言论的主体,相当于"出版者",故应承担出版者的相应法律责任。问题的关键是,当网络平台服务提供者仅仅作为对象信息流通的"媒介"或对象行为发生的"场所"之时,其是否应该对其平台上的内容或用户的行为承担法律责任或者义务呢? 换言之,也就是应如何界定网络平台服务提供者的"违法有害信息的媒介责任"的问题。因涉及被害人的救济与言论自由的平衡这一难题,上述界定问题成为各国互联网治理领域的重要课题。

在日本学界,对于网络平台服务提供者的违法有害信息媒介责任一度存在两种不同的立场:一派认为,为保障通信秘密,宪法与电信通信事业法均明文禁止网络平台服务提供者对其平台上的内容进行"审查",因此网络平台服务提供者对于其平台上的内容不具有管理权,不应因其用户在自己的平台上发布了违法有害的内容而承担法律责任;② 与之相对,另一派则认为,宪法与电信通信事业法均未否定或禁止网络平台服务提供者对其平台上的信息行使一定的管理权,这就为追究网络平台服务提供者的法律责任提供了一定的余地。但为排除违法有害内容,强行要求网络平台服务提供者对其平台上的内容进行事先审查,在信息量如此巨大的情况下是不合理也是不现实的。故该派学者认为,如果以网络平台服务提供者未能有效阻止违法有害信息在其平台上的发布和流通为由让网络平台服务提供者承担法律责任,属于不合理加重其负责,会对言论自由造成负面影响。因此,该派学者主张只有在网络平台服务提供者"知道"其平台上的内容属于违法有害信息却仍不予以删除的情况下,方应承担法律责任。③

在司法实践领域,日本通过"NIFTY SERVE现代思想平台"案、"都立大学"案以及"第二频道(动物医院)"案等一系列案件,基本确认了作为信息媒介者的网络平台服务提供者对于其平台上的内容具有一定的作为义务。但是对于网络平

---

① 美国在确定传统的信息媒介者的法律责任时,也基本采取了此种分类方法,将媒介者划分为common carrier、publisher以及distributer三种不同类型,分别承担不同的责任。
② 小向太郎:《インターネット・プロバイダーの責任》,ジュリスト1117号,1997年,第19页。
③ 高橋和之:《インターネット上の名誉毀損と表現の自由》,高橋和之ほか编:《インターネットと法》(第4版),有斐閣,2010年,第71-73页。"NIFTY SERVE第一案"中东京地方法院的判决采用的亦为此种立场。

台服务提供者具体在何种情况下成立何种作为义务，不同判例之间出现了较大分歧。以名誉权侵权案件为例，"NIFTY SERVE现代思想平台"案一审判决[①]认为：只有当网络平台服务提供者"具体知道"侵害他人名誉权的内容被上传到自己的平台时，始具有采取删除、断开链接等必要措施的义务；而在"都立大学"案中，东京地方法院在判决[②]中提出：在且仅在"一眼看上去即可'明显知道'平台上的内容侵害了他人名誉"这一极其例外的情况下，网络平台服务提供者方负有作为义务；"第二频道（动物医院）"案一审判决[③]则认为：当网络平台服务提供者"知道或者可以知道"平台上的内容损害了他人的名誉权时，其应该直接采取删除等必要措施。

由上述论述可知，在日本无论是学界还是司法实践领域，在网络平台服务提供者承担法律责任的界定问题上都存在着一定分歧。在此背景下，日本于2001年制定了《特定电力通信服务提供者损害赔偿责任的限制以及发信者信息公开的相关法律》（以下简称《网络服务提供者责任限制法》）[④]。该法明确规定了网络服务提供者的民事损害赔偿责任免除规则。与此同时，在刑事法律责任领域，日本学界和实务界均认为应保持"谦抑"，有的学者甚至主张适用"现实恶意"的审查标准。此外，在青少年保护领域，为给青少年营造健康的网络环境而创设的"努力义务"，也极具代表性。

（一）民事损害赔偿责任及其限制

《网络服务提供者责任限制法》采用"安全港"（safe harbor）方式，规定了网络服务提供者免除民事损害赔偿责任的要件（第3条第1款）以及被害人请求网络服务提供者公开其所保有的发信者相关信息的权利（第4条）。[⑤]该法的适用对象涵盖了网络上所有提供面向不特定对象的通信服务的电信服务提供者，如博客、SNS等各种网络平台服务提供者都属于该法的适用对象，然而网络检索服务提供者却未被涵盖其中。此外，还需要明确的一点是，《网络服务提供者责任限制法》仅适

---

① 東京地判1997・5・26判例時報1610号第22页。
② 東京地判1999・9・24判例時報1707号第139页。
③ 東京地判2002・6・26判例時報1810号第78页。
④ 《特定電気通信役務提供者の損害賠償責任の制限及び発信者情報の開示に関する法律》（平成十三年法律第137号），https://elaws.e-gov.go.jp/search/elawsSearch/elaws_search/lsg0500/detail?lawId=413AC0000000137，最后访问日期：2020年1月1日。为了将该法的规定予以具体化，明确网络服务提供者的行动规则，网络服务提供者责任限制法指针研讨会还制定了网络服务提供者责任限制法指针。
⑤ 如姓名、地址等足以确定侵权信息发布者的相关信息。

用于侵犯名誉权、隐私权、著作权等违法信息，并不包含有害信息相关的法律责任问题。

《网络服务提供者责任限制法》分别规定了网络服务提供者未对侵权信息采取删除等阻止措施时，以及对特定信息采取删除等阻止措施时的免责规则。前者可能会因"不作为"构成侵权，属于对违法信息受害者的法律责任；后者则可能因"作为"构成侵权，属于对发信者的法律责任。

根据《网络服务提供者责任限制法》第3条第1款第1项的规定：如果网络服务提供者在技术上能够阻止违法信息的传输却未采取删除等阻止措施，则当其不知道或者没有充足的理由认定其能够知道该违法信息的存在时，无须承担损害赔偿责任。此时，举证责任由被害人一方承担[①]，但举证责任的具体范围并不明确。以名誉权侵权为例，被害人是仅需举证其因该特定内容的刊载造成自身社会评价的降低，还是亦需要证明争议刊载内容的真实性以及是否存在公共利害相关性、公共利益目的等名誉权侵害特有的违法性阻却事由呢？[②]学界和司法界对于这一问题的意见仍存在分歧。

与此相对，《网络服务提供者责任限制法》第3条第1款第2项规定：当网络服务提供者采取了删除等阻止措施时，如果该措施是在必要的限度内，且有充分理由认为该信息侵害了他人的正当权益，抑或是接到主张自己权利遭受侵害者的删除申请时向发信者询问其是否同意采取限制措施，而发信者在7天之内未予回复的，则网络服务提供者无须承担损害赔偿责任。需要注意的是，此处所规定的"主张自己权利遭受侵害者的删除申请"，至少需要包括被侵害的权利、理由以及要求其对该信息采取通信防止措施的通知等内容。具体流程可以参考图1[③]。该规定创设了独具日本特色的"发信者事先询问制度"，但缺少对发信者不同意对特定内容采取阻止措施的情况下网络服务提供者的免责规则的相关规定。

此外，第4条还规定了被害人有请求网络服务提供者公开发信者相关信息的权利，同时还规定，网络服务提供者未公开相关信息且因此给请求者造成损失的，

[①] 総務省総合通信基盤局消費者行政第二課：《プロバイダ責任制限法》（改訂増補第二版），第一法規，2014年，第36页以下。
[②] 高橋和之：《インターネット上の名誉毀損と表現の自由》，高橋和之ほか编：《インターネットと法》（第4版），有斐閣，2010年，第79页以下。
[③] 梅澤康二：《プロバイダ責任制限法とは | プロバイダのメリットと被害者ができること》，https://itbengo-pro.com/columns/83/，最后访问日期：2020年1月1日。

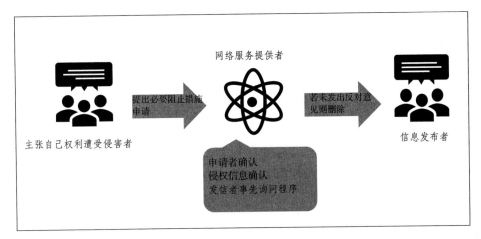

图1　第3条1款第2项规定的必要阻止措施流程图

只要不是因为故意或重大过失,即无须承担赔偿责任。

但是,我们需要注意的是,不符合《网络服务提供者责任限制法》规定的上述免责要件并非意味着直接产生民事责任,还需依据其他法律进行个别具体判断。《网络服务提供者责任限制法》施行后,判例依然基本维持了"NIFTY SERVE现代思想平台"案等判例所确立的网络服务提供者具有"作为义务"的立场。但是对于该"作为义务"的认定标准,判例普遍认为:"在网络服务提供者认识到违法信息被上传到其平台这一事实的基础上,还应综合考虑上传平台的设置目的、管理和运营状况、匿名性和营利性等特质以及被侵害利益的性质等,结合具体案情进行具体分析。"[①]以名誉权侵权案件为例,虽然《网络服务提供者责任限制法》并未明文规定,但在名誉权相关的判例中确立了"公共利害相关性"违法阻却事由这一日本独有的抗辩理由,即在具体案件中,信息的发布者可以通过证明自己所发布的特定信息具备真实性、公共利害相关性以及公共利益目的等,来否定其发布行为的违法性。

---

① 在著作权侵权案件中,鉴于著作权领域特有的"间接侵害法理",原则上不承认针对非直接侵害者的停止请求(如在"两个恶贯满盈的人"案中,东京地方法院判定,著作权法第112条第1项规定的停止请求的对象为现在正在实施或者有可能实施侵害行为的主体,驳回了著作权人要求作为网络平台服务提供者的"第2频道"停止刊载并进行损害赔偿的请求(参见東京地判2004・3・11判時1893号第131页)。因此,判例一方面重视网络平台服务提供者对于著作权侵害行为采取"适当修正措施"的义务(罪に濡れたふたり事件,東京高判2005・3・3判時1893号第126页),另一方面则将"管理和支配""营业利益的归属"等作为规范性要件,将网络平台服务提供者认定为著作权的侵权主体(即采用"卡拉OK"法理,参见まねきTV事件:最判2011・1・18民集65卷1号第121页)。

（二）刑事责任

在日本，网络平台服务提供者作为违法有害信息流通的中介而承担刑事责任的情况极其有限，不过也出现过网络平台服务提供者因其网络平台上的内容涉嫌猥亵（刑法第175条）、儿童色情（儿童色情禁止法）等而遭到起诉的情况。① 利用刑罚的威慑力让网络平台服务提供者删除违法有害信息，可能会使得网络平台服务提供者为回避刑事责任而将可疑信息或有争议的信息全盘删除，从而招致对言论自由或公民知情权的不利后果。因此，刑事责任的适用保持了最大程度的谦抑，除非网络服务提供者具有诱使或者劝诱违法信息刊载等积极干预行为，否则不应承担刑事法律责任。② 因此，日本刑法并未规定网络平台服务提供者对于其平台上的违法有害信息具有删除义务，更没有规定相应的处罚措施③，故网络平台服务提供者只可能会被认定为"不真正不作为犯"或共犯。而以松井茂记教授为首的多位宪法学者则主张在确定网络平台服务提供者的刑事责任时应适用"现实恶意"标准。④ 具体而言就是，为了符合《日本国宪法》第21条，即言论自由的要求，只要网络平台服务提供者对于违法有害信息的上传等不具备现实恶意，就不应被追究刑事责任。⑤

此外，刑事诉讼法2011年修正案规定了包括网络平台服务提供者在内的网络服务提供者的协助搜查的义务。⑥

（三）"努力义务"

近年以来，通过规定网络服务提供者的法律责任等对网络平台进行规制的做法，在与言论自由的关系上存在诸多问题，尤其是以保护青少年为目的的规制，很可能会对成年人的言论自由或者网络言论的整体环境造成实质性的制约。而如果将问题的解决寄希望于网络平台服务提供者的自主规制，虽然可以避免公权力机关制约言论自由的问题，但仅仅依靠自主规制不仅很难实现有效的网络治理，还会产生监管缺乏和"权力"滥用等问题。此种背景之下，日本各界开始探索一种基于规

---

① 例如，日本最大的留言板"2ちゃんねる（第二频道）"因放任用户在其平台上进行违法药物交易，其管理公司以及实际管理人被移送检察院。
② 曾我部真裕，林秀弥，栗田昌裕：《情报法概说》（第2版），弘文堂，2019年，第182页。
③ 佐伯仁志：《プロバイダの刑事責任》，别册NBL141号，2012年，第164页以下。
④ 北方ジャーナル事件：最大判1986·6·11民集第40卷4号第872页，谷口法官提出了现实恶意基准。
⑤ 松井茂记：《インターネットの憲法学新版》，岩波书店，2014年，第153、356页。
⑥ 刑事訴訟法：《情報処理の高度化等に対処するための刑法等の一部を改正する法律》，https://www.sn-hoki.co.jp/data/pickup_hourei/onct/540f0883a49e5080a11caf196a25b59c.html，最后访问日期：2020年1月1日。

制方与被规制方协同合作的规制方式,即"共同规制",亦被称为"受规制的自主规制"①。共同规制以自主规制为前提,由政府与网络平台服务提供者等私主体进行协同合作治理。具体而言就是:公权力机关对自主规制框架的创设和运行等进行监管和限制等,当且仅当自主规制无法达成规制目的时或发生了没有预料到的副作用时,公权力机关方可介入自主规制程序。②其中一个典型代表即为青少年保护领域的"努力义务"。

为促进青少年的健康发展、营造有利于青少年身心健康发展的网络环境,公权力机关通过法律法规或地方条例等对包括网络平台服务提供者在内的各种网络服务提供者科以努力采取某些措施的义务。例如,2010年日本颁布的《保证青少年安全安心网络环境的整顿法》③第21条明确规定:网络平台服务提供者应努力采取减少或者阻止青少年通过网络浏览不良信息的措施。④此外,修改后的《利用网络异性介绍业务引诱儿童行为规制法》⑤第3条第2款明确规定,网络服务提供者⑥应努力通过采取安装过滤软件等措施,阻止青少年利用"网络异性介绍业务";第12条规定,当网络服务提供者知道平台上存在引诱儿童的内容时,应立即采取删除、屏蔽等措施以阻止该信息被公众获取。不仅如此,日本绝大多数地方自治体在本地区的青少年保护条例中也都规定了网络服务提供者的努力义务⑦,包括青少年用户确认义务、提供和告知有害信息屏蔽方法等的说明义务、过滤软件或服务提供

---

① 生贝直人:《情報社会と共同規制—インターネット政策の国際比較制度研究—》,勁草書房,2011年;小倉一志:《インターネットにおける"有害"情報規制の現状》,憲法理論研究会編:《憲法学の未来》,敬文堂,2010年,第127-130页。
② 松井茂記,鈴木秀美,山口いつ子:《インターネット法》,有斐閣,2015年,第140页。
③ 《青少年が安全に安心してインターネットを利用できる環境の整備等に関する法律》,https://elaws.e-gov.go.jp/search/elawsSearch/elaws_search/lsg0500/detail? lawId=420AC1000000079,最后访问日期:2020年1月1日。
④ 此外,还规定网络接入服务提供者必须以使用不良信息过滤软件为条件提供接入服务(第15条、第16条);接入终端设备提供者必须预装过滤软件(第17条);过滤软件开发者应努力开发并提高过滤软件性能(第20条)等。
⑤ 《インターネット異性紹介事業を利用して児童を誘引する行為の規制等に関する法律》,https://elaws.e-gov.go.jp/search/elawsSearch/elaws_search/lsg0500/detail? lawId=415AC0000000083,最后访问日期:2020年1月1日。
⑥ 与《電信事業法》第2条1号规定的电信业者相同。
⑦ 例如,《東京都青少年の健全な育成に関する条例》(平成二十九年十二月二十二日改正)第18条10-13,https://www.keishicho.metro.tokyo.jp/about_mpd/keiyaku_horei_kohyo/horei_jorei/ken_iku_kaisei.files/reg.pdf;《大阪府青少年健全育成条例》(平成三十一年三月二十日改正)第31条,http://www.pref.osaka.lg.jp/attach/6478/00000000/H31zyourei.pdf,最后访问日期:2020年1月1日。

义务、过滤服务利用简便化措施义务等。①网络平台服务提供者如果不履行或者未有效履行相应义务,并不会面临法律的制裁。如此一来,"努力义务"将甄别权和决定权等更多地赋予了网络平台服务提供者,而将公权力的介入程度控制在了最小限度之内,在一定程度上可以防止公权力机关滥用规制权限对言论自由造成的侵害。

三、日本路径的特征以及争议

通过上述介绍,我们不难看出,日本对于网络平台服务提供者的法律责任主要是从"宪法保护"与"立法政策保护"两个方面予以考虑的。②让网络平台服务提供者承担法律责任,很可能触及宪法上的言论自由问题,故网络平台服务提供者的法律责任应具备一定"宪法上的界限"。各国立法机关在设定网络平台服务提供者的法律责任时,一般也会考虑网络平台在言论自由等领域的重要作用,从而对其进行"宪法上的保护"。但具体界限和保护程度如何,不同国家有不同考量。日本在这一问题上采用了一种介于欧盟的"严格规制"与美国的"被动性规制"之间的"相对严格"标准,在规定网络平台服务提供者的法律责任和义务时保持了一定程度的克制。如前文提到的《网络服务提供者责任限制法》规定的"发信者事先询问制度"以及判例中确立的"公共利害相关性"违法阻却事由等,都体现了日本在确定网络平台服务提供者是否应该采取删除等阻止措施时的慎重态度。此外,刑事法律责任的谦抑态度以及"努力义务"的规定亦均可被视为对被害人救济与言论自由之间的平衡进行审慎考量的结果。

但同时,《网络服务提供者责任限制法》亦被指出存在诸多问题,如免责范围的有限性、网络服务提供者承担举证责任的不合理性,以及免责规定的一般抽象性等。③这些问题导致司法实践中对于网络服务提供者在何种情况下应承担法律责任这一本质性问题大多仍需依据侵权责任法的一般性解释进行判断。为了解决上述问题,明确网络服务提供者的行动基准,由互联网相关团体以及著作权相关团体共同构成的"网络服务提供者责任限制法指针等研讨协会"制定了名誉权和隐私

---

① 総務省:《青少年の安心・安全なインターネット利用環境整備の推進》,https://www.soumu.go.jp/main_content/000545694.pdf,最后访问日期:2020年1月1日。
② 松井茂記:《インターネットの憲法学新版》,岩波書店,2014年,第348页。
③ 松井茂記:《インターネットの憲法学新版》,岩波書店,2014年,第352页。

权指针、著作权指针、商标权指针以及发信者信息公开指针。上述指针虽然不能对网络服务提供者科以法律义务,亦不能约束法院,但实际上却作为行动指南在实务中发挥着重要的作用。①

此外,共同规制中对网络平台服务提供者科以的"努力义务"等法律义务,虽然在一定程度上可以视为充分考虑青少年保护与成年人宪法上权利的保护之间平衡的产物,但其同时也很可能演变为公权力机关对网络平台上用户的行为进行间接规制的"面具"或"隐秘武器"。因此,要想彻底理清和解决网络平台服务提供者对于违法有害信息的媒介责任问题,无法回避且必须首先解决的问题即为网络平台服务提供者、公权力机关以及网络平台用户三方主体之间的关系问题,这也是网络平台治理中的核心问题,故留待以后专文论述。

(责任编辑:陈道英)

---

① 《プロバイダ責任制限法ガイドライン》,http://www.isplaw.jp,最后访问日期:2020年1月1日。

民事赔偿情节在死刑裁量中的适用

——基于 61 份裁判文书的分析

刘亚男[*]

摘　要：G 省高级人民法院的 61 份死刑裁判文书显示，民事赔偿情节在死刑裁量中的适用较为混乱，突出表现为法院对民事赔偿情节的本质属性认识不清，对个案中适用民事赔偿情节的标准掌握不一，对民事赔偿情节与被害人家属谅解情节的关系理解混乱。为保障民事赔偿情节在死刑裁量中的公平、科学适用，不仅要充分明确民事赔偿情节的酌定从轻属性，避免出现将拒绝赔偿视为从重情节的错误做法，也要正确区分民事赔偿情节的具体内容与民事赔偿情节本身，避免把民事赔偿情节某个具体内容的缺失认定为民事赔偿整个情节的缺失，更要着重强调民事赔偿情节的独立地位，避免以被害人家属不谅解为由拒绝适用民事赔偿情节。

关键词：民事赔偿　被害人家属谅解　死刑裁量

---

[*] 作者简介：刘亚男，中国政法大学刑事司法学院博士研究生；与康奈尔大学博士联合培养。

一、问题的提出

死刑是以剥夺犯罪人的生命为内容的刑罚,相对于自由刑或其他的刑罚手段,死刑具有明显的特殊性。中国作为一个尚未废除死刑的国家,面对着世界范围内废除死刑的潮流与压力,如何在保留死刑的情况下最大限度地保证死刑的公平适用,理应成为我们长期关注的重要课题。

目前来看,限制死刑适用的手段主要分为立法和司法两方面,一方面通过立法删减适用死刑的罪名,另一方面通过司法严格把握死刑适用的标准。就立法手段而言,死刑罪名的数量虽历经刑法典的数次修改而大幅减少,但由于实践中绝大多数的死刑案件仍集中于少数几个罪名,而这几个罪名又难以在短时间内取消死刑的适用,所以通过立法减少死刑数量的效果十分有限。因此,通过司法手段限制死刑的适用并保障死刑适用的公平性就显得尤为重要。其中,"重视酌定量刑情节的作用,是司法中限制死刑的一条切实可行的道路"[①]。

在众多的酌定量刑情节中,民事赔偿是一个比较特殊的存在。一方面,在司法实践中,民事赔偿情节在限制死刑的适用中发挥了十分突出的作用,"具有民事赔偿情节的死刑案件,绝大部分没有适用死刑立即执行或者由死刑立即执行改判"[②];另一方面,民事赔偿情节也是最具争议的酌定量刑情节,在死刑案件中适用民事赔偿情节往往被普通民众解读为"花钱买刑"或"花钱买命",这又促使法院将民事赔偿情节与被害人家属谅解情节绑在一起,在一定程度上造成了民事赔偿情节适用上的混乱。鉴于民事赔偿与死刑适用的关系重大而脆弱,"如何处理好民事赔偿与死刑适用的关系是当前刑事审判工作中亟待解决的一大课题"[③]。厘清民事赔偿这一酌定量刑情节在死刑裁量中的适用标准,对于最大限度保障死刑适用的公平性、维护刑事司法的权威至关重要。

二、民事赔偿情节影响死刑裁量的实然状况

笔者以"死刑"为关键词,将裁判时间设定为"2014年1月1日至2017年12月

[①] 高铭暄:《宽严相济刑事政策与酌定量刑情节的适用》,载《法学杂志》2007年第1期。
[②] 最高人民检察院公诉二厅课题组:《民事赔偿情节对死刑适用的影响》,载《国家检察官学院学报》2018年第1期。
[③] 方文军:《民事赔偿与死刑适用的平衡规则探微》,载《法律适用》2007年第2期。

31日"、审理法院设定为"G省高级人民法院"、案件类型设定为"刑事案件",在中国裁判文书网上进行搜索,共搜索到G省高级人民法院公布上网的、被告人被判处死刑(一审、二审或再审)的裁判文书共613个,其中,61个案件①的最终量刑结果受到了民事赔偿情节的影响。

通过分析发现,民事赔偿情节在死刑裁量中存在以下几个突出特征②。

(一)民事赔偿情节是否适用与被害人家属是否谅解之间存在极大的相关性

在61个样本中,被告人积极赔偿并获得被害人家属谅解的有15个,被告人赔偿但未获得被害人家属谅解或未达成谅解协议的有11个。在15个获得了被害人家属谅解的案例中,法官在进行刑罚裁量时无一例外地将民事赔偿作为酌定从轻量刑情节予以适用;而在11个未获得被害人家属谅解的案例中,法官以被告人没有获得被害人家属谅解为由不适用民事赔偿作为酌定从轻量刑情节的有8个,占比72.72%。而且,通过裁判文书可以看出,在法官决定不适用民事赔偿情节的8个案例中,没有获得被害人家属谅解是法官决定不适用民事赔偿情节的唯一理由。

---

① 61个案件的案件号分别为:(2014)G高法刑一复字第17号;(2013)G高法刑一终字第259号;(2013)G高法刑四终字第314号;(2013)G高法刑三终字第400号;(2014)G高法刑一复字第28号;(2014)G高法刑四复字第23号;(2014)G高法刑一复字第28号;(2014)G高法刑一复字第4号;(2014)G高法刑一终字第317号;(2014)G高法刑四复字第8号;(2014)G高法刑三终字第88号;(2014)G高法刑三复字第5号;(2014)G高法刑一复字第20号;(2014)G高法刑一复字第9号;(2014)G高法刑一终字第79号;(2014)G高法刑一终字第113号;(2014)G高法刑一终字第98号;(2014)G高法刑一复字第13号;(2014)G高法刑一终字第71号;(2014)G高法刑一复字第23号;(2014)G高法刑四终字第345号;(2015)G高法刑四复字第13号;(2014)G高法刑三终字第55号;(2014)G高法刑四终字第215号;(2014)G高法刑一终字第223号;(2015)G高法刑三复字第21号;(2015)G高法刑二复字第17号;(2015)G高法刑四复字第19号;(2015)G高法刑四复字第24号;(2015)G高法刑一复字第4号;(2015)G高法刑四终字第216号;(2015)G高法刑四复字第337号;(2015)G高法刑四终字第203号;(2015)G高法刑四终字第178号;(2015)G高法刑四终字第177号;(2015)G高法刑四终字第29号;(2015)G高法刑一终字第298号;(2015)G高法刑一终字第156号;(2015)G高法刑四终字第47号;(2015)G高法刑四终字第143号;(2016)G刑终165号;(2016)G刑终678号;(2015)G高法刑四终字第340号;(2016)G刑申229号;(2016)G刑终218号;(2016)G刑终816号;(2016)G刑终421号;(2016)G刑核85140221号;(2016)G刑核23863756号;(2016)G刑终1231号;(2016)G刑终1323号;(2016)G刑终748号;(2015)G高法刑一终字第540号;(2016)G刑核81065396号;(2016)G刑终495号;(2016)G刑终495号;(2016)G刑核13848954号;(2016)G刑终287号;(2016)G刑终字第101号;(2015)G高法刑四终字第451号;(2015)G高法刑四终字第451号。

② 在此需要特殊说明的是,实证研究结果的客观性和准确性依赖于样本的质量。虽然最高人民法院出台的规定要求各级人民法院作出的全部裁判文书原则上均应公布上网,但各省、区、市法院在实际操作中不免根据自己对规定的理解对公布上网的裁判文书作出一定的筛选,该省高级人民法院也不例外。即便如此,公布在中国裁判文书网上的所有裁判文书依然是实证研究能够最为便捷地获取的一种一手材料,该省高级人民法院作为较高层级的裁判机构,经其筛选公布后的裁判文书依然具有官方性和极高的研究价值,故以此作为研究对象进行研究并不必然导致研究结果价值有明显减损。

可见实践中民事赔偿情节是否适用与被害人家属是否谅解之间存在极大的相关性。

（二）民事赔偿情节是否适用与民事赔偿作出于哪个诉讼阶段相关性不大

61个样本中有52个样本的被告人在一审期间就对被害人家属进行了实际赔偿或表达了赔偿意愿，另有7个样本的被告人在二审期间或再审期间才对被害人家属进行了赔偿。但从实际的判决结果来看，被告人作出赔偿的诉讼阶段并不影响法院对民事赔偿情节的认定。例如庞某某故意杀人案[①]中，被告人在一审被判处了死刑立即执行，在二审期间，被告人积极动员家属赔偿了被害人家属的部分损失，二审法院认为这仍体现出了被告人的悔罪意愿，因此将案件发回重审，最终被告人被改判为死刑，缓期两年执行。

（三）仅表达赔偿意愿而未实际赔偿的在某些个案中仍被认定构成民事赔偿

61个样本中，被告人实际作出赔偿行为的有47个，仅表达出赔偿意愿而未实际作出赔偿行为的有7个，在这7个样本中，法官认为被告人表达赔偿意愿本身即可视为具有民事赔偿情节的有2个，占比28.57%。从判决书中可以看出，法官之所以同意在被告人仅表达赔偿意愿而未实际赔偿的情况下适用民事赔偿情节，是因为法官认为赔偿意愿本身即反映了被告人的悔罪表现。当然在其他的样本中，法官则不同意仅根据赔偿意愿即认定民事赔偿情节。

（四）民事赔偿情节与其他从轻量刑情节一起发挥着限制死刑立即执行的作用

61个样本中，被告人在一审被判处死刑立即执行的有5个，死缓的有55个，无期徒刑的有1个。5个一审被判处死刑立即执行的被告人在二审中有4个被改判为死缓，有1个被改判为无期徒刑；55个一审被判处死缓的被告人，有3个二审被改判为无期徒刑；另外还有1个一审被判处无期徒刑的被告人在二审中因为新证据而被改判为死缓。在所有的样本中，有53个案件的被告人受到民事赔偿情节的影响而被从轻处罚。但在极个别案件中，法官或检察院将被告人未作出民事赔偿的情况作为从重处罚情节处理。

---

① （2013）G高法刑一终字第259号。

三、民事赔偿情节影响死刑裁量的实践问题分析

通过对61个样本的对比分析可以发现,民事赔偿情节在被告人可能被判处死刑的案件中有非常高的适用率,充分显示了民事赔偿情节在死刑案件量刑中的重要地位。为了确保民事赔偿情节在死刑裁量中的公平、科学适用,有必要对样本的突出特征进行进一步分析。

(一)实践中被害人家属不予谅解限制了民事赔偿情节在死刑案件中的适用

样本显示,在8个法官拒绝适用民事赔偿情节的样本中,法官给出的理由均为被害人家属不予谅解。由于从样本中可以获取的信息有限,尚不能就此判定被害人家属不予谅解是影响民事赔偿情节在死刑案件中适用的唯一因素,但至少可以说是重要的因素之一。

在(2015)G高法刑一终字第156号王某某故意杀人案中,被告人王某某与被害人卢某某之间存在经济纠纷。在一次争吵打斗过程中,被告人将被害人的手腿脚绑住放置在小汽车后座,并将被害人头部用黑色布袋套住导致被害人死亡。在一审中被告人因故意杀人罪被判处死刑,缓期两年执行。被告人不服一审判决提出上诉。就民事赔偿部分,二审法院认为虽然被告人亲属补偿被害人亲属50万元,但被害人卢某某的亲属对王某某的犯罪行为并未表示谅解,双方没有达成刑事和解协议,故请求对王某某予以从轻处罚的理由不能成立。而在(2013)G高法刑三终字第400号王某某抢劫案中,被告人王某某付嫖资过后反要200元不成,遂持刺器猛扎被害人颈部、面部致人死亡。一审法院以抢劫罪判处被告人死刑,二审法院认为被告人"论罪应当判处死刑,鉴于其归案后如实交代所犯罪行,且积极赔偿并取得被害人家属的谅解,可不必立即执行",遂撤销一审判决中的量刑部分,改判为死刑,缓期两年执行。对比两个案例可以看出,两个案例均产生了一人死亡的结果,且从手段来讲案例二中的被告人致人死亡的手段更为残忍。案例一中50万元的赔偿数额远远超过了案例二10万元的赔偿数额,却因没有获得被害人家属谅解而未能在量刑中得到采纳;案例二中的被告人却因积极赔偿被害人家属损失并获得被害人家属谅解而被二审改判为死刑,缓期两年执行。此外,在案例一中,虽然不能说被告人支付了50万元的赔偿款就能够弥补被害人家属因犯罪遭受的精神和物质上的全部损失,但50万元的赔偿额已经远远超过了该案附带民事诉讼的判赔额65196.5元,也远远超过了G省死刑案件刑事附带民事赔偿判决的赔偿数额的

中间值。①在此情况下,如果真如样本信息中所显示的那样,法官仅以被害人家属不予谅解为由拒绝在该案中适用民事赔偿情节,确有阻碍民事赔偿情节在限制死刑适用中发挥应有作用的嫌疑,死刑在个案中适用不公的危险性也会因此增加。

(二)实践中法院对民事赔偿情节适用的标准把握不统一

且不论民事赔偿情节的适用是否应当以被害人家属谅解为前提,既然被害人家属是否谅解在实践中对民事赔偿情节的适用有极大影响,在这种情况下,法院在审理相似案件时至少应当坚持相同的标准,否则会对个案中死刑的适用公平问题带来极大的挑战。

在民事赔偿情节适用标准方面,样本中有两个案例引起笔者注意,这两个典型案例分别是(2014)G高法刑一终字第98号刘某某故意杀人案和(2015)G高法刑一终字第298号王某某故意杀人案。这两个案例之所以引起笔者关注,是因为该二案例案情基本相同,且由同一法院成员组成相同的合议庭进行审理,但在是否适用民事赔偿情节方面该合议庭在两个案件中作出了不同的决定。因而在此进行对比分析。

在刘某某故意杀人案中,被告人因被害人与其分手心生不满,与被害人产生感情纠纷,持刀捅刺被害人致其死亡。一审法院以故意杀人罪判处被告人死刑,缓期两年执行,并限制减刑。二审法院认为该案系恋爱纠纷引发,且被告人归案后能如实供述,虽然未能取得被害人家属谅解,但其亲属已代为赔偿被害人亲属的全部物质损失,可酌情从轻处罚,因此,撤销一审判决中对被告限制减刑的判决。而在王某某故意杀人案中,被告人与被害人曾是恋人关系,被害人与被告人分手多次遭到拒绝,二人因此发生争吵,被告人在恼怒之下,抱起被害人并将其扔到楼下,致被害人死亡。一审法院以故意杀人罪判处被告人死刑,缓期两年执行。二审法院认为被告人系自首,且案件系因感情纠纷引发,因此可以对被告从轻进行处罚。但在民事赔偿方面,由于被害人亲属无法谅解被告人,双方无法达成赔偿谅解协议,虽然被告人母亲有代为赔偿的意愿也不能因此对被告人从轻处罚。

---

① 笔者曾经对G省高级人民法院在2014年1月1日至2015年8月31日期间公布上网的246个被告人被判处死刑的裁判文书进行过分析,发现在120个公布有刑事附带民事判决赔偿数额的裁判文书中,法院判赔五万以下的有107个,占74.83%,其中判赔3万到5万之间的最多,有72个,占50.35%;判赔10万以上的占15.38%。在判赔10万以上的样本中,大多数被害人没有当场死亡,或为重伤,或送到医院中经抢救无效死亡,由此可见,较大数额的判赔往往包含了被害人的医疗费用,而对于由犯罪行为导致直接死亡的被害人来说,法院的判赔数额往往固定在5万以下。

对比两个案件的基本情况可以看出,这两个案件均因感情纠纷引发,都有民事赔偿情节,但不同的是,在刘某某故意杀人案中,二审法院认为虽然被告人未能获得被害人家属谅解,但其赔偿情节可以在量刑时予以考量;但在王某某故意杀人案中,二审法院却认为,由于被害人家属对被告人无法谅解,所以在量刑时对于被告人母亲有代为赔偿意愿的情节不予采纳。虽然从结果上看两名被告人最终获得的量刑是一致的,但从法庭的论证说理中可以看出,法院对于民事赔偿情节的适用标准在认识上比较模糊。尤其是上述两个案例由成员完全一致的审判庭进行审理,更使人对于司法实践中死刑案件民事赔偿情节的适用标准到底为何产生疑惑,也对死刑在个案中是否能够得到公平适用更加担忧。

(三)个案中存在错误地将被告人不赔偿视为从重量刑情节的问题

如上文所述,在61个样本中有53个案件的被告人受到民事赔偿情节的影响而被从轻处罚,但在极个别案件中,法官或检察院将被告人未作出民事赔偿的情况作为从重处罚情节处理。如在(2014)G高法刑一终字第223号李某某故意伤害案中,被告人向被害人讨要欠款期间双方打架,被告人持螺丝刀向被害人身体乱刺并从被害人手中抢来铁钎殴打被害人头部,致其受伤倒地,抢救无效死亡。一审法院认为被告人犯罪后果严重,且没有对被害人作出赔偿,应当依法严惩,但考虑到本案系民间债务纠纷引发,被告人到案后能够如实供述,因此判处其死刑,缓期两年执行。再如在(2016)G刑终287号何某某故意杀人案中,被告人与被害人因分手费问题发生争执斗殴,被告人持菜刀砍击被害人身体多处导致被害人当场死亡。一审法院以故意杀人罪判处被告人死刑,缓期两年执行,随后检察院提出抗诉,以被告人没有对被害人家属作出赔偿为由,请求二审法院判处被告人死刑立即执行。所幸,这两个案例中的二审法院均未采纳一审法院和检察院因被告人未对被害人家属进行赔偿而对被告人从严处罚的判决理由或抗诉意见。但从这两个案例的基本情况可以看出,对于民事赔偿情节的本质属性,实践中确实存在认识错误的情况。

事实上,正确适用酌定量刑情节的前提是准确认识酌定量刑情节的性质,而民事赔偿从最初被纳入酌定量刑情节至今,在性质上始终属于从轻量刑情节,且已经成为"严格控制和慎重适用死刑政策、减少死刑案件数量的一条现实而有益的途径"①。因此可以肯定地说,法官或检察院将被告人未作出民事赔偿的情况作为从重处罚情节处理的个别做法违背了民事赔偿情节的本质属性,应当旗帜鲜明地予以纠正。

四、民事赔偿情节影响死刑裁量的应然之道

(一)充分明确民事赔偿情节的酌定从轻属性,不得把拒绝赔偿视为从重情节

量刑情节是指在对犯罪人量刑时可能影响刑罚轻重的各种情况,是在犯罪成立的基础上决定刑罚轻重的根据。根据量刑情节对刑法规定的刑罚幅度所产生的轻重影响,可以将量刑情节分为从重情节、从轻情节与减轻情节;根据量刑情节是由法律明文规定还是由法官酌情确定,可以将量刑情节分为法定情节与酌定情节。根据我国刑法及其司法解释,民事赔偿情节属于酌定从轻量刑情节,对该根本性质的把握是正确适用民事赔偿情节的前提和基础。

首先,从刑法总则的基本理论上看,民事赔偿之所以能够对量刑产生影响是因为民事赔偿能够反映被告人的悔罪表现,以此为理由对被告人从轻处罚符合当前刑法理论所承认的矫正与社会复归的刑罚目的。②从矫正主义刑罚观的立场出发,刑罚的轻重与犯罪人本身的人身危险性以及犯罪人本身被教育改造以回归社会的难易程度有着直接的关系,而被告人犯罪后的行为与态度往往能直接反映被告人的人身危险性大小与被教育改造的难易程度。一个犯罪后积极对被害人及其家属进行民事赔偿的被告人一般更有认错悔罪的倾向,其人身危险性一般也较小,教育改造起来也相对容易,因此在量刑上需要予以从宽考虑,以实现罚当其罪。另外,民事赔偿可以在一定程度上通过弥补犯罪造成的物质损害和心理创伤来修复被犯罪破坏了的社会关系,降低犯罪的社会危害性。③正如有学者指出的:"国家在刑事司法中所扮演的角色绝不应是矛盾的激化者和悲剧的制造者,如果能用调解解决,就不要用暴力解决;能息事宁人,就不要去挑开伤疤;能皆大欢喜,就不要两败俱伤"。④虽然民事赔偿不可能从根本上修复犯罪所造成的危害,但至少在物质上确

---

① 赵秉志,彭新林:《论民事赔偿与死刑的限制适用》,载《中国法学》2010年第5期。
② 刘军:《该当与危险:新型刑罚目的对量刑的影响》,载《中国法学》2014年第2期。
③ 赵秉志:《暴力犯罪死刑适用标准研究》,北京师范大学出版社2014年版,第189页。
④ 张建升:《恢复性司法:刑事司法新理念——访中国社会科学院法学所副研究员刘仁文》,载《人民检察》2004年第2期。

实对被害人或被害人家属产生了弥补的效果。因此,在刑罚裁量时考量民事赔偿情节是"是贯彻罪责刑相适应和刑罚个别化原则的体现"①。

其次,从最高人民法院的司法解释上看,早在1999年最高人民法院印发的《全国法院维护农村稳定刑事审判工作座谈会议纪要》中就已经达成了在"坑农害农"案件中"被告积极赔偿损失的可以考虑适当从轻处罚"的共识。2007年1月15日最高人民法院发布的《最高人民法院关于为构建社会主义和谐社会提供司法保障的若干意见》中规定:"对于因婚姻家庭、邻里纠纷等民间矛盾激化引发的案件,因被害方的过错行为引发的案件,案发后真诚悔罪并积极赔偿被害人损失的案件,应慎用死刑立即执行。"2007年8月28日最高人民法院发布的《最高人民法院关于进一步加强刑事审判工作的决定》也明确提出:"要贯彻执行'保留死刑,严格控制死刑'的刑事政策,对于具有法定从轻、减轻情节的,依法从轻或者减轻处罚,一般不判处死刑立即执行。对于因婚姻家庭、邻里纠纷等民间矛盾激化引发的案件,因被害方的过错行为引起的案件,案发后真诚悔罪、积极赔偿被害人经济损失的案件等具有酌定从轻情节的,应慎用死刑立即执行。"以上司法解释逐渐确立了民事赔偿作为酌定从轻量刑情节的法律地位。

由此可见,无论是刑法理论还是最高人民法院发布的法律文件共同反映出的一个基本精神是,如果被告人案发后积极赔偿被害人或被害人家属的经济损失,法院在量刑时可以考虑采纳民事赔偿情节对被告人适当从轻处罚。具体到死刑案件,如果被告人存在民事赔偿情节,那么要对被告人适用死刑时应当更加慎重,并说明充分的理由。

这里还需要特别注意的是,所谓的从轻量刑情节是指对于具备该情节的被告人,在刑法分则条文规定的刑罚幅度内选择较轻的刑种或较短的刑期。如果不具备相应的量刑情节,则在量刑中不得考虑该量刑情节,也就是说,从轻量刑情节,有就考量适用,没有就不予考虑,但绝不存在异化为从重量刑情节的可能性。如案例中,以被告人拒不赔偿为由而将民事赔偿作为从重量刑情节的做法既是对量刑情节的误解,更是对刑法基本理论的违背。虽然样本中反映的情况只属于个别现象,但对于死刑案件来说,实践中如果不能准确理解并严格把握死刑适用标准,任何一个个案的不公都会造成不可挽回的后果。因此,民事赔偿情节的定性问题必须引

---

① 赵秉志,彭新林:《论民事赔偿与死刑的限制适用》,载《中国法学》2010年第5期。

起高度重视。

（二）正确区分民事赔偿情节的具体内容与民事赔偿情节本身，不应以偏概全

实践中之所以会出现民事赔偿情节在个案中适用标准不一，进而影响死刑适用公平性的问题，其中一个重要的原因就在于，司法机关经常将民事赔偿情节与民事赔偿情节中的各具体内容混为一谈，这直接导致司法机关在实践中常以民事赔偿情节中某个具体内容的缺失为由认定整个民事赔偿情节的缺失，进而拒绝在死刑裁量中适用民事赔偿情节，并最终造成民事赔偿情节理解上的误区和适用上的错误。

首先，就民事赔偿情节的概念而言，所谓的民事赔偿情节并不是某个单一的行为，而是一个包罗甚广的行为综合体。民事赔偿情节的各个具体内容从不同的方面影响着被告人的人身危险性与社会危害性，进而影响到被告人的整体罪责。同时，民事赔偿情节也是一个较为宽泛的概念，本着有利于被告人的刑法解释精神，对民事赔偿情节从整体上看应当从宽认定，被告人只要具备民事赔偿情节中的任何一项具体内容就应当视为民事赔偿情节在质的层面上存在。

其次，就民事赔偿情节的内容而言，具体包括民事赔偿的意愿、民事赔偿的时间、民事赔偿的数额、民事赔偿的效果等，它们中的任意一个都不是民事赔偿情节的必备要素，因此缺少任何一个都不能据以认定民事赔偿情节的缺失。也就是说，如果被告人不具备包括民事赔偿的意愿、民事赔偿的时间、民事赔偿的数额、民事赔偿的效果等在内的任何相关内容，那么法院必然应当认定为民事赔偿情节的缺失。但如上所述，如果被告人拥有上述内容中的任何一个，都应当认定为民事赔偿情节的存在。

最后，就民事赔偿情节的具体内容对死刑适用的影响而言，民事赔偿情节的每一项具体内容均直接影响民事赔偿情节的强度，进而影响民事赔偿情节在死刑裁量中的作用大小。比如说，被告人有民事赔偿的意愿却没有实际进行民事赔偿，那么仍然认定民事赔偿情节在质的层面上的存在，但同时应当认定民事赔偿情节在量的层面上的程度较低；再比如被告人赔偿的数额以及该数额与被告人经济能力的关系也都属于影响民事赔偿情节程度的具体内容。

如前所述，在被告人仅表达出赔偿意愿但未实际作出赔偿行为的7个样本中，有2个案件的法官认为被告人表达赔偿意愿本身即可视为具有民事赔偿情节，显

示出这些法官对民事赔偿情节的正确认识,因为赔偿意愿本身就属于民事赔偿情节的一项内容,其存在即说明了民事赔偿情节在质的层面上的实际存在。因此,厘清民事赔偿情节与民事赔偿情节各具体内容之间的关系,有利于深化对民事赔偿情节本身的深刻认识,有利于司法实践中对民事赔偿情节的适用,并能够有效减少因民事赔偿情节理解上的偏差造成的实践中的错位。

(三)着重强调民事赔偿情节的独立地位,其适用不以被害人家属谅解为前提

在刑事案件的量刑过程中,民事赔偿情节往往与被害人家属谅解情节共同出现,被告人及其家属的积极赔偿往往会带来被害人家属的谅解,而被害人家属之所以谅解被告人也大多是由于被告人及其家属的积极赔偿。这种情况在死刑案件中尤其明显,这也是实践中法院在考虑是否适用民事情节时常常会把民事赔偿情节与被害方谅解紧密联系在一起的重要原因。但经常性的共同出现并不代表必然的相伴而生,民事赔偿情节与被害人家属谅解情节之间不具有关系的必然性,换句话说,二者从本质上是相互独立的酌定从轻量刑情节。

首先,从理论上说,民事赔偿情节与被害人家属谅解情节所反映出的从轻处罚的理由并不完全相同。量刑情节从本质上来说反映了被告人行为的社会危害性和被告人自身的人身危险性,所有的量刑情节都是对这两方面的反映。事实上,民事赔偿的意愿反映的是被告人意图修复被犯罪行为侵害的社会关系的意愿,反映的是自身的悔罪态度和较低人身危险性;而民事赔偿的行为一方面反映了被告人的悔罪态度和较低人身危险性,同时也是对犯罪行为侵害的社会关系的主动修复,反映了犯罪行为的社会危害性,而被害人家属谅解情节则属于社会关系修复的成果。

其次,从司法上说,最高人民法院的指导性案例明确了民事赔偿情节的独立地位。我国已确立了指导性案例制度,即由最高人民法院发布对全国法院审判、执行工作具有普遍意义的典型案例,规范法官的自由裁量权,着力解决类似案件或案情基本相同的案件处理结果不相同的问题。[①]在最高人民法院曾经发布过的两则指

---

① 周强:《充分发挥案例指导作用 促进法律统一正确实施》,载《人民法院报》2015年1月4日第1版。

导性案例①中,被告人及其家属均对被害人家属进行了赔偿,但被害人家属均未表示谅解,在这样的情况下,二审法院均以被告人及其家属对被害人家属作出赔偿为由将一审判处的死刑立即执行改判为死刑,缓期两年执行,这集中反映了最高人民法院对于民事赔偿情节影响量刑的态度和立场,即民事赔偿情节是独立于被害人家属谅解情节的酌定从轻情节。

最后,从实践上说,"积极赔偿被害人经济损失与被害人谅解也可能单独存在"②。这类情况多见于因民间纠纷或婚姻家庭纠纷引发的案件中,被告人也系被害人家属的亲朋好友,被告人的犯罪动机不如其他原因引发的暴力性犯罪卑劣,因此即使没有赔偿行为也容易获得被害人家属的谅解。还有一些情况是,被告人家庭贫困,赔偿能力差,但被告人本身能够向被害人家属赔礼道歉,认罪悔罪且态度诚恳,对此被害人家属也可能予以谅解。

另外,对于民事赔偿情节的独立地位问题,我们也可以借用上述民事赔偿情节与民事赔偿情节具体内容之间关系的理论进行理解与阐述。在某种程度上,我们可以将被害人家属是否谅解作为民事赔偿的实际效果之一进行看待。如果被告人及其家属积极赔偿换来了被害人家属的谅解,那说明被告人的民事赔偿行为取得了极好的效果,因此应该在更大的程度上对被告人进行从轻处罚。反之,如果被告人及其家属的谅解并未获得被害人家属的谅解,那么只是减损了民事赔偿行为的实际效果,但并不代表民事赔偿情节整体上的缺失,从这个方面也可以解释,为什么不能将是否适用民事赔偿情节建立在被害人家属是否谅解这一情节之上。

综上,虽然民事赔偿与被害人家属谅解之间关系紧密却不具有必然性,每个情节都属于相互独立的酌定量刑情节,司法实践中应当对二者进行独立的评价。如果同时存在民事赔偿情节和被害人家属谅解情节当然最好,但如果仅有其一也有其独立价值,简单地以被害人家属不谅解为由明确拒绝适用民事赔偿情节的做法是对民事赔偿这一酌定量刑情节的贬低和降格,不符合刑法的基本理论和死刑的基本政策,在实践中也不利于被告人赔偿的进行和受损社会关系的弥补。因此,在

---

① 指导案例第12号,由最高人民法院审判委员会讨论通过,2012年9月18日在中华人民共和国最高人民法院网上发布,http://www.court.gov.cn/shenpan-xiangqing-13317.html,最后访问日期:2020年4月29日;指导案例第4号,由最高人民法院审判委员会讨论通过,2011年12月20日在中华人民共和国最高人民法院网上发布,http://www.court.gov.cn/shenpan-xiangqing-4217.html,最后访问日期:2020年4月29日。

② 最高人民法院刑事审判第三庭:《量刑规范事务手册》,法律出版社2014年版,第84页。

适用民事赔偿情节时必须强调民事赔偿情节与被害人家属谅解情节之间的相互独立地位。

五、总结

民事赔偿情节在暴力类犯罪的量刑中,尤其是在死刑案件的裁量中具有重要的影响力,它与其他法定和酌定从轻量刑情节一起发挥着限制死刑适用的司法作用,理应引起深入的讨论、细致的研究和深刻的理解。为保障民事赔偿情节在死刑裁量中的公平、科学适用,必须要重视并解决民事赔偿情节在适用过程中存在的诸多问题,着力解决对民事赔偿情节的本质属性认识不清、对个案中适用民事赔偿情节的标准掌握不一、对民事赔偿情节与被害人家属谅解情节的关系理解混乱等核心问题。为此,不仅要充分明确民事赔偿情节的酌定从轻属性,避免出现将拒绝赔偿视为从重情节的错误做法,还要正确区分民事赔偿情节的具体内容与民事赔偿情节本身,避免把民事赔偿情节某个具体内容的缺失认定为民事赔偿整个情节的缺失,更要着重强调民事赔偿情节的独立地位,避免以被害人家属不谅解为由拒绝适用民事赔偿情节。

(责任编辑:冯煜清)

域外法制

日本民法修改中的债权让与和债务承担[*]

中田裕康[**]文　高　翔[***]译

今天,我演讲的内容是关于日本民法修改之后的债权让与和债务承担的问题。[①]

一、关于债权让与及债务承担制度的发展

对于债权债务的移转,存在两种观点。第一,认为债权是特定当事人之间的权利的观点。若严格贯彻该观点,则债权为连接人与人之间的法锁,便无法向他人移转。第二,认为债权是财产的观点。对于银行存款、应收账款等债权,债权人能意

---

[*] 本文是在中田裕康教授于2018年11月2日在东南大学法学院所作的讲座的基础上修改而成的。文中所涉条文均按照我国法律习惯做了改动,日本法体例中对应"条""项""号",特此说明。

[**] **作者简介:** 中田裕康,早稻田大学法务研究科教授、东京大学名誉教授、一桥大学名誉教授。

[***] **译者简介:** 高翔,东南大学法学院副教授、东南大学最高人民检察院民事检察研究基地研究员。

[①] 以下的叙述中,关于修改前的民法,是以[日]中田裕康:《債権総論》(第3版),岩波書店,2013年,第518-582页为基础。关于修改后的民法,有较多文献,其中[日]筒井健夫、村松秀樹:《一問一答民法(債権関係)改正》,商事法務,2018年,第159-185页;[日]潮見佳男:《民法(債権関係)改正法の概要》,金融財政事情研究会,2017年,第148-173页,内容简洁明了。

识到其为财产。既然为财产,产生希望将其转让给他人之要求也便实属自然。

在历史上,罗马法之中,强调第一种观点,并未认可债权债务的移转。然而,循此做法在实际上极为不便,因此通过各种方法以实现债务债权移转①,但即便如此也不能实现交易目的。因此,近代法以来,法锁这一观点被舍弃,保持债权同一性的移转从正面得到了承认。债权人发生更替的为债权让与,债务人发生更替的为债务承担。此外,不限于个别的债权债务,也存在概括的"契约上地位的移转"或"契约让与"。从历史上看,在各国民法典登场的,也是按照这样的顺序。

首先,1804年的法国民法典中,债权让与在买卖一章的末尾以"债权及其他无体权利的移转"的形式出现,但并无债务承担的规定。此后,在19世纪后期的德国,以交易界的需要为背景,克服了将债权视为债权人与债务人之间的法锁的理解,不仅是债权让与,接受债务承担的学说及各邦的立法草案也开始出现。对此,1896年公布的德国民法典继有关债权让与的规定之后,也设置了债务承担(免责的债务承担)的规定。在日本,对于债权让与,在1890年公布的旧民法中存在若干规定,1896年公布的现行民法中具有统一的规定,但均未涉及债务承担的规定。然而,日本的学说、判例在参考德国民法的同时,推进了关于债务承担的探讨。在制定法层面,债务承担的概念也得到了使用。②但是,债务承担的内容并未得以规定,只能继续借由学说、判例对其进行阐明。另外,在各国的民法以及国际性的合同法原则之中,设置相当于债务承担制度的规定成为一般性的做法。③

在这样的状况之下,日本民法对债权让与的规定进行修改的同时,也新设了关于债务承担的规定。④以下,将按照债权让与、债务承担的顺序,介绍其内容。

---

① 使用更改(债权人或债务人的更替)或代理制度的方法。更改是先使原债权债务关系归于消灭,后以新的债权债务关系进行更替之制度。因新旧债务之间无同一性,依附于旧债务的担保、保证及抗辩便归于消灭,并不存续于新债务之上。此外,以债权关系的相对方的同意为必要。所谓代理,即授予代理人催缴债权的代理权,催缴之后便将其让与给代理人之方法。在此方法下,但如果出现本人(债权人)死亡的情况则会产生问题。

② 1938年商法全面修改之际,新设了营业的受让人发布债务承担广告情形的规定(商法第28条,现公司法第23条第1款的前身),1971年民法修改新设最高额抵押的规定之际,否定伴随性的规定之中也言及了债务的承担(民法第398条之7的第2款)。

③ 1942年修改的意大利民法、2003年的《欧洲合同法原则》第3部分(PECL Ⅲ)、2004年修改的《国际商事合同通则》(UNIDROIT PRINCIPLES 2004)、2009年公布最终版的《欧洲私法的原则、定义与示范规则——共同参照框架草案》(DCFR)、2016年修改的法国民法。上述法律及规范均设置了合同让与的规定。

④ 此外,在民法修改中,设置了关于有价证券的让与(第520条之2~第520条之20)以及合同上地位的移转(第539条之2关于不动产出租人的地位的移转,第605条之2,第605条之3)的新规定。

二、债权让与

（一）日本法中债权让与的社会功能

1. 传统的功能

首先，对在日本债权让与是以何种目的进行以及承担何种功能这两个问题展开说明。以下，将使用债权人A对债务人B享有的债权f向受让人C转让这样的标记。传统上承担的功能，包括四个方面。

（1）作为代物清偿的债权让与

A的债权人C为了实现对A的债权的回收，将A享有的债权f作为代物清偿予以接受。从C来看，以债权回收为目的的债权让与，若从A的角度来看，则是作为代物清偿的债权让与。在此种情形下，A的财产状况不佳，A的债权人除C之外另有其人也属正常。此时，A如果将相同的债权f再度转让给其他债权人，或被其他债权人将f扣押（冻结）等，转让与扣押出现竞合，则会产生复杂的问题。

（2）以折价为目的的债权让与

A通过出卖其债权f以换取现金的让与。假设债权f为100万日元的金钱债权，其清偿期为3个月。之后，在A急需现金的情况下，会通过将f作价80万日元由C收购这一交易来实现。

（3）以催收为目的的债权让与

B未向A清偿债务时，A委托C进行催收的情况也时有发生。在此情形下，A授予C催收的代理权，C作为A的代理人进行催收是通常的做法。但是，相较于代理人，作为本人更容易催收的情形下，A将债权f转让给C，C作为新的债权人进行催收的方法亦有存在。这也正是传统的债权让与所使用的方法之一。但不良债权的催收往往牵涉暴力团等情况，容易滋生问题，因此，放贷业法及律师法等对此作了法律上的规制。

（4）以担保为目的的债权让与

现实中存在A以债权f作为担保而欲从C那里获取融资的情形。债权可能会依债务人B的资力而使其价值发生变化，也可能在B向A清偿之后消灭，因此债权作为担保并非可靠的手段。但是，在没有其他财产时，作为补充其他担保的手段，存在以债权进行担保的情况。这便是以担保为目的的债权让与，称为债权让与担保。

2. 最近的倾向

如上所述,债权让与的目的与功能多种多样,但最近呈现出两个变化。

第一,是从危机时期的让与转向平时的让与这一变化。传统上,以债权充当清偿或做担保,多在让与人的财产状况处于危机的时期进行。裁判实践中,在让与人经营状况恶化的阶段以债权回收为目的所进行的债权让与是主要类型,并且债权让与的法律规范也是以此为中心发展而来。然而,近年来,除此以外的债权让与的重要性不断增加。换言之,这体现为让与人在正常的经营状况下作为其业务的一环,将作为财产权的债权进行折价或做担保,以实现筹措资金之目的。

第二,是从单一债权的让与转向多数债权的让与这一变化。传统上,关于债权让与的讨论,所设想的主要是现存的单个债权的让与。然而,在实践中,复数的债权一并被让与的情形不在少数。其中,让与对象不仅包括现存的债权,也包括将来发生的债权。

正是考虑到近年来的上述变化,债权让与的规则才得以修改。

(二)债权的让与可能性

1. 债权让与的自由与限制

(1)民法的原始规定

首先,债权能否自由地进行让与是一个问题。该规定是将1896年制定的民法中的原始表述在2004年的民法中进行了现代表达,内容与当初的原始规定并无二致。

(债权的让与性)

第466条 债权能够让与。但,其性质不允许让与时,不在此限。

2 前款规定,在当事人为相反的意思表示时,不予适用。但,其意思表示不得对抗善意的第三人。

如此可见,民法第466条第1款,宣告了债权能够让与这一原则。该规定从视债权为财产的立场来看实属自然,但在19世纪末民法制定之际曾有过激烈的争论。存在应承认债权可以自由让与的肯定说,以及不承认债权让与是日本的习惯,若承认让与则有损对弱势债务人的保护和反对说。最终两者之间达成妥协,设置了第2款。即债权的让与虽为自由,当事人若进行了禁止让与的特约则不能让与,但考虑交易的安全,禁止特约不能对抗善意第三人。这是第466条的原始规定。

(2)让与限制特约的功能

民法的原始规定设置了承认让与禁止特约这一规定的原因,正是源于对弱势债务人的保护。为了防止债权被转让给进行苛刻催收的恶劣从业者,特约被认为能够承担这一功能。然而,处于弱势的债务人原本就无法请求对方订立特约。现实中,这一特约成了强势债务人的工具,例如,银行或地方公共团体。对于银行的存款债权以及县①发包的建设项目的承揽报酬债权,一般均会附上让与禁止特约。强势债务人禁止让与对自己的债权的理由,包括让与的业务程序非常烦琐、为了避免向非债权人错误支付的危险、若受让人为反社会势力则会遭受滋扰等。

对于上述让与禁止特约的使用方法,批评的声音不绝于耳。第一,让与禁止特约原本是为了保护弱势债务人所设置的制度,而现实中却由强势债务人使用,且其理由也未必合理。第二,最近,企业让与其享有的复数债权筹措资金的情况较多,但在此之际,让与禁止特约却成为阻碍。申言之,在复数债权的让与之际,混有附让与禁止特约的债权会产生不便。

(3)民法修改的规则

如上所述,在债务人一方,存在对希望将债权人固定为当初之人这一利益进行保护的要求,另外,亦存在债权人希望让与债权的利益、债权受让人的利益,甚至于交易安全的保护之要求。为力求两者之间的和谐,修改后的民法设置了以下精细的规定。

(债权的让与性)

第466条 债权能够让与。但,其性质上不允许让与时,不在此限。

2 即使当事人作出禁止债权的让与,或限制的意思表示(以下称"限制让与的意思表示"),也不妨碍债权让与的效力。

3 在前款规定的情形中,债务人对于知道作出限制让与的意思表示,或因重大过失不知的受让人及其他第三人,可以拒绝其债务的履行,并且能够以对让与人的清偿或其他使债务消灭的事由对抗该第三人。

---

① 相当于中国的省一级行政区(译者注)。

4 前款之规定,在债务人不履行债务的情形,同款规定的第三人确定相当期间催告其向让与人履行,在该期间未履行时,对于该债务人不适用前款之规定。

第1款未进行修改。第2款至第4款呈现了新规定的基本构造。

第2款规定,即便存在限制债权让与的意思表示的情形,违背该意思表示的让与仍为有效。传统上,违反禁止债权让与特约的让与无效是判例的立场,但此次改正弱化了特约的效力,改为让与有效。

在此之上,第3款考虑了对债务人的保护。债务人对于恶意或具有重大过失的受让人可以拒绝履行。此外,如果债务人对作为原债权人的让与人进行清偿,其效果可以对抗受让人。认可债权的让与本身有效,同时在受让人恶意或具有重大过失时,尊重对债务人的保护。

接下来第4款考虑了对受让人的保护。如果只有第3款,债务人对受让人拒绝履行,同时对让与人主张其已非债权人的同样可以拒绝履行。因此,此处进行了如下设计,即受让人对债务人进行催告,要求其在确定的期间向让与人履行,该期间经过之后,债务人便不得再对受让人拒绝履行。

该规定接下来的数条之中,设置了更为精细的规则。首先,第466条之2,认可债务人能够进行提存,调整了债务人的保护与受让人的保护。

(已为限制让与意思表示之债权的债务人的提存)

第466条之2 在已为限制让与意思表示的以金钱给付为目的之债权被让与时,债务人可以将相当于该债权全额的金钱提存至债务履行地(债务履行地依债权人现在的住所地确定的情形,包括让与人现在的住所地。下条亦同)的提存所。

2 依前款的规定提存的债务人,必须毫不迟延地向让与人及受让人进行提存的通知。

3 依第1款规定提存的金钱,仅限于受让人能够请求返还。

其次,第466条之3,对于让与人破产的情形,保护了受让人的利益。

第466条之3 在前条第1款规定之情形,让与人已受破产宣告时,即使受让人(仅限于受让同款债权之全额者,并能够以该债权的让与对抗债务人或其他第三人)知道已为限制让与的意思表示,或即使因重大过失未知道时,债务人也能够将相当于该债务全额的金钱向债务履行地的提存所进行提存。在该情形下,准用同条第2款及第3款的规定。

第466条之4,明确了即使存在限制让与特约,该债权也不得对抗已实施扣押的债权人。依当事人的合意,约定不能扣押的财产这一做法是不当的,也是将民法修改之前的判例法理进行了明文化。

(已为限制让与意思表示之债权的扣押)
第466条之4 第466条第3款的规定,对于已为限制让与意思表示之债权进行强制执行的扣押债权人,不予适用。
2 无论前项规定如何,在受让人及其他第三人知道,或因重大过失未知已为限制让与意思表示的情形,其债权人强制执行同款债权时,债务人可以拒绝履行其债务,且能够以向让与人提供的清偿或其他债务消灭的事由对抗扣押债权人。

第466条之5,是对存储金债权的特殊规则,对于恶意或具有重大过失的受让人,限制让与的意思表示本身可以对抗该受让人。这是基于存储金债权的特色(由于预定了金额的增减,若其让与有效,将使法律关系复杂化,对于退还甚至金融体系的顺畅产生阻碍),以及欠缺使让与有效的必要性(由于存储金债权能够直接实现资金化,并不以筹措资金为目的进行让与,因此欠缺使其有效的必要性)。

(关于存款债权或储蓄债权的限制让与意思表示之效力)
第466条之5 对于当事人就存款账户或储蓄账户中的存款或储蓄金债权(以下称"存储金债权")已为限制让与的意思表示,即使存在第466条第2款的规定,也能够对抗知道或因重大过失而不知该限制让与的意思表示的受让人及其他第三人。
2 前款规定,对已为限制让与意思表示的存储金债权进行强制执行的扣押债权人,不予适用。

如上所述,在民法修改中,对债权让与的自由以及债务人利益的保护,进行了精细的调整。

2. 将来债权的让与

（1）将来债权让与的有效性

最初，债权让与的问题，集中于对现存债权的让与的讨论。然而，在交易社会中，也存在对将来发生的债权进行让与的情形。

将来债权的让与是可能的，一直以来已得到判例的承认。①其在何种范围内有效虽存在讨论，但下述1999年最高法院判决明示了重要的判断。该案涉及医师让与其对健康保险机构每月取得的诊疗报酬债权中将来八年零三个月的部分，其让与的有效性存在争议。最高法院对于以将来应当发生的债权为目的的债权让与合同，认可其在具备以下两个要件的前提下为有效：第一是作为让与目的的债权已经特定；第二是债权让与合同不违反公序良俗。从结论来看，法院作出了本案债权让与有效的判断。该判决也得到了学说的支持。本判决的中心部分如下。

最高法院1999年1月29日判决（民集53卷1号151页）

（1）在债权让与契约中，自不待言作为让与目的之债权根据其发生原因及让与相关的金额等存在被特定的必要，以将来一定期间内发生，或清偿期应当到来的数个债权为让与之目的的情形下，也应当依适当的方法明确前述期间的始期与终期等，使作为让与目的之债权应当被特定。

然而，对于以将来应当发生的诊疗报酬债权为标的的债权让与契约，原判决认为能够确实地期待以一定金额以上稳定发生并非遥远将来程度的债权为目的之限度内，应认定有效。但是，在以将来应当发生的债权为目的的债权让与契约中，契约当事人对于构成让与目的之债权的发生基础的事由进行斟酌，在考虑此事由下债权发生可能性之程度的基础上，对于该债权按照预想未发生的情形下受让人产生的不利益，通过追究让与人契约上的责任进行清算，应视为以此为内容订立了契约，因此认为在前述契约缔结时该债权发生的可能性较低这一事由，并非当然能左右前述契约之效力是妥当的。

（2）然而，对契约缔结时让与人的资产状况、关于当时让与人的营业等之变迁的预想、契约内容、缔结契约的经过等综合考虑，对于以将来一定期间内应当发生

---

① 大審院1934年12月28日民集13卷2261页判决（也认可了具备对抗要件）。

的债权为目的的债权让与契约,前述期间的长度等契约内容对于让与人的营业活动等方面,增加了从社会一般观念来看显著脱离正常范围的限制,或能够看出给其他债权人造成不当之损害等方面,增加了在认可存在上述特别事由的情形下,应当认为前述契约因违反公序良俗,而否定其全部或部分效力。

(2)民法修改的规定

修改后的民法,通过明文规定承认了将来发生的债权的让与可能性。即第466条之6第1款规定了将来债权的让与是可能的;此后第2款规定了现实发生的债权的取得(第3款请参照第175页的"(六)今后的课题"中的脚注②)。即使在修改后的民法中,前述最高法院1999年1月29日判决所提示的标准,也被认为是妥当的。

(将来债权的让与性)

第466条之6 债权的让与,不要求其意思表示时债权已现实发生。

2 在债权被让与之情形下,其意思表示时债权并未实际发生的,受让人当然取得发生之债权。

3 在前款规定之情形下,让与人依下条规定进行通知,或债务人依同条规定进行承诺前(以下称为"对抗要件具备时")为限制让与意思表示时,视为受让人及其他第三人知道其意思表示,适用第466条第3款(已为限制让与意思表示之债权为存储金债权的情形,前条第1款)之规定。

3. 债权让与的具体问题

如上所述,日本民法承认债权的让与可能性。下面将对现实中进行债权让与时的具体问题展开讨论。首先,对债权让与的当事人间的关系,即让与人A与受让人C之间的债权让与的要件及效果进行探讨。其次,对于当事人间债权让与的效力是否及于第三人的问题,从与债务人B的关系、与其他第三人D的关系两方面分别进行探讨。

(三)债权让与的当事人的关系

1. 成立要件

债权的让与人与受让人之间债权让与的成立要件为以下两个。

第一个要件是债权的存在。例如,由于债权发生原因的合同无效而未发生债权的情形下,不产生债权让与的效力。但是,将来债权让与的可能性,一如前述。

第二个要件是让与人与受让人之间存在债权让与合同关系。该合同关系不以书面合同为必要,仅双方合意已足。此外,债权让与的有效成立并不要求债务人的同意。这是因为,谁是债权人对于债务人而言虽关乎其利害,但通过后述的方法实现了对债务人的保护。

2. 效果

如果满足上述两个要件,则成立债权让与,在当事人之间债权由让与人移转给受让人。但在将来债权让与的情况下,债权发生时,受让人当然取得发生的债权(第466条之6第2款)。

(四)债权让与和债务人之间的关系

以下对让与人A与受让人C之间成立的债权让与,与债务人B之间的关系进行探讨。A、C之间的债权让与的效力,对于债务人B是否也能够主张?能够主张的情况下,债务人B的立场如何?前者是对抗要件的问题,后者则是债务人立场的问题。

1. 对于债务人的对抗要件

所谓对抗要件的问题,也就是受让人C作为新的债权人向债务人B请求履行时,需要满足何种要件的问题。第467条第1款对此进行了规定。以让与人即原债权人A通知债务人B债权让与的事实,或债务人B同意让与为必要。这是因为,虽然债权让与依让与人A和受让人C的合意即可成立,但如果将其效力强加于不知情的债务人B,则会产生二重清偿的危险,使债务人蒙受不利益。对第2款,将在后面的部分进行说明(第173页"第三人的对抗要件")。

(债权让与的对抗要件)

第467条 债权让与(包括现在未发生的债权之让与),非经让与人通知债务人,或债务人为承诺,不得对抗债务人及其他第三人。

2 前款的通知或承诺,非依确定日期的证书为之,不得对抗债务人之外的第三人。

2. 债务人的立场

（1）债务人的抗辩

债权可自由让与，虽然不需要债务人的承诺，但不能使债务人因此而陷入较之前更坏的境地。规定这一内容的是第468条第1款。

（债权让与中债务人的抗辩）

第468条 债务人，能够以对抗要件具备时为止对让与人发生之事由对抗受让人。

2 省略

第1款规定的"对抗要件具备时"是指，让与人依第467条进行通知，或债务人依第467条同意时（参照第466条之6第3款），该时间点为区分的时点。"对让与人发生之事由"，例如，债务人B已向债权人A进行了清偿，此外，B的同时履行之抗辩、作为债权发生原因的合同存在无效、可撤销、解除等情形，也可称为该"事由"。

（2）债务人的抵销权

稍显复杂的是债务人的抵销权。例如，假设A对B具有100万日元的买卖价款债权f1，B对A持有80万日元的借款债权f2。即使B收到来自A支付100万日元的请求，在80万日元的限度内也可以抵销。B只要向A支付抵销后的20万日元即可（第505条第1款）。但是，如果在B抵销之前，A将债权f1让与给C会怎样？对此进行规定的是第469条第1款。

（债权让与中的抵销权）

第469条 债务人能够以对抗要件具备时之前取得的对让与人之债权的抵销对抗受让人。

根据该规定，对于债权f1的让与在A的通知及B的承诺之前，B如果取得f2的话，B可以将f2与f1进行抵销。在该时点，无需f2与f1处于适于相抵的状态，也不要求f2的清偿期较f1的清偿期先行到来。以上，为民法修改之前判例所采的结论。

虽然反对该结论的学说较多,但修改后的民法广泛地承认了B的抵销权。其背景之中,蕴含着债权让与这一交易的社会状态的变化。曾经在债权让与中,持有债权之人经营状况恶化,以至于不得不将其债权作为代物清偿向自己的债权人让与,为其典型事例。对于债权人A而言,是处于不得不将作为重要财产的债权进行让与之程度的危险状态。接收到债权让与通知的B,察觉到A的危机,之后将断绝与A之间的交易。过去,对于此种A在接近破产的状况,作为B与C之间利害关系的调整,存在限制B的抵销这一思路。然而,现今,A在运行良好的状态下以本公司的资金筹措为目的,向C让与债权的情形也有存在。在该情形之下,A会期待与B之间的交易可以继续。而为了实现这一目的,有必要使B避免因债权让与而遭受不利益,也存在保护B的立场之必要。因此,存在广泛认可B的抵销权之要求。这是由于,如果B在f1让与给C之后也无法确保广泛地抵销,则将会选择断绝与A之间的交易。

第469条第2款,进一步扩大了抵销的范围①。

2 即使债务人在对抗要件具备时之后取得的对让与人之债权,若其债权属下列情形,同前款。但债务人是在对抗要件具备时之后取得的他人之债权时,不在此限。

(1)基于对抗要件具备时之前的原因发生之债权;

(2)除前项所列情形外,基于受让人取得的债权发生原因之契约而发生之债权。

---

① 第469条第2款第1项,规定了即使是债权人接收债权让与通知之后发生的债权,在其为基于收到让与通知之前的原因而发生的情形下,也允许债务人能够以抵销进行对抗。例如,B接受A的委托成为保证人的情形下,A将对B的债权f1让与给C,对B进行通知后,B履行了保证债务,并据此取得对A的求偿权f2,虽然f2的发生,在f1的让与之后,但其发生原因在先,因此能够以f2为自动债权,与受动债权f1进行抵销。同款第2项进一步扩张,即使债权是基于债权让与通知之后产生的原因而发生的,如果是和被让与的债权基于相同的合同,也能够对抗以该债权为自动债权的抵销。例如,制造商A与商店B进行着持续性的买卖。在A与C之间,对于将来一年间依A、B的买卖产生的A对B的价金债权,由A向C进行了让与,并由A向B作通知,即将来债权的让与。一个月之后A、B之间签订了具体的买卖合同,由此产生的价金债权由C取得。但是,该买卖的标的物具有瑕疵,假设B对A取得损害赔偿权,B可以主张损害赔偿债权与买卖价金债权的抵销,并以此对抗C。这是因为在该情形下,买卖价金债权与损害赔偿债权是基于相同的买卖合同产生的债权。该规定通过对债务人B的抵销期待之保护,即使是基于通知后产生的原因而发生的债权,考虑到将来债权在被让与后A与B之间交易也能够继续的话,不仅是对债务人B,对于受让人C来说也是有益的。如上所述,第2款第2项设想的是将来债权的让与。这一规定使债权人在利用自己的债权,包括将来债权进行资金筹措成为可能的同时,也兼顾了债务人利益的保护。

3（省略）

（五）债权让与和第三人之间的关系

1. 第三人的对抗要件

下面将对债权让与和债务人之外的第三人之间的关系进行说明。这涉及债权人A将对于债务人B的债权向C让与后，同债权又向D进行二重让与的情形，C与D哪一方能够获胜的问题。第467条第2款对此进行了规定。

申言之，C为了能够胜过D，需要A通过"确定日期的证书"向债务人B进行通知，或得到B的同意。对于C与D的优劣判定，仅凭通知或承诺仍不为足，需要更加确实的证据。

确定日期的证书，是指之后无法篡改的确定的证明文书，在公证处或邮局能够取得。将确定日期的通知或同意作为对抗要件，对于债务人而言，存在使其对债权让与承担作为公示机关的功能这一考虑。也就是说，欲受让A的债权之人，为了获悉其债权现在是否存在，是否已让与给他人，是否被扣押等情况，应当向债务人B询问。债务人为了对其进行回答，体现作为公示机关的作用，有必要收集关于债权的存否、归属的信息。因此，将通知或同意作为对抗要件，仅凭通知或同意仍不为足，要求确定日期是为了防止日后的篡改。这一考虑，正如以下最高法院1974年3月7日判决所示，成了判例法理的基础。

最高法院1974年3月7日判决（民集28卷2号174页）

"民法第467条第1款，对于债权让与，认为与债务人的同意并列的以对债务人让与的通知，不仅对债务人，也在债务人以外的第三人之关系上作为对抗要件，是由于欲受让债权的第三人，首先要向债务人确认债权是否存在或其归属，而债务人在该债权已被让与但限于其未收到让与通知或未同意时，向第三人表示债权的归属不存在变动是通常之理，第三人信赖此债务人的表示而受让该债权，这样的情况也是存在的。如此这般，对于民法规定的债权让与的对抗要件制度，应当说通过该债权的债务人对是否存在债权让与的认识，并就该认识得向第三人进行表示作为原则是成立。并且，同条第2款，为了前述通知或同意能够成为对第三人的对抗要件，以具有确定日期的证书为必要，其目的，应当认为是在于防止以下情形的发生，即债务人向第三人表示不存在债权让与，第三人信以为真，受让债权之后，作为让与人的旧债权人,将债权向他人二重让与,并与债务人通谋将让与通知或其承诺的日期进行回溯,侵害该第三人的权利。因此,如前述同条第1款所规定的对于债权让与的对抗要件制度之构造,并未附加任何变更。

鉴于前述民法第467条的对抗要件制度之构造,在债权二重让与的情形下,受让人相互之间的优劣,不应通过通知或承诺所附的确定日期之先后决定,而应以具有确定日期的通知到达债务人的时间或具有确定日期的债务人之承诺的时间之先后确定,此外,应当认为确定日期对于通知或承诺本身为必要。"

自不待言,债务人作为公示机关的作用实际在多大程度上得到发挥不无疑问。因为债务人在被询问时,有可能说谎,也有可能不做回答。然而,虽说是不完全的,但传统上仍然认为债务人作为公示机关能够发挥作用。此次修改的审议中,考虑到将债务人作为公示机关的方法不够完备,因此讨论了从根本上进行改正,即将所有的债权让与导入登记系统这一方法。但是,讨论结果认为时机不够成熟而将其搁置。

2. 二重让与的各种形态

传统上,让与人的财务状况出现恶化,在处理作为最后残存资产的应收账款债权等的情况下,运用债权让与较为常见。在该情形下,濒临危机的让与人进行二重、三重让与的情况也不在少数。在多重让与的情况下,通知较早到达债务人的一方优先,这一观点被称为到达时说。此点也在前述最高法院1974年3月7日判决中得到了明确,仍然还是从债务人作为公示机关的功能导出。该说主张为了使债务人发挥作为公示机关的作用,存在认识债权让与事实的必要,而要实现这一点,主张以通知到达债务人时间的先后顺序决定是妥当的。现在学说对此一般也持赞成的态度。

3. 将来债权让与的情形

此次民法修改设置了关于将来债权让与的对抗要件的明文规定,在第467条第1款的括号内进行了明确。即将来债权的对抗要件与一般的债权让与的对抗要件相同。在将来债权让与的情形下,如果是能够确保债务人的认识的通知,也可以认可其作为对抗要件之效力。对于将来债权,即使在债权发生前也能够具备对抗要件,受让人只要具备对抗要件则优先于在债权发生后受让该债权之人。这一观点,是在民法修改之前就被判例所承认的。

4. 关于对抗要件的特别法

以上为民法的规定,但除此之外还有让与多数的债权具备对抗要件的特别法,即《动产债权让与特例法》(1998年制定,2004年变更法律名称)。如果进行了债权让与的登记,据此受让人得对抗债务人之外的第三人。对于债务人的对抗,依向债务人交付登记事项证明书为必要。即区分对于债务人的对抗要件与债务人之外的第三人的对抗要件,认可了仅对于第三人的对抗要件可以先行具备。作为进行该登记的要件,仅要求让与人为法人,以及成为标的债权为金钱债权。债务人不特定也无影响。[①]法人能够在依民法的对抗要件制度之让与及依特例法之让与两者间进行选择。

(六)今后的课题

如上所述,通过民法修改与特别法,债权让与变得更为容易的同时,兼顾考虑了债务人利益的保护,然而也存在不少残留的问题。

第一个课题是将来债权让与的理论分析。第466条之6仅规定,将来债权的让与为可能。将来债权的让与进行之后,债权发生时,受让人当然取得发生的债权,其内容并不明确。所谓将来债权的让与,究竟让与的是什么,换言之,究竟为还未发生之债权抑或债权发生后能够取得之地位?此外,债权是发生于让与人同时向受让人移转,抑或是发生于受让人也并不明确。对此种将来债权让与的构造予以分析是必要的。[②]

第二个课题是企业具有的现在以及将来的复数债权概括性让与所伴随的弊害之消除。近年来,企业通过整体性的债权让与进行资金筹措,所伴随的是企业一般财产的大幅缩减。其结果对一般债权人尤其是劳动债权人等无担保债权人的损害,以及作为过度担保存在阻碍债权担保价值的有效利用的危险,特别是让与人在破产的情形下此类问题较为突出。这也是关系到担保法及破产法的应然状态的问题。

---

① 例如,修建中的写字楼的所有权人A,对于完工后入驻的所有租赁人(未确定也无妨)将来3年间收取的租金债权,能够向C进行让与。已入驻的B,在交付登记事项证明书之前,如果向A支付租金也可以。

② 以上作为具体问题所显现的,是将来债权被让与并具备对抗要件之后,到实际债权发生之间,如果出现一定意外将会产生何种结果。例如,出租中的不动产的租金债权整体让与后,该不动产向第三人让与,或债权让与人破产。修改后的民法第466条之6第3款,对于此类问题提出了具体的解决方案(将来债权被让与之后,对于让与对象的债权,债权人与债务人之间附加了限制让与特约的情形的规则)。

三、债务承担

（一）意义

1. 日本的债务承担的例子

债权债务保持其同一性通过合意向第三人移转的制度之中，债权让与是债权人替换的制度。与此相对，债务人发生变化的情形被称为债务承担。例如，父母替儿子还债的情形，便是依合同实现债务移转的例子。作为债务承担在日本实践中的事例，存在以下的情形。首先，企业在让与其业务的情形下，受让的公司承受让与公司的债务。其次，被设定抵押权的不动产在附着抵押权的情况下被出售时，买受人承受被担保债务。此外，在共同继承的情形下，各共同继承人按照法定继承份额将债务分割继承，但如果长男继承所有遗产的同时，也要承受其他继承人的继承债务。

传统上，虽然民法并无关于债务承担的规定，但在交易实践中一直有所运用，因此，也通过本次修改设置了对于债务承担的规定。

2. 两种制约

相对于债权让与原则上的自由，关于债务承担存在一定制约。包括债务移转性层面的制约，与债务人资力层面的制约。

来自债务移转性层面的制约有两种。第一是给付的替代性。例如著名画家承担了给某人画肖像画之债务的情形，该债务无法由其他画家承受，因为该债务非此著名画家不得履行。债务移转性层面的第二个制约，是当事人之间的信赖关系的保护。例如，在雇佣合同中，被使用人不可将其工作的债务交由其他人承担。使用人是基于对被使用人的信赖而雇佣他，被使用人擅自用第三人代替是不行的。即使该工作具有可替代性，换其他人也能够完成，对使用人自作主张进行更替的行为也不能得到认可。

来自债务人资力层面的制约则如下述。在金钱债权中，债务仅仅是支付金钱的行为，因此不存在个性，债务的移转性能够得到满足。然而，现实中债务能否被清偿，则取决于债务人的资力。对于债权人来说，擅自由无资力的债务人代替具有资力的债务人是无法接受的。

由于存在上述制约，制定法关于债权让与的对应有些滞后。然而，随着债务承担特别是承受金钱债务之交易的重要性的增加，对相关规则的明确化的呼声也越来越多。因此，此次修改也新设了对于债务承担的规定，回应了社会的需要。此种做法，也符合近年来国外立法与国际性合同原则的潮流。

3. 种类

以下对债务承担的种类进行说明。债权人以A，原债务人以B，承担人（承受债务之人）以C来表示。通过债务承担，承担人C成为债务人。而原债务人B是否仍继续负担债务，分为两种情形。第一，B仍然继续负担债务，B与C均负担债务的情形，称为并存的债务承担。第二，B的债务已不存在，只有C成为债务人的情形，称为免责的债务承担。从债权人A的立场来看，并存的债务承担只是增加一位债务人，似乎还可以接受，而免责的债务承担则因为出现债务人的更替属于需要慎重对待的问题。

对于债务承担，传统上存在判例及学说的积累和发展。此次民法修改中，采取了原则上以判例学说为基础，对其中一部分进行修改的形式，设置了新的规定。以下逐项进行说明。

（二）并存的债务承担

1. 意义

对于并存的债务承担的意义，第470条第1款进行了规定。即并存的债务承担是指，承担人C与债务人B连带承担与B的债务同一内容的债务。B依然作为债务人存续。

第5节 债务承担

（并存的债务承担之要件及效果）

第470条 并存的债务承担的承担人，与债务人连带负担与债务人对债权人负担的具有同一内容之债务。

2 并存的债务承担，可通过债权人与成为承担人者之间的契约为之。

3 并存的债务承担，可通过债务人与成为承担人者之间的契约为之。在此情形下，并存的债务承担，在债权人对成为承担人者做出承诺时，发生效力。

4 依前款规定订立的并存的债务承担，依照为第三人订立的契约的相关规定。

2. 要件

在进行像这样的并存的债务承担时，存在谁与谁的合同才能成立的问题。民法修改中,认可了两种方法。

第一种是依债权人A与承担人C缔结合同的方法(第470条第2款)。在该情形下,依A与C的合意,B将承受利益。然而,可能存在虽说为利益但也不能违反本人的意思强加于人的问题。特别是在违反B的意思时,通过A、C的合同进行并存的债务承担难道不是无法完成的吗? 但是,日本民法在传统上,对于保证,认可即使违反本人的意思,第三人也能够成为其保证人这一做法(第462条第2款)。而并存的债务承担中C也类似于保证人。因此,即使违反B的意思,依A、C的合同也能够成立并存的债务承担。

第二种是依债务人B与承担人C缔结合同的方法(第470条第3款、第4款)。在并存的债务承担的情形下,由于只是增加一个债务人,所以对债权人A而言是有利的。因此,这也可以视为依B与C缔结的为第三人A的利益的合同(第470条第4款)。关于为第三人利益的合同,民法虽然另有规定(第537条~539条),但与其做相同的处理。

3. 效果

并存的债务承担的效果,首先是承担人负担与债务人相同内容的债务。在该情形下,由于产生B的债务与C的债务之并存,两债务之间的关系成为问题。第470条第1款规定了承担人C与债务人B连带承担债务,也即连带债务。

除此之外,民法修改中对承担人的抗辩等内容也设置了规定,即第471条。

(并存的债务承担中承担人的抗辩等)

第471条 对于依并存的债务承担而负担的自己的债务,承担人能够以在其效力发生时债务人可主张的抗辩对抗债权人。

2 债务人对债权人享有撤销权或解除权时,承担人在因上述权利的行使债务人应免除其债务的限度内,能够拒绝向债权人履行债务。

(三)免责的债务承担

1. 意义

免责的债务承担的意义规定于第472条第1款。承担人C负担与原债务人B的债务相同内容的债务,B则免除了自己的债务。

（免责的债务承担的要件及效果）

第472条 免责的债务承担的承担人负担与债务人对债权人负担的债务具有相同内容的债务，债务人免除自己的债务。

2 免责的债务承担，能够通过债权人与成为承担人者之间的契约为之。在该情形中，免责的债务承担在债权人对债务人发出已订立该契约的通知时，发生效力。

3 免责的债务承担，也能够通过债务人与成为承担人者订立契约，债权人向成为承担人者表示承诺的方式为之。

2. 要件

对于免责的债务承担，修改后的民法规定了两种方法。

第一种方法，是债权人A与承担人C缔结合同的方法（第472条第2款）。虽然债务人B享受免除债务的利益，但此处仍然存在虽说为利益但也不能违反本人的意思而强加于人的问题。在免责的债务承担的情形下，由于B的债务没有了，较并存的债务承担B被强加了更大的利益。特别是，在违反债务人意思的情形下，对于仅凭债权人与承担人的合意是否能够成立免责的债务承担这一问题，在民法修改之前，存在观点之间的对立。即在违反债务人意思时不成立的不成立说，与即使违反债务人的意思也成立的成立说。不成立说曾是判例及通说的立场，而成立说指出，在日本民法中债务免除可以通过一方的意思实现（第519条），并主张与此之间的平衡。此外，对于不成立说，也存在来自实务界的批判。申言之，依不成立说，债权人与承担人无法得知债务人意思的情形下，免责的债务承担是否有效成立变得不明确，进而成为交易的障碍。此次民法修改也考虑了上述来自实务界的批判，采纳了即使违反债务人的意思也无碍成立的立场。

第二种方法，是依债务人B与承担人C缔结合同的方法（第472条第3款）。在免责的债务承担的情形下，由于债务人发生更替，对债权人A而言是重大的问题。在修改之前的民法中，对于是否认可、认可时效力的发生时期曾存讨论。第472条第3款认可了依B与C之间合同的成立，依A的同意产生效力这一简洁的规则。

3. 效果

作为免责的债务承担的效果，承担人负担与原债务人同一内容的债务，原债务人则免除自己的债务（第470条第1款）。

此外，修改后的民法，对于承担人的抗辩、担保的移转等问题，自第472条之2

至第472条之4设置了相应的规定。

（免责的债务承担中承担人的抗辩等）

第472条之2　承担人对于因免责的债务承担而负担的自己的债务，能够以其效力发生时债务人可主张的抗辩对抗债权人。

2　债务人对债权人享有撤销权或解除权时，在如果不存在免责的债务承担，因上述权利的行使债务人能够免除债务的限度内，承担人得拒绝向债权人履行债务。

（免责的债务承担中承担人的求偿权）

第472条之3　免责的债务承担的承担人，对于债务人不取得求偿权。

（依免责的债务承担而产生的担保的移转）

第472条之4　债权人能够依第472条第1款之规定，将作为债务人免除债务的担保而设定的担保权转移至承担人负担的债务。但，承担人以外之人设定担保权的情形，必须取得其承诺。

2　依前款的规定所为的担保权转移，必须预先或同时向债务人做出意思表示。

3　前两款的规定，在依第472条第1款的规定对债务人免除的债务提供保证者存在时，准用其规定。

4　在前款的情形中，同款中准用的第1款的承诺，非书面形式为之，不生效力。

5　前款的承诺依记录其内容的电磁记录做出时，该承诺视为以书面做出，适用同款的规定。

（四）今后的课题

以上内容是对债务承担的简要说明。最后，对此次关于债务承担修改的特点及今后的课题，做简短附言。

债务承担为并存的还是免责的，虽然属于当事人意思解释的问题，但由于免责的债务承担会引起较大变化，因此在不明确时，应将其解释为并存的债务承担这一理解在日本较为有力。此种理解，以对债务承担的下述观点为前提。即下述类似于保证人的承担人被追加的并存的债务承担是债务承担的原型，其与对原债务人的债务免除组合而成的是免责的债务承担。与此相对，在国外，也有认为债务人发生更替的免责的债务承担反而是原本的债务承担,承担人例外地以保证人的立场约定负担债务之情形为并存的债务承担。此种观点是认为免责的债务承担才是原型的理解。从比较法上看,笔者认为,日本法的特点,表现在将承担人作为类似保证人看待这一设想。因此,可以认为,债务承担是依债权人与承担人之间的合意为原则。民法修改后的表述方式也是如此(第470条第3款、第472条第3款)。

然而,债权人A与承担人C的合意为债务承担之原型这一观点,在国际上不能说是普遍的。例如,2016年改正的法国民法中,债务的移转,依债务人B与第三人C之合意及债权人A之同意而发生,并非依A与C之合意(2016年修改的法国民法第1327条以下)。在此,法国使用了B、C间的"债务让与"这一表述。受让债务的C成为新债务人,而非考虑将之类似于保证人。反倒是,对于让与债务的B,考虑在其无法免责的情形下需承担何种责任。虽然对债务的让与有奇妙的感觉,但在业务让与权利义务概括移转等情形下,可以说债权与债务统一让与是接近实际情况的。修改后的日本民法,以目前日本的判例学说为基础采债务承担这一构成,这作为一种选择自然也具有意义。此外,债务让与这一观点仍然存在较多值得探讨之处。[①]但是从国际性的视野出发,既有与日本法相异的构成,也存在今后在实务中采其他构成的可能性。从笔者自身来看,认为日本法的构成不应以固定的观点来把握,从比较的观察这一视点出发将变得重要。

四、结语

在日本,通过民法修改,债权让与和债务承担的新制度得以规定,但并不能说已经形成完整且无需改变的制度。今后,通过交易实务的变化、登记系统的发展、理论问题的释明等方面,可以期待判例、学说的进一步展开,也存在特别法发展的可能性。在比较法上,也有较多与日本相异的制度存在。此次的修改,解决了日本传统上法制度的问题,反映了现在日本的交易实态。上述内容,虽然可能只具有相对的意义,但作为日本民法修改中关于债权让与及债务承担的新规定,如果能得到关注并提供一定参考,则(本人本作)甚为荣幸。

(责任编辑:单平基)

---

① 债务这一"负的财产"能否让与、"负的财产"这一概念是否有意义,债务的让与这一交易的法律性质如何、让与客体的单位、范围及分割可能性如何等问题,请参照[日]中田裕康:《債務引受の明文化の意義と課題》,载《金融法務研究会報告書(34)》,2019年,第28页以下。

刑法中规范解释的界限[*]

[德] 弗兰克·萨利格[**] 文　申屠晓莉[***] 译

摘　要：如果规范解释突破了概念的记述性内涵，作出违反事实的解释、虚构的解释，那么这就属于一种虚构的规范解释，也是不容许的规范解释。虽然规范解释的目的是为了限缩刑法的构成要件要素，但是实践证明，它有时会不可避免地导致可罚性的扩张，因此规范解释的界限有待进一步审视。

关键词：规范解释　虚构　记述性内涵

能否将一个确实无法预料到危险的人认定为并非无法预料危险？因犯行而实际上变得更加富有的人可否成为诈骗的受害者？无论博彩赛事开始与否，以及无论幕后操纵是否与博彩结果具有因果关系，操纵赛事的人在缔结博彩合同之时就已经损害庄家利益了吗？德国联邦最高法院刑事审判庭运用规范解释对上述三个问题作了肯定回答。规范解释的必要界限在这三个案例中被突破。

---

[*] 原文出处：Frank Saliger. Grenzen normativer Auslegung im Strafrecht, JZ 2012, S. 723-728. 本文的翻译已获作者授权，摘要与关键词乃译者所加。本译文获国家留学基金委资助。

[**] 作者简介：弗兰克·萨利格（Frank Saliger），德国慕尼黑大学刑法学、刑事诉讼法学、经济刑法学与法哲学教席教授。

[***] 译者简介：申屠晓莉，浙江大学光华法学院与德国慕尼黑大学联合培养博士研究生。

一、问题的范围

这一问题要和两种可能的联想区分开。其一,本文的讨论与1990年格奥尔格·库珀(Georg Küper)在他的教授资格论文《规范化的刑法教义学的界限》中所做的限定规范化的刑法教义学,以及他所主张的回归对刑法存在论的理解等尝试并无关联。① 下文并不涉及有关刑法学的基本选择问题,亦即存在论的、指向物本逻辑的事先给予性方式,还是规范性的、指向刑罚及刑法功能的方法。② 虽然本文会再次提及将违反语言规则作为刑法规范解释的界限,但只要证明了这种对语言规则的违反,那么就与支持存在论的刑法教义学毫不相关了。

其二,该问题与刑法中规范性和规范解释的新讨论有关,这一讨论主要是被德国联邦最高法院最近的司法判决所(重新)点燃的。弗里德里希-克里斯蒂安·施罗德(Friedrich-Christian Schroeder)在不久前分析了12个规范解释的案例,并认为规范解释因不具有独立的特性,因而不足以成为除传统文义解释、体系解释、历史解释和目的解释之外的第五种解释方法。③ 阿明·英格兰德(Armin Engländer)纪念维尔纳·博逸克(Werner Beulke)的论文以构成要件要素的规范化作为明确性问题为主题,并且他指出,若未明确地阐明规范化的内容、形式和原因,则存在一种难以解决的危险,即明确性的损失。④ 埃里克·希尔根多夫(Eric Hilgendorf)在2010年初纪念胡伯特·罗特洛伊特纳(Hubert Rottleuthner)的学术报告中,对"规范的"(normativ)这一流行词意义的细微差别进行了研究,同时基于语言批判的目的,他定义了八种不同的使用类型。⑤

上述这些分析,主要是尝试类别化地克服特殊视角下(解释形式、明确性问题、词义分析)规范化的相关问题,与此不同,下文论述的重点是刑法的规范解释

---

① Küper, Grenzen der normativierenden Strafrechtsdogmatik, 1990, S. 196 ff. 有代表性的批判观点,参见Neumann ZStW 109(1997), 603 ff.

② 关于存在论的刑法教义学,参见Welzel. Naturalismus und Wertphilosophie im Strafrecht – Untersuchungen über die ideologischen Grundlagen der Strafrechtswissenschaft(1935). in: ders., Abhandlungen zum Strafrecht und zur Rechtsphilosophie, 1975, S. 29 ff.; 关于机能主义体系的规范性刑法教义学,参见Jakobs. Strafrecht Allgemeiner Teil, 2. Aufl. 1991, S. VII f.

③ Schroeder JZ 2011, 187(194).

④ Engländer in: ders./Satzger/Swoboda(Hrsg.), Strafverteidigung-Grundlagen und Stolpersteine, Symposium für Werner Beulke am 1. Und 2. Oktober 2011, 2012.

⑤ Hilgendorf, in: Festschrift für Rottleuthner, 2011, S. 45(59 f.).

可否划定一个有望取得共识的界限。就此而言，目前的研究方法在若干方面都是有限的。关于界限问题，本文暂时只谋求一种批判意图。一种构成要件要素的"规范评价"①或者一种"同样基于规范视角"的考量②，它们常见的命令性，不应当在解释构成要件要素时被否定。

倘若本文试图探明能取得共识的规范解释的界限，那么就要以一种特定的方式使用这一人尽皆知却模糊不清的概念，即"规范的"。在很一般的意义上，"规范的"可单纯地理解为与规则或价值相关的。③这种一般理解的内在含义，是将"规范的"解读为例如评价的（bewertend）——这也被认为是其核心含义④，解读为包含着规则（命令或禁止）的（调整的、规定的）或是设定的（setzend），解读为记录下的（zuschreibend）或者是根据规定和判决来确定词义的。⑤在下文中，为了获得足以形成共识的界限范围，应当只研究此类规范解释，也就是这样一种仅仅在核心或者至少是记述性概念的含义，它是在事实要素的重塑下才被确定的，以至于这种解释变得违反事实和虚构的。那么，这里的"规范的"就具有一种含义确定的意义，并且指的是一种与"描述性的"和"事实性的"相对的概念。⑥本文建议将虚构内容（Fiktionsgehalt）作为规范解释中可能达成共识的界限。

由于篇幅限制，无法顾及该界限的体系化分析，所以本文将限制在三个著名的规范解释案例中，它们皆是出自德国联邦最高法院的新近裁判。其中有两个案例选自诈骗犯罪，这并非偶然。新的司法裁判对诈骗罪和背信罪中的财产损害所做的规范化理解，早在2010年，笔者就已经对这一理解进行了批判性的分析。⑦本文与这一分析相关联，并在此基础上进行法学理论上的补充。

二、法律实践中不容许的规范论证之分析

下文将以三个德国联邦最高法院刑事审判庭近几年裁判的著名案例，作为分

---

① 例如BGHSt 32,165（174）关于刑法第240条强制方式的压迫能力。
② BGHSt 51,165（170）关于刑法第263条诈骗罪中的默示欺骗。
③ Hilgendorf, in: Festschrift für Rottleuthner, 2011, S. 59; Schroeder JZ 2011, 188.
④ Hilgendorf, in: Festschrift für Rottleuthner, 2011, S. 59
⑤ 参见每种不同的分类Hilgendorf, in: Festschrift für Rottleuthner, 2011, S. 59 f.; Schroeder JZ 2011, 188 f.; Engländer in: ders./Satzger/Swoboda（Hrsg.）, Strafverteidigung – Grundlagen und Stolpersteine, Symposium für Werner Beulke am 1. Und 2. Oktober 2011, 2012.
⑥ Schroeder, JZ 2011, 188f.
⑦ Saliger, in: Festschrift für Samsom, 2010, S.455ff.

析刑法中虚构的规范解释的研究对象:2003年第一刑庭关于阴险型谋杀构成要件的判决,即对敲诈者进行攻击性防卫时是否成立阴险型谋杀;2009年第一刑庭关于诈骗支配下的投资业务(滚雪球系统)的决定;以及2006年第五刑庭关于霍伊泽(Hoyzer)案博彩诈骗的判决。

(一)一种核心记述性概念的规范化——阴险型谋杀中无法预料危险的虚构

第一刑庭在阴险型谋杀案中的判决是以下列事实为基础的:行为人遭到被害人勒索钱财。在被害人的同伙清点行为人所交钱财之际,行为人接近完全不可能预料到侵害的被害人,从他身后用刀割破其喉咙。德国州法院认定该行为构成阴险型谋杀。而德国联邦最高法院第一刑庭却撤销了谋杀的有罪宣判[1],理由如下:

阴险地行事,是指行为人利用侵害时被害人处于无法预料危险和无防御能力的状态,有意识地以一种敌对的意志行事。无法预料危险的(arglos),是指在受到杀人侵害时,被害人无法预料到一种对其身体完整性造成明显的,或者甚至是造成生命威胁的侵害。一个人是否无法预料危险,原则上应根据其现有危险实际存在的认识来判断。本案的特殊性在于,被勒索者成为杀人行为人,而勒索者却成为被害人。在这一关系中,勒索者是一个侵害者,他必然预料到被勒索者会行使正当防卫权。因此,勒索者在既有情况中通常都不是完全无法预料危险的。[2]在具体的案情中,受害的勒索者事实上并没有预料到这一反击,并在这个问题上估计错误,这些并不会改变什么。因为,当他侵害被勒索者时,其对危险的无法预料就"因此丧失"。[3]"阴险的谋杀要件可以通过一种此类的同时也是符合规范的限制解释来理解。"[4]

在结论上,德国联邦最高法院能否被赞同,并非本文所关注的。毕竟,基于阴险要素在被勒索者反击时并不存在,且缺乏与正当防卫权评价统一的必要性[5],第一刑庭在之后的论证中列举了一些方面,这些方面就德国联邦宪法法院所确定的针对谋杀要件限缩解释的规定而言[6],可以被视为恰当的依据。相反,无法预料危

---

[1] BGHSt 48,207 = JZ 2005,961 中 Roxin 的评注;也参见 Schneider NStZ 2003,428; Widmaier NJW 2003, 2790 f.; Hillenkamp, in: Festschrift für Rudolphi,2004,S. 463; Küper GA 2006,310.
[2] BGHSt 48,207(209 ff.,211).
[3] BGHSt 48,207(211 f.).
[4] BGHSt 48,207(211)——作者所强调的。
[5] BGHSt 48,207(211).
[6] BVerfGE 45,187(267).

险的规范解释却被第一刑庭所拒绝。

无法预料危险,无论在日常口语中,还是在刑法教义学的法律专业术语中,都是一个核心的记述性概念。①这种记述性或描述性概念的特点,在于复述了其外部的或是内部的、自然的或是制度的事实,并且这种事实是可以凭经验获得验证的。②在认识到存在现实危险的这一方面,无法预料危险也传达了一种被害人的心理事实情况,与此同时它也基本上指引了一种在内部、自然的事实之内的记述性内涵。这种情况丝毫未改变以下局面,即对阴险要件中无法预料危险的涵摄也要求规范－评价的(normativ-wertend)判决。这适用于例如评价无意识者的无法预料危险,或者是将行为人与被害人之间的对抗视作排除无法预料危险。③但倘若将被害人的意识状态确定为事实,那么就不允许从规范上重塑这种事实,也不允许违反事实地去进行否定。这是因为,如果一些存在——无法预料危险——被违反事实地否定,或者一些不存在——有危险顾虑——被违反事实地否定,那么无法预料危险的涵摄就会沦为一种虚构。④

然而,第一刑庭却做了这种处理。一方面,如果法庭已经在事实层面确定了勒索者"绝对无法预料到侵害",同时被勒索者也是"完全出乎意料地"出现在勒索者身后,目的是为了将他杀害⑤,那么第一刑庭也就无法在规范上宣称,勒索者对这种反击"必然预料到,因而他并非完全无法预料危险的"⑥。除了要求被害人对侵害没有具体准备之外,还要求被害人的这种设想是合理正当的⑦,这样一种关于"阴险"的规范概念是违反语言规则的。因为,在内部、自然的事实中,满足无法预料危险的记述性核心内容的,是那些预料到侵害的人所具有对危险的怀疑,而不是针对那些本必须预料到侵害的人。倘若第一刑庭基于这种"必须预料"而否认了勒

---

① BGH NStZ 2005,688(689); Neumann, in: Nomos Kommentar(NK-)StGB 3. Aufl. 2010, § 211 Rn. 61; Hillenkamp, in: Festschrift für Rudolphi, 2004, S. 473 f.; Küper GA 2006, 312.这也是罗克辛所承认的,参见 Roxin JZ 2003,966.

② Puppe, Kleine Schule des juristischen Denkens, 2. Aufl. 2008, S. 27 f., 41; Rüthers/Fischer, Rechtstheorie, 5. Aufl. 2010, Rn. 177ff.

③ Küper GA 2006, 312;关于该问题的详细论述,参见 Neumann, in: Nomos Kommentar(NK-)StGB 3. Aufl. 2010, § 211 Rn. 55 ff. und 60;其他观点参见 Roxin JZ 2003, 966.

④ Hillenkamp, in: Festschrift für Rudolphi, 2004, S. 473 f.; Küper GA 2006, 312.

⑤ BGHSt 48, 207(208).

⑥ BGHSt 48, 207(209).

⑦ 在这一方面相同的论述见 Hilgendorf, in: Arzt/Weber/Heinrich/Hilgendorf, Strafrecht BT, 2. Aufl. 2009, § 2 Rn. 45.

索者在事实上无法预料危险的意识内容，那么对无法预料危险的涵摄就会陷入危险怀疑的规范虚构之中，这和无法预料危险的记述性内涵是相悖的。①在此，规范解释的界限被突破了。所以应当肯定，德国联邦最高法院第二刑庭根据第一刑庭的判决所强调的，无法预料危险和无防卫性是事实的概念，而非规范的概念。②

（二）财产损害的规范化（Ⅰ）——在被害人变得更富有的情况下，对损害的虚构

另一个不容许的规范解释的例子，是2009年德国联邦最高法院第一刑庭关于诈骗支配下的投资业务的决定。在该案中，行为人从未打算将用于投资的款项，保险地且可获利地——所承诺的利润率区间在7%至50%之间——进行存放，而是从一开始就想用这笔款项维持自己的生计，同时以一种滚雪球系统（Schneeball System）来清偿旧投资者。在高达两千八百多万欧元的委托资金中，行为人只偿还投资人约七百万欧元。但个别投资人不仅得到了自己所支付的本金，而且还获得了原本所承诺的收益。其中，约一千七百万欧元是行为人能够确保的。③第一刑庭根据刑法第263条论证了行为人对所有投资人都造成了财产损害，具体如下：

根据合同，被害人将投资款项支付给行为人，作为一种财产处分，这不仅证明了一种与损害相等同的财产风险，而且还证明是一种对投资人的最终损害。因为，这种伴随着财产处分而直接产生的投资人财产损害是根据财产处分之际的亏损风险来确定的，而且由于欠缺投资模式，这种亏损风险已经不再是合同中所固有的，而是偏高的。④此外，这种实际上没有投资模式的情形无论如何都会导致整个清偿范围的损害。特别是那些旧投资者，虽然他们从行为人那里获得了包括利息在内的，与约定相符的资金，从而变得更加富有，但是他们同样会遭受损害，因为投资人所获得的金钱给付请求权在处分之际就已经没有经济价值了。⑤为了建立起一个

---

① 此处也持反对意见的有 Neumann, Neumann, in: Nomos Kommentar (NK-) StGB 3. Aufl. 2010, § 211 Rn. 61; Fischer, StGB, 59. Aufl. 2012, § 211 Rn. 52; Hillenkamp JZ 2004, 49; ders., in: Festschrift für Rudolphi, 2004, S. 473 f.; Quentin NStZ 2005, 129 f.; Küper GA 2006, 312. 其他观点以及德国联邦最高法院持赞同观点的见 Roxin JZ 2003, 966.

② BGH NStZ 2005, 688 (689) 中 Mosbacher 的评注；第四刑事审判庭也持批判性意见，BGH NStZ 2007, 523 (525).

③ BGHSt 53, 199 (200 f.) = JZ 2009, 799 中 Küper 的评注；也参见 Brüning 的评注，Brüning ZJS 2009, 300; S. Frisch BGH EWiR § 263 StGB 1/09, 555; Jahn JuS 2009, 756; Ransiek/Reichling ZIS 2009, 315; Rübenstahl NJW 2009, 2392; 以及 Schlösser NStZ 2009, 663.

④ BGHSt 53, 199 (202 f.).

⑤ BGHSt 53, 199 (204).

"滚雪球系统",最初的投资者有机会获得连同所承诺的收益在内的全部资金的偿付,第一刑庭虽然没有否认这一点,但是,这种实质机会并非以伪装的投资模式的实施为基础,而只是依赖于通过诈骗所建立起来的系统的持续"成功"。就此而言,对履行的期待是一种"没有经济价值的东西"[1],而实际上的偿还只不过是一种纯粹的损害补偿[2]。另外,姑且不谈从一开始就不可能预见这一系统何时崩溃,这种"建立在犯罪行为之上的合同履行期待……本身就已无价值"[3]。

那些无法拿回全部或部分投资款项的投资人的财产受到了损害,并且对受害人而言此处成立诈骗,这点没有异议,也就不进一步讨论了。但问题在于,对于那些因为滚雪球系统实际上变得更加富有的旧投资人,第一刑庭的进一步假设是否也适用于这些人。对此的怀疑接近日常用语表达。按照日常表达的词义,损害(Schaden)意味着一种减损、一种损失、一种贬值[4],更确切地说,财产损害指的是一种物质财富的减损[5]。如果这类被假定的被害人因犯行事实上变得更富有了,那就谈不上是减损。然而,规范解释却违背日常用语的这一论断,在法律语境中其只具有非常有限的论证力,因为这一论断通过参考不规则法律专业用语的规定,就能够被掩盖。[6]在此,这种可能性是存在的,因为财产损害概念——不同于无法预料危险的概念——它一方面是刑法第263条诈骗构成要件中的法律概念,另一方面,它描述的是一种制度事实。[7]与自然事实不同,这种制度事实,例如金钱、夫妻或者足球赛,其特性在于,从社会现实角度看,它是以人类制度为前提的,同时,从功能分配上看——除了记述性内容[8]——它也被规范—评价的规则所构建[9]。据此,有充分的理由承认并且一再被德国联邦宪法法院所强调的是,规范的观点在财产损

---

[1] BGHSt 53,199(205)unter Rekurs auf BGHSt 51,10(15).
[2] BGHSt 53,199(201 f.).
[3] BGHSt 53,199(205).
[4] Wahrig,Deutsches Wörterbuch,9. Aufl. 2011;也参见Duden,Die deutsche Rechtschreibung,Bd. 1,25. Aufl. 2009.两者关于"Schaden(损害)"的词目。
[5] Duden,Die deutsche Rechtschreibung,Bd. 1,25. Aufl. 2009 词目:财产损害(Vermögensschaden)。
[6] Neumann,Rechtsontologie und juristische Argumentation,1979,S. 49 ff.
[7] Engländer in: ders./Satzger/Swoboda(Hrsg.),Strafverteidigung – Grundlagen und Stolpersteine,Symposium für Werner Beulke am 1. Und 2. Oktober 2011,2012.
[8] 普珀正确地指出,记述性概念的对象也可以是一种习惯性事实。参见Puppe,Kleine Schule des juristischen Denkens,2. Aufl. 2008,S. 27f.
[9] Searle,Sprechakte,1971,S. 78 ff.(80 ff.);ders.,Die Konstruktion der gesellschaftlichen Wirklichkeit,1997,S. 37 ff.(38 ff.).

害的评价中具有重要作用。①

　　毫无疑问,在对一种财产损害进行规范认定时,将那些因犯行而变得更加富有的人视为"被害人",这不仅违反了日常用语的规则,而且也违反了法律术语的规则。对此,人们必须看到,第一刑庭所作出的通行判例以及刑法学中的大部分观点,基本都是从经济上确定刑法上的财产概念和损害概念的。据此,财产是指扣除债务部分后,所有具有货币价值的财富总和。②如果财产的经济总价值最终减少了,那么就存在财产损害。这要求,在经济的基础上比较财产处分前后的财产状况,从中必须得出总资产债务的负差。负差指的是一种通过财产处分就能直接产生的价值贬损,其无法通过一种直接因财产处分而起效的财产增长获得平衡(整体收支平衡原则)。③这种经济上的损害认定也同样适用于主流观点所认可的另一种财产损害类型,即具有具体损害依据的财产危险。④

　　按照法律术语的规则,从而在经济上确定财产损害的概念,这在宪法学和法学理论中都有重要意义,就宪法而言,经济上的损害认定遵循明确性原则(基本法第103条第2款),从而保障财产损害作为犯罪构成要件的独立性和诈骗罪作为侵害财产犯罪的基本构造。例如:当商贩A向商贩B交付的并非约定好的X牌钢笔,而是价值同等且销售良好的Y牌钢笔(法律上的损害⑤)时,如果人们认为刑法上的损害在法律意义上是负值,那么财产损害的构成要件要素就显得多余了。与之相应地,联邦宪法法院表明,规范观点在认定损害时不允许排挤经济上的考虑。⑥就法学理论而言,经济上的损害认定保障了同样符合日常交际用语的损害概念的记述性内容,同时也确保诈骗罪仅仅用于保护那些变得更穷的人。否则,当受骗者被引导缔结了一个有利于自身的合同时,比如替代合同约定的银钢笔而交付了金钢笔,那么一个(既遂的)可罚的诈骗在一种纯粹法律上的损害理解下就仍会被接

---

　　① BVerfGE 126,170(212)für § 266 StGB;BVerfG NJW 2012,907(916)für § 263 StGB.
　　② BVerfG NJW 2009,2370(2371);BVerfGE 126,170(200);BGH NJW 1975,1234(1235);典型的如 Fischer,StGB,59. Aufl. 2012,§ 263 Rn. 91.
　　③ BGHSt 50,10(15);BGH NJW 2011,2675;BVerfG NJW 2009,2370(2371);以及 Lackner/Kühl,StGB,27. Aufl. 2011,§ 263 Rn. 36.
　　④ BVerfGE 126,170(221 ff.,229 f.);BGHSt 51,165(177);Satzger,in: Satzger/Schmitt/Widmaier (SSW),StGB,2009,§ 263 Rn. 174 ff.
　　⑤ Binding,Lehrbuch des gemeinen deutschen Strafrechts,BT/1,2. Aufl. 1902,§ 63 S. 238 ff.(240),§ 85 S. 355 ff.(356,357 m. Fn.1).此处存在民法上的请求权,这是不言而喻的。
　　⑥ BVerfGE 126,170(212);BVerfG NJW 2012,907(916).

受。①

在这样的背景下,认为在投资总额上变得更富有的旧投资人也遭受了最终的财产损害的观点就难以让人信服了。②第一刑庭尽管承认一种经济上的损害认定③,但并非从经济上来处理,这一点表现在,如果第一刑庭认为一个建立在犯罪行为之上的合同履行本身是无价值的,那么在这一点上它就遵循了一种法律上的财产概念。④当第一刑庭将行为人向旧投资人的具体合同履行视作无价值的东西而隐去时,则意味着它是从法律上而非从经济上进行论证的。因为,在经济的基础上,向旧投资者履行与合同相符的实质机会应当被考虑。⑤毕竟,滚雪球系统的成功构建正是以这种公开的联系为前提,换言之,确实存在着一些说得出的投资者,他们已经拿回了自己的钱连同利息。在上述案例中,有25%的投资总额被付给了投资人。另外,正如麦道夫(Madoff)系统所示,滚雪球系统并不会立即崩溃,而是会长时间运作。所以,滚雪球系统中旧投资人的履行请求权绝对是在事实上保有价值的,同时它也存在于所示案例中。⑥此外,在经济考察的基础上,用于合同履行的钱究竟来源于所宣称的投资业务还是新投资者的投资款,这一点并不重要。支付基础在金钱方面并不受刑法保护。⑦

总而言之,第一刑庭的解释不仅违反了财产损害概念的日常用语含义,而且还违反了专业术语的内涵。倘若第一刑庭为了回避证明难题而对变得更富有的旧投资人的损害予以肯定,那么这种损害就是虚构的。因此,在第二个案例中也存在不容许的规范解释。

---

① Saliger, in: Matt/Renzikowski, StGB, 1. Aufl. 2012, § 263 Rn. 1, 194.
② 这里是存在争议的,参见 Fischer, StGB, 59. Aufl. 2012, § 263 Rn. 130; Jahn JuS 2009, 756; Rübenstahl NJW 2009, 2392 f.; Satzger JURA 2009, 525; Schlösser NStZ 2009, 666; Saliger, in: Festschrift für Samson, 2010, S. 467 f.; 也参见 Kilian HRRS 2009, 285(288)和 Küper JZ 2009, 804. 其他观点,且在此问题上赞同第一刑庭主张的,参见 Brüning ZJS 3/2009, 303; Ransiek/Reichling ZIS 2009, 317; Hefendehl, in: Festschrift für Samson, 2010, S. 310 f.
③ BGHSt 53, 199(201, 202).
④ Fischer, StGB, 59. Aufl. 2012, § 263 Rn. 130; Jahn JuS 2009, 756; Saliger, in: Festschrift für Samson, 2010, S. 455, 468. 除此之外,该论证也是循环的。
⑤ Rübenstahl NJW 2009, 2392; Schlösser NStZ 2009, 666; 以及 Küper JZ 2009, 803 f.
⑥ Fischer, StGB, 59. Aufl. 2012, § 263 Rn. 130; Rübenstahl NJW 2009, 2392; Schlösser NStZ 2009, 666. 如果行为人根本不打算将所获得的资金以滚雪球系统的形式偿还给旧投资人,那么履行请求权的事实保有性在案例中就应当被否认。
⑦ 有关论述参见 Schlösser NStZ 2009, 666.

（三）财产损害的规范化（Ⅱ）——体彩诈骗中赔率损害的虚构

第三个要注意的规范界限突破是德国联邦最高法院第五刑庭对霍伊泽案的判决，该案是关于固定赔率的体育博彩诈骗。案中，被告人曾在奥德赛特博彩公司下注，并通过贿赂足球运动员和裁判员以提高自己的赢利机会。这种操纵有部分未得逞，多重下注也有部分没有成效。在四场比赛中，被告人赢得的钱款从30万欧元到87万欧元不等，而在其他比赛中，他却都输掉了赌注。[①]

第五刑庭认为，就所有的比赛而言，伴随着博彩合同的缔结，被告人的行为就已经成立诈骗既遂。基于这种操纵，合同缔结时庄家所给出的赔率就已经不再与风险相符了，每个庄家都将这种风险作为自身商业估算的基础。因此，在这种操纵条件下所提升的下注者的赢利机会，便远远超过了他为获得彩票而支付的费用。针对每一次下注，当下注者"考虑到已经商议好的操纵而对实际的博彩风险作出评估时"，其实只能通过贿赂换取到一个明显较低的赢利机会。这种"赔率差别"显示出"在每个博彩合同订立时成立了一种并非微不足道的财产损害"（赔率损害）[②]。

在第二个案例中已经阐释了经济损害认定的基本原则，在此基础上，这种所谓的赔率损害也只是一种虚拟的损害，因此并不属于可以合法化的损害范畴。[③]这种与损害范畴相关的过度规范化，可以从第五刑庭的阐释中解读出来。设想一下，假如操纵比赛的下注者在对比赛风险进行现实评估后只可能换得一个较低的赔率，那么该假设在规范上就会因为一句本身没什么意义的话而失效，这句话就是："已经被认定为受操纵的比赛就不会提供下注了"[④]。赔率损害规范性的另一个证据

---

① BGHSt 51, 165 (167) = JZ 2007, 900, 对此 Trüg/Habetha JZ 2007, 878; 也见 Bosch JA 2007, 389; Engländer JR 2007, 477; Gaede HRRS 2007, 16; Jahn/Maier JuS 2007, 215; Krack ZIS 2007, 103; Radtke JURA 2007, 445; Reinhart SpuRt 2007, 52; Saliger/Rönnau/Kirchheim NStZ 2007, 361; Petropoulos/Morozonis wistra 2009, 254; Rönnau/Soyka NStZ 2009, 12.

② BGHSt 51, 165 (175).

③ 对此，参见 Saliger, in: Festschrift für Samson, S. 458 ff. 在结论上也参见 Fischer, StGB, 59. Aufl. 2012, § 263 Rn. 132; Cramer/Perron, in: Schönke/Schröder, StGB, 28. Aufl. 2010, § 263 Rn. 114; Schild ZfWG 2006, 219; Reinhart SpuRt 2007, 52 (54 f.); Saliger/Rönnau/Kirchheim NStZ 2007, 361 (368); Petropoulos/Morozonis wistra 2009, 254 (261); Wattenberg/Gehrmann ZBB 2010, 508; Rönnau/Soyka NStZ 2009, 12. 赞同德国联邦最高法院的如 Lackner/Kühl, StGB, 27. Aufl. 2011, § 263 Rn. 42; Satzger, in: Satzger/Schmitt/Widmaier (SSW), StGB, 2009, § 263 Rn. 212; ders. JURA 2009, 525; Bosch JA 2007, 389 (391); Engländer JR 2007, 477 (479); Krack ZIS 2007, 103 (112); Radtke JURA 2007, 445 (451); 也参见 Gaede HRRS 2007, 16 (18).

④ BGHSt 51, 165 (175)——作者所强调的。

是,这种损害不必用数字计算,当相应的风险因素被预见到和被评估到时,损害就实现了。①

就赔率损害的过度规范性而言,第五刑庭将其归入常见损害范畴时的难处是具有启发意义的。一方面,赔率损害早在合同订立之时就应成立诈骗罪既遂,因为在这个问题上,除赔率损害之外还出现了"一种庄家财产的抽象危险"②。另一方面,在支付了赌博赢利的情况下,赔率损害对庄家而言是"必要的过渡阶段,因此是预期最终损害很显著的一部分"③,亦即,它并不依赖于这种操纵对比赛结果是否具有因果关系或者是否影响了比赛进程④。这两种——都不恰当的——论点展现了赔率损害的虚构性:不仅在合同缔结时(抽象的财产危险),而且在支付的情况中(没有因果关系,也无法客观归责),赔率损害都与将这种通过赔率确定的费用支付规范地隔绝开来,那么很显然,这种损害所论证的只是一种抽象的价值区分(就双方的请求权而言,它是一种风险推迟),而无法证明经济视角下的全部损害。⑤

这一点强调了赔率损害和庄家实际的赢利计算的不统一性。原因是,庄家并不是根据比赛结果的概率设置其份额的,而是试图去预测顾客的博彩行为来进行设置的。因此,如果以操纵为前提的下注在所有下注者的总体投注中如此明显,以至于足以证明设置其他赢率或者更高的赌注是合理的,那么在这种情况下,订立合同之时以操纵为前提的下注,如果有的话,就与损害有关。⑥倘若赔率损害不顾及这种事实——经济层面,那么它就仅仅说明了一种作为虚构的法律损害。⑦据此,赔率损害也同样违反财产损害概念在法律专业用语中的规则,同时也凸显出一种不被允许的规范解释。只有当博彩赢得的奖励已经被支付,并且操纵影响了比赛结果时,才能认定操纵比赛的下注者针对庄家成立一个既遂的诈骗,这才是正当

---

① BGHSt 51,165(175).
② BGHSt 51,165(174,177f.).
③ BGHSt 51,165(176).
④ BGHSt 51,165(176 f.).
⑤ Rönnau/Soyka NStZ 2009,14; Petropoulos/Morozonis wistra 2009,259.
⑥ 关于这两者,参见 Saliger/Rönnau/Kirchheim NStZ 2007,366 f.;表示赞同的观点,参见 Fischer, StGB,59. Aufl. 2012, § 263 Rn. 132.
⑦ 在结论上相同的,参见 Rönnau/Soyka NStZ 2009,14.

的。①

三、不容许的规范解释之特征

上述针对不容许的规范解释的分析可以总结为以下几点:

在所有列举的案例中,规范解释的界限都以不同的表现形式呈现出来。在谋杀案中,这种规范解释的不容许性表现为,它违背了无法预料危险的核心记述性概念的日常语义。在投资案中,这种规范化的不容许性不仅表现为忽略了日常用语,而且还表现为忽略了专业用语意义上的——也是记述性的——财产损害的概念。而在体彩诈骗案中,不容许的规范解释是出于对财产损害专业用语意义的错误理解。

这三个案例的共同点在于,论证的虚构性都出现在容许的和不容许的规范解释的边界上。②"虚构"出现在下面两种日常用语的含义中,即违反事实的、意识到不正确的假定和一种虚造。③违背事实的解释是指,一个面对身体和生命侵害而毫无准备的人(谋杀案)确实无法预料到危险,但是人们却认为这个人应当具备对危险的怀疑。同样,将一个事实上因犯罪行为变得更富有的人视作财产遭受损害的人,也是违背事实的解释(投资案)。在体彩诈骗(霍伊泽案)中,赔率损害的形态是被臆造的,作为一种抽象的价值区分,其没有真实的经济上的基础。倘若解释的虚构性歪曲了一个概念的记述性,那么刑法规范解释的界限就触碰到了类推禁止(基本法第103条第2款,刑法第1条)和可能词义的边界。④在谋杀案中,类推禁止并不明显,其原因在于,无法预料危险并非法律上的构成要件概念。此外,类推禁止也只适用于不利于行为人的解释。

发人深省的是,本文所承诺的要为容许的规范解释划定界限,但所达成的共识

---

① 比如:LG Bochum – 12 KLs – 35 Js 141/10, Teil 4, S. 23 f.(nicht rechtskräftig); Saliger/Rönnau/Kirchheim NStZ 2007, 368; Kutzner JZ 2006, 718; Fischer, StGB, 59. Aufl. 2012, § 263 Rn. 132;进一步进行区分的论述,参见 Petropoulos/Morozonis wistra 2009, 257 ff.(259, 261)。

② 此处例如 Saliger, in: Festschrift für Samson, 2010, S. 481 f.;同样还有 Rönnau, in: Festschrift für Rissing-van Saan, 2011, S. 517 ff. 作为判决论证的手段,虚构的地位是存在问题的,参见 Larenz, Methodenlehre der Rechtswissenschaft, 6. Aufl. 1991, S. 264.

③ Wahrig, Deutsches Wörterbuch, 9. Aufl. 2011; Duden, Die deutsche Rechtschreibung, Bd. 1, 25. Aufl. 2009. 两者关于"虚构(Fiktion)"的词目。

④ 对此,参见 Hassemer/Kargl, in: NK-StGB 3. Aufl. 2010, § 1 Rn. 78 ff.; Neumann, in: von Savigny u. a., Juristische Dogmatik und Wissenschaftstheorie, 1976, S. 42 ff.;详细参见 Klatt, Theorie der Wortlautgrenze, 2004.

比人们所期望的要少。虽然应该能就下述观点达成抽象广泛的一致,即规范解释若侵蚀到了一个概念的记述性内涵,则是不被允许的,如果可能的话,这应当被避免。①但是,就像上述三个案例所展现的那样,具体案件中有关边界的主张却大相径庭。这证明了一种诱惑力,这种力量支配着当时刑法中在刑事政策驱动下对构成要件要素的规范解释。规范解释在大多数案件中都会导致构成要件要素的限缩,但这种指示并不会削弱这种诱惑力所带来的问题②,因为通过局部的、必要简略的分析,它已经在三分之二的案例中导致了一种可罚性的扩张。因此,刑法中规范解释的界限需要更进一步的批判性审视。

(责任编辑:梁云宝)

---

① Schroeder JZ 2011,194.
② 这一论断参见 Schroeder JZ 2011,194.